Hellmut Hintermeyer

Rätselhafte See

Hellmut Hintermeyer

Rätselhafte See

• Untergänge • Aberglaube
• Phänomene • Legenden

pietsch

Einbandgestaltung: Katja Draenert

Titelbild: Angriff eines Riesenkraken. Nach einer Votivtafel in der Kapelle des St. Thomas von Saint-Malo, Frankreich. Aus Denys-Montfort, 1805. (© Hinstorff Verlag GmbH, Rostock 1996. Entnommen aus: SONNFRIED STREICHER: *FABELWESEN DES MEERES*.)

Bildnachweis:
Harm Bents, Marienhafe: S. 124, 127
Martin Benz, Schöckingen: S. 128 r
Deutsches Schiffahrtsmuseum, Bremerhaven: S. 8, 87, 93, 110, 111
DGzRS, Bremen: S. 68, 69, 70
Heinz Engl: S. 98
W. Esmann: S. 71
GTS, Verlag Hans Dulk, Hamburg: S. 91, 95, 99, 103, 107, 140
Hapag-Lloyd AG, Hamburg: S. 78
Hellmut Hintermeyer, Schongau: S. 10, 11, 13, 15, 19, 23, 25, 27, 30, 31, 33, 34, 35, 36, 41, 45, 51, 57, 61, 64/65, 66, 72, 75, 76, 79, 80, 82, 85, 89, 94, 97, 106, 115, 117, 119, 120, 121, 122, 125, 126, 128 l, 130, 132, 134, 135, 136, 143
Friedrich Kuhr, München: S. 37, 39
Dr. Jürgen Meyer, Bremen: S. 55, 63
Für die Abbildungen auf den Seiten 112 (beide) und 113 sowie für das Meerteufel-Motiv an den Kapitelenden: © Hinstorff Verlag GmbH, Rostock 1996. Entnommen aus: SONNFRIED STREICHER: *FABELWESEN DES MEERES*.
(Der an den Kapitelenden gezeigte Meerteufel von Konrad Gesner aus dem Jahre 1575 soll Fischern auf der Adria ins Netz gegangen sein.)

ISBN 3-613-50409-X

1. Auflage 2003

Lektor: Oliver Schwarz
Innengestaltung: Viktor Stern
Druck: Henkel GmbH, 70435 Stuttgart
Bindung: real, 72766 Reutlingen
Printed in Germany

Inhaltsverzeichnis

Einleitung

Vieles, was von Menschen im frühen Mittelalter als gottgegeben betrachtet wurde, wird von uns heute naturwissenschaftlich-nüchtern erklärt. Katastrophen, wie Sturmfluten oder Erdbeben, galten nicht selten als Strafgerichte Gottes für begangene oder auch nur vermutete Sünden, und in diesem Glauben wurden die Menschen von Obrigkeit und Kirche bestärkt. Gewitter, Blitz und Donner waren Phänomene, hinter denen höhere Mächte vermutet wurden. Heute kennt man die Ursachen der meisten Naturvorkommnisse, die sich zu Katastrophen auswachsen können und sucht nach Mitteln und Wegen, um den zu erwartenden Folgen zu begegnen. Die Entwicklung des Deichbaues an der niederländischen, deutschen und dänischen Nordseeküste ist ein typisches Beispiel dafür.

Während man früher schlimme Ereignisse als unvermeidbar, ja als Schicksalsschläge hinzunehmen bereit war, begannen um Objektivität bemühte Wissenschaftler im 19. Jahrhundert, die Vorgänge und Gesetzmäßigkeiten in der Natur systematisch zu untersuchen. Man ist allerdings immer wieder überrascht, in wie vielen Köpfen sich selbst zu Beginn des 21. Jahrhunderts die allgemeine Erkenntnis, dass zu glauben so viel wie nicht zu wissen bedeutet, noch nicht festgesetzt und sich so mancher Aberglaube zäh und fast unausrottbar bis in die Gegenwart gerettet hat. In der Seefahrt hieß es lange Zeit und das gilt vereinzelt auch heute noch, dass ein Schiff an einem Freitag nicht auslaufen sollte; das brächte Unglück. Aber nicht nur Seeleute, auch Küstenbewohner waren zu allen Zeiten empfänglich für Aberglauben. Die Ost- und die Nordfriesische Küste zum Beispiel mit ihrem sich stets verändernden Watt, ihren trügerischen Nebelbänken, mit Ebbe und Flut, und mit verheerenden Sturmfluten ist geradezu prädestiniert für das Entstehen phantastischer Geschichten, die von Generation zu Generation weitererzählt und so überliefert wurden. Dabei, wie sollte es anders sein, wurden sie »sinnvoll« ergänzt, was ihren ohnehin recht zweifelhaften Wahrheitsgehalt keineswegs verbesserte. Im günstigsten Fall wurde so die Spannung erhöht und der Zuhörer auf die Folter gespannt. Historische Hintergründe, die gegebenenfalls vorlagen, wurden der Dramatik zuliebe mit Sagen verwoben und sorgten so für Gänsehaut.

»Mit rechten Dingen«, wie man zu sagen pflegte, ging eben nicht alles zu. Davon, dass der »Gott sei bei uns«, der Teufel dahinterstecken musste, davon war man in der Seefahrt und an den Küsten bis weit in die Gegenwart sehr schnell überzeugt. Schnell bei der Hand war man mit dem Teufel auch, wenn erfolgreiche Kapitäne durch mehrere ungewöhnlich rasche Reisen auf sich aufmerksam machten. Einen Pakt mit dem Teufel mussten diese Seefahrer eingegangen sein, denn mit rechten Dingen konnten ihre Rekordfahrten nicht zugegangen sein. »Wie macht er das bloß?«, wurde gefragt. »Da muss doch was dahinter stecken?« Natürlich der Teufel, wer denn sonst? Zwei Kapitänen wurde ein Bündnis mit dem Teufel sogar ganz offen und ungeniert nachgesagt. Einer davon war der deutsche Kapitän Robert Hilgendorf, den man auch den »Teufel von Hamburg« nannte. Neid und Missgunst steckten dahinter, aber auch die Anerkennung seiner Leistung. Der zweite Kapitän war der in finnischen Diensten stehende gebürtige Belgier Rouben de Cloux. Auch er war bekannt für gute und schnelle Reisen.

Auch in Seemannsliedern und Shanties findet sich der Bund mit dem Teufel, und mancher Kapitän, der hoffnungslos in einer Flaute steckte, soll dem »Dübel« seine Seele verschrieben haben, damit der für Wind sorgte.

Auch die Seeräuberei ist reich an Geschichten mit unerklärlichen Vorgängen. Dass viele Freibeuter einen Bund mit dem Teufel gehabt haben mussten, schien in vielen Fällen auf der Hand zu liegen. Von sagenhaften Gold- und Silberschätzen wurde berichtet, von verwunschenen Wracks, die im Watt vor den Küsten lägen. Von rätselhaftem Spuk, von geheimen Falltüren war die Rede, die jeden verschwinden ließen, der es wagen sollte, das Geheimnis dieses oder jenes Wracks zu lüften, oder nach dem verborgenen Schatz im Inneren des Wracks zu suchen. Auch das Watt um so manches rätselhafte Schiff herum soll nicht geheuer gewesen sein, denn auch da seien Unglückliche schon ins Bodenlose abgesunken und nie wieder gesehen worden.

Es gab unendlich viel, über das man berichten und erzählen und das die nie versiegende Sensationslust befriedigen konnte. Viele solcher Geschichten, die irgendwo einen realen Hintergrund hatten, wurden bis zur Unkenntlichkeit verzerrt, übertrieben und ausgeschmückt. Ein bekanntes Beispiel dafür ist auch die Geschichte um den legendären Seeräuber Klaus Störtebeker.

In diesem Buch habe ich zahlreiche Rätsel der Meere zusammengestellt, die mir besonders bemerkenswert erscheinen oder zu denen es heute interessante wissenschaftliche, also begründete Erklärungen gibt. Bei jedem behandelten Aberglauben, mysteriösen Untergang, sagenhaften Phänomen und bei jeder Legende habe ich mich bemüht, Dichtung und Wahrheit aufzuzeigen. Natürlich kann dieses Buch immer nur einen Überblick zu den einzelnen Themen geben. Sollte es den einen oder anderen Leser aber anregen, sich näher damit zu beschäftigen, und sich in die meist reichhaltige Literatur selber einzulesen, und sich so viele spannende und anregende Lektürestunden bereiten, wäre das Ziel des Buches schon erreicht.

Versunkene Städte und Inseln sowie geheimnisvolle Seegebiete

Das Bermuda-Dreieck: Ein schwarzes Loch mitten im Atlantik?

Über wenige Rätsel der Meere ist so viel geschrieben, diskutiert und phantasiert worden, wie über das so genannte Bermuda-Dreieck. In kaum einem anderen Fall sind Dichtung und Wahrheit so schwer auseinander zu halten, scheinen Reporter auf der Jagd nach einer Story ihre Ärmel so tief ins Tintenfass gesteckt zu haben.
Mysteriöses, Geheimnisvolles, Unerklärliches hat seit jeher die Menschen fasziniert und das Bermuda-Dreieck hatte, was das betrifft, schon immer eine gute Presse. Schiffe sollen einfach verschwunden oder ohne Besatzung in der See getrieben sein. Andere seien wie von unsichtbaren Händen über Tage und Wochen auf einer Stelle festgehalten worden. Zuvor einwandfrei funktionierende Kompasse sollen urplötzlich verrückt gespielt haben. Flugzeuge, ja eine ganze Fliegerstaffel seien verschwunden, ohne auch nur eine winzige Spur hinterlassen zu haben. Ein Kriegsschiff soll sogar in einem »Kraftfeld« verschwunden und einige Minuten später wieder in einem viele Meilen entfernten Marinehafen aufgetaucht sein. Vorkommnisse, oder besser gesagt Meldungen, die wildeste Mutmaßungen auslösten. Der Teufel müsse seine Hand im Spiel haben, so wurde behauptet. Außerirdische sind bemüht worden. Von Zeitschleusen und Schwarzen Löchern ist die Rede. Über geheimnisvolle magnetische Kraftfelder und eine Menge anderen Unsinn wird auch heute noch spekuliert. Beim Thema Bermuda-Dreieck scheint die Phantasie keine Grenzen zu kennen. Was aber ist Wahrheit und was ist Dichtung in dieser wohl berühmtesten Ecke der Welt?

Das Bermuda-Dreieck verdankt seinen Namen einem Archipel, das aus über 150 kleinen Inseln besteht. Dessen wichtigster Hafen, St. George's Harbour, liegt auf 32 Grad 23 Minuten Nord und 64 Grad 40 Minuten West. Die Inseln bilden allerdings nicht das Zentrum des berüchtigten Dreiecks, sondern sind dessen nördlichster Punkt. Die beiden anderen Ecken sind Kuba und Puerto Rico.
Nicht alle, die sich mit dem berüchtigten Seegebiet beschäftigt haben oder es noch tun, sind übrigens mit dieser Lokalisierung einverstanden. Weil sich auch außerhalb dieses Dreiecks auffällige Ereignisse zutrugen, erweiterten sie die Grenzen. So ist ein Viereck mit den Eckpunkten Norfolk, Golf von Mexico und Barbados definiert worden. Der vierte und östlichste Punkt liegt etwa in der Mitte der Linie Bermuda_Azoren. Andere »Forscher« haben den nordöstlichen Eckpunkt sogar knapp westlich von Irland gesetzt.
Entdeckt wurde das Archipel im Jahre 1515 (andere Quellen sprechen von 1522) von dem spanischen Seefahrer Juan de Bermudez. Die Bermudas erfreuen sich eines günstigen Klimas und ihrer strategisch günstigen Lage als Stützpunkt für die Schifffahrt.

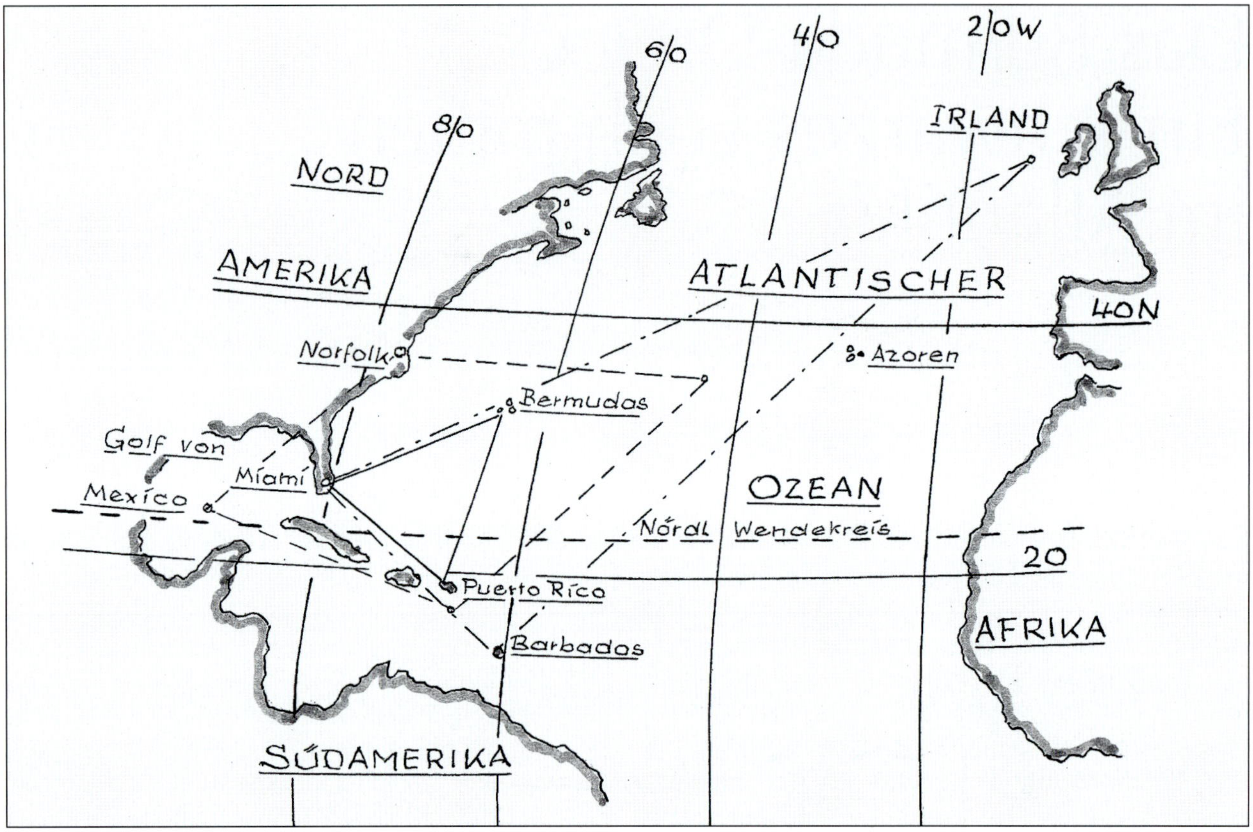

Bei den Bermuda-Forschern besteht keineswegs Einigkeit darüber, welche Gebiete dem berüchtigten Dreieck zuzuordnen sind. Manche sprechen sogar von einem Bermuda-Viereck.

Beides ließ die Briten schon bald begehrliche Blicke auf die Inseln werfen. Im Jahre 1612 besetzten sie die Inseln. Unter britischer Hoheit verwalten sich die Bermudas heute selbst.

Trotz ihrer günstigen Lage haben die Bermudas einen schlechten Ruf (»Inseln des Teufels«), weil an ihren Küsten viele Schiffe verloren gingen. Heute sind sie ein wichtiger Flottenstützpunkt und ein beliebtes Ferienziel von Amerikanern.

Bereits der erste Europäer, der das heute so in Verruf geratene Seegebiet kreuzte, notierte in seinem Logbuch eine ungewöhnliche Ablenkung seines Kompasses. Christoph Kolumbus soll auf seiner ersten Reise auf der Insel San Salvador gelandet sein. Demnach hätte er das Bermuda-Dreieck in seiner ganzen Breite durchsegelt. Unter dem Datumseintrag: 30. September 1492, also elf Tage vor seiner Landung, soll er in seinem Logbuch (das Original ist nie aufgetaucht) eine Abweichung seiner Kompassnadel von 1 Strich vermerkt haben. Das entspricht 11 1/4 Grad auf der Kompassrose.

300 Jahre lang ist dann aber von keinen weiteren unerklärlichen Vorgängen im Seegebiet östlich der Bahamainseln berichtet worden. Im Jahre 1800 soll dann ein amerikanisches Schiff spurlos verschwunden sein. 54 Jahre später ereilte das britische Schiff *Bella* das gleiche Schicksal. Nur ein Jahr später gab dann die Bark *James B. Chester* Rätsel auf. Sie wurde mit gesetzten Segeln und völlig intakt, aber ohne Besatzung in der Sargassosee entdeckt, die am öst-

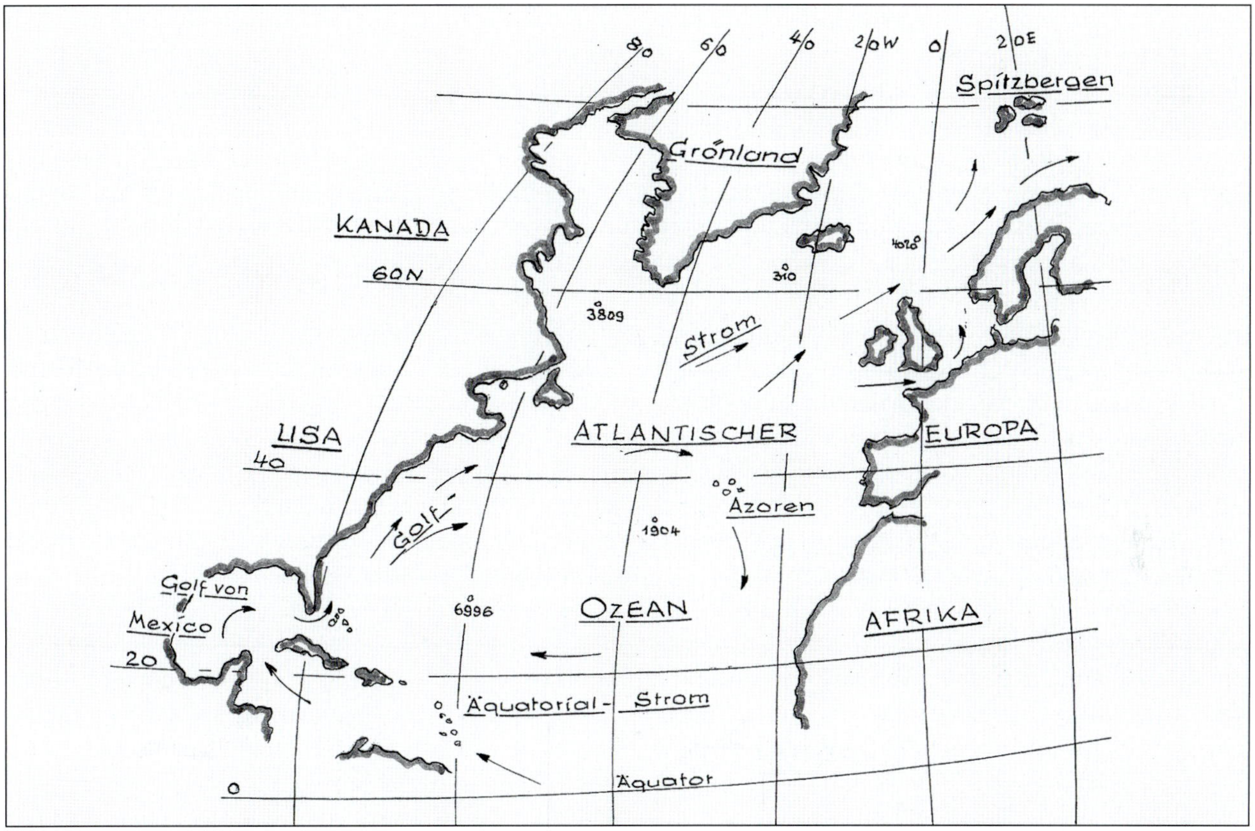

Mit seinen etwa 4 Milliarden Kubikmeter Wassertransport pro Minute wirkt sich der Golfstrom im gesamten Bermuda-Dreieck aus.

lichen Rand des eigentlichen Bermuda-Dreiecks liegt.

Im Jahre 1880 verschwanden gleich zwei Schiffe: das britische Schulschiff *Atalanta* und der italienische Schoner *Miramon*. Später gab es auch Verlustmeldungen von Schiffen, die mit Funk ausgerüstet waren, von denen aber nie ein Notruf empfangen wurde . Während des Zweiten Weltkrieges wurde es dann stiller um das Schiffe verschlingende Gebiet. Für die Weltöffentlichkeit hatten die Kriegsberichte Vorrang.

Erst ab 1945 begann man sich wieder mit den ungeklärten Fällen zu beschäftigen, weil neue mysteriöse Vorgänge die Aufmerksamkeit erneut auf das Bermuda-Dreieck lenkten.

Besonderes Aufsehen erregte das Verschwinden von fünf amerikanischen Bombenflugzeugen. Sie starteten am 5. Dezember 1945 zu einem Routine-Übungsflug von Fort Lauderdale. Der Start kurz nach Mittag erfolgte bei angeblich gutem Flugwetter und daher auch bei guter Sicht. Später soll der Staffelführer Leutnant Taylor erregt in einem Notruf an den Tower gemeldet haben: Er glaube vom Kurs abgekommen zu sein. Er sehe kein Land. Er bekommt die Anweisung nach Westen zu fliegen, aber er weiß offensichtlich nicht, wo Westen ist. Zweieinhalb Stunden nach dem Start tritt Funkstille ein. Leutnant Taylor meldet sich nicht mehr. Eine sofort eingeleitete umfangreiche Suchaktion mit Flugzeugen und Schiffen wird ergebnislos abgebro-

chen. Fünf Flugzeuge einschließlich der Besatzung sind spurlos verschwunden.
Ein »gefundenes Fressen« für die Sensationspresse, die damit den Beweis erbracht sieht, dass es im Bermudadreieck nicht mit rechten Dingen zugeht.
Drei Jahre später verschwindet das britische Flugzeug »Star Tiger« auf dem Flug von Puerto Rico nach Miami. Der Pilot soll noch gefunkt haben, er sähe bereits die Lichter der Stadt. Als der Tower die Landeanweisung geben wollte, sei keine Verbindung mehr zustande gekommen. Bemerkenswert ist, dass in dem Seegebiet, das die Maschine überflogen haben muss, wenn die Angaben des Piloten richtig waren, die Wassertiefe so gering ist (sie liegt bei 10 Meter), dass man das Wrack des Flugzeugs, wenn es denn abgestürzt ist, unbedingt hätte finden müssen. Aber es war und blieb verschwunden.
Diskussionen und Aufsehen erregte auch das Schicksal des Frachters *Marine Sulphur Queen*. Er verschwand am 2. Februar 1963 mit der gesamten Besatzung. Kopfschütteln erregte dieser Fall nicht zuletzt deshalb, weil das Schiff Funker an Bord hatte und die Funkbude rund um die Uhr hätte besetzt sein müssen. Die *Marine Sulphur Queen* war mit 7240 Tonnen und einer Länge von 129 Meter kein kleiner Frachter. Allerdings war ihre Ladung nicht unproblematisch. Sie hatte heißen, flüssigen Schwefel an Bord, dessen Temperatur auf 135 Grad Celsius gehalten werden musste. Drei Wochen nach dem Verschwinden des Frachters wurden eine Schwimmweste und ein Rettungsring am Strand von Miami angespült; weitere zwei Wochen später ein Teil des Namensschildes. Mutmaßungen wurden angestellt, dass sich wegen des zeitlichen Abstandes zwischen dem Verschwinden des Frachters und dem Auffinden des Strandgutes der Unfall innerhalb des Bermuda-Dreiecks ereignet haben müsste.
Die *Marine Sulphur Queen* ist keineswegs das größte Schiff, das im gefürchteten Bermuda-Dreieck verschwunden ist. Auch ein 19.000 Tonnen schweres Schiff, mit über 300 Menschen an Bord, wurde als vermisst gemeldet: das der US-Marine gehörende Kohlenschiff *Cyclops*. Das Schiff hatte im März 1918 Barbados mit Kurs auf die Chesapeake-Bay, nördlich Norfolk, verlassen, ist aber weder dort noch an einem anderen Hafen eingetroffen.

Was ist los im Bermuda-Dreieck? Wer die zweifellos ungewöhnliche Häufung an ungeklärten Vorkommnissen im Bermuda-Dreieck verstehen will, tut gut daran, sich eine große Portion Skepsis und nüchternen Wirklichkeitssinn zu bewahren. Betrachtet man die Unglücksschilderungen kritisch, stellt man schnell fest, dass viele Berichte ein billiger Mix aus Tatsachen, Halbwahrheiten und reinen Erfindungen sind. Funksprüche werden erfunden, Untersuchungsergebnisse frech unterschlagen und schon länger bekannte wissenschaftliche Erklärungen für Naturphänomene dem Laienpublikum vorenthalten. Nachfolgend ein paar Beispiele.
Besonderes Aufheben wurde etwa um die im März 1918 – also noch während des Ersten Weltkrieges – spurlos verschwundene *Cyclops* gemacht. Hier genügen schon ein paar kritische Zwischenfragen, um dem »Rätsel« die Spannung zu nehmen. Das Schiff hatte in Barbados die Anker gelichtet und war mit dem Ziel Chesapeake-Bay ausgelaufen. Es wird immer wieder darauf hingewiesen, dass der US-Marine zu diesem Zeitpunkt keine Hinweise auf deutsche U-Bootaktivitäten vor der Ostküste der USA vorlagen, weshalb eine Torpedierung des Schiffes auszuschließen sei. Warum eigentlich? Wann hat es jemals und schon gar im Ersten Weltkrieg eine lückenlose Seeüberwachung gegeben? Die Entfernung von Barbados zur Chesapeake-Bay an der Ostküste der USA beträgt rund 3200 Kilometer, dazwischen ist Raum genug für ein U-Boot sich unbemerkt auf Lauer zu legen. Es gibt aber noch einen zweiten möglichen Grund für das spurlose Verschwinden des Schiffes: das Wetter. Aus Logbüchern von Schiffen, die damals in diesen Gewässern unterwegs waren, sowie aus landgestützten Wetteraufzeichnungen lässt sich nämlich rekonstruieren, dass ein Orkan den Kurs der *Cyclops* mit einer Geschwindigkeit von 135 km/Std. (über 12 Bft.) gekreuzt haben muss. Das heißt, er wird das Schiff

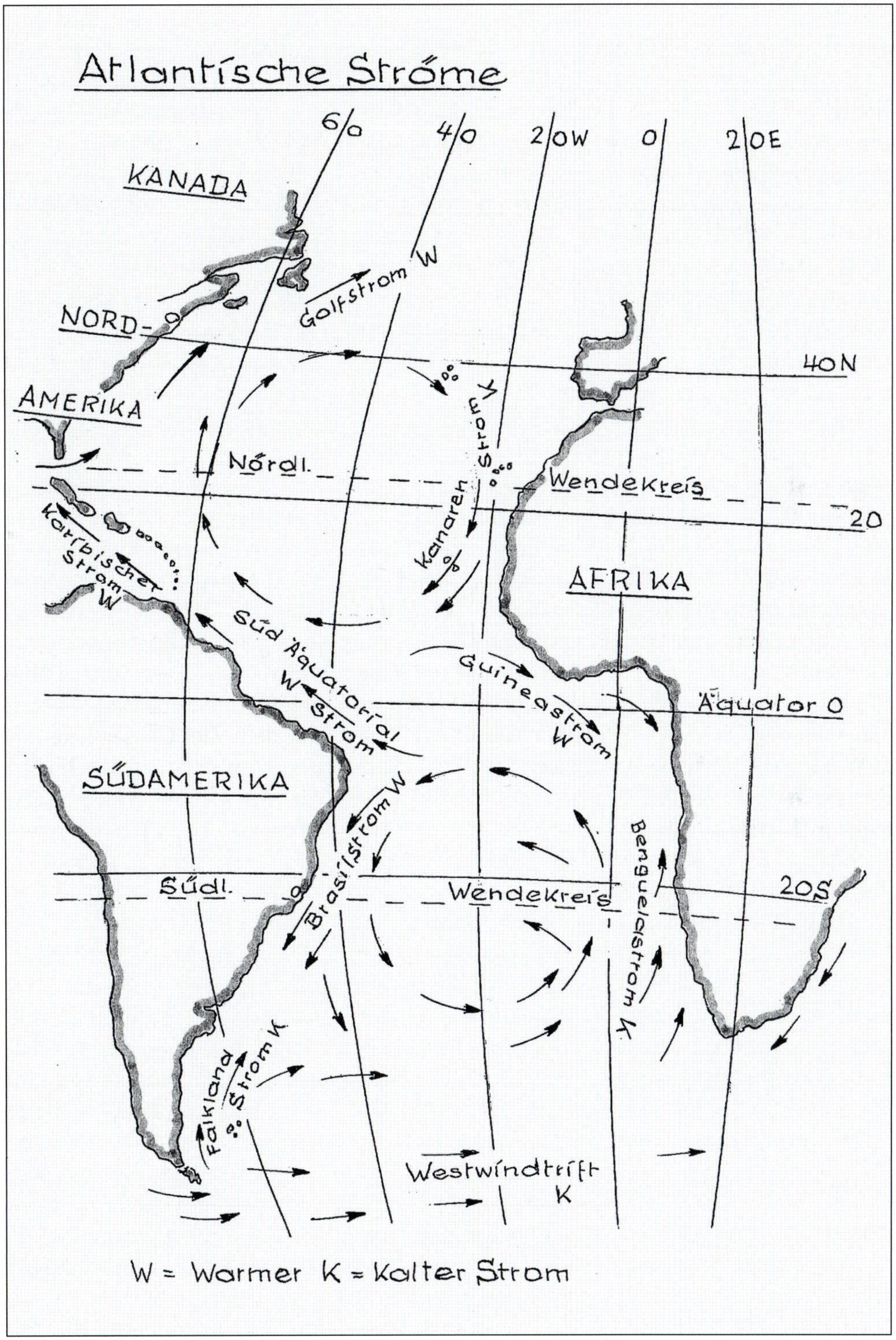

Meeresströmungen nahmen erheblichen Einfluss auf die damalige Schifffahrt. Besonders vor der Einführung des GPS mussten sie bei der Navigation berücksichtigt werden.

von der Seite gepackt haben und Berichten zufolge soll es mit der Stabilität der *Cyclops* nicht zum Besten gestanden haben.
Sicher, auch das sind letztendlich nur Mutmaßungen, da das Wrack der *Cyclops* nie gefunden worden ist und damit auch nicht untersucht werden konnte; aber in allen Seegebieten dieser Welt sind Schiffe Orkanen, Hurrikans oder Stürmen zum Opfer gefallen, ohne dass deswegen die Spekulationen ins Kraut schossen.
Auch der Tod des Staffelführers Leutnant Taylor und seiner Kameraden am 5. Dezember 1945 enthält wenig Stoff für die Sensationspresse, wenn alle Untersuchungsergebnisse berücksichtigt und nüchtern bewertet werden. Die Ermittlungen ergaben nämlich, dass sich das anfänglich gute Wetter während des Fluges rasch änderte. Es wurde stürmisch und die See wurde rau. Die fünf Bomber befanden sich auf einem Übungsflug. Leutnant Taylor war die vorgeschriebene Strecke noch nie geflogen und seine vier Begleiter waren keineswegs erfahrene Flieger. Sie sollten auf diesem Flug das Navigieren üben. Ferner: Dem Staffelführer waren beide Kompasse ausgefallen. Dies teilte er nicht dem Tower mit, sondern seinen Schülern. Er wolle, da er vom Kurs abgekommen sei, versuchen, zum Stützpunkt zurückzufliegen. Offensichtlich verwechselte er aber auf der Suche nach einer Landmarke Great Sale Cay bei den Bahamas mit den Keys in Florida. Aus entsprechender Flughöhe ähneln sich die Konturen und das Landschaftsbild beider Landmassen, was den Irrtum begünstigt haben dürfte. Weiterer Sprechverkehr zwischen den Maschinen besagt, dass die Piloten nach einer Weile kein Land mehr ausmachen konnten – überall nur offene See. Nach 19.00 Uhr empfing der Tower kein Lebenszeichen mehr von der Staffel. Berechnungen ergaben, dass den Maschinen der Sprit ausgegangen und sie ins Meer gestürzt sein müssen. Eine sofort eingeleitete Suchaktion hatte keinen Erfolg. Man wusste nicht, wo man gezielt hätte suchen können. Wie sollte man auch bei einbrechender Dunkelheit Überlebende oder Trümmer in der aufgewühlten See finden?
Das Schicksal der fünf Bomberbesatzungen war natürlich ein gefundenes Fressen für Zeitungs- und Rundfunkredakteure. Dass er aber zu einem Fall für die Sensationspresse wurde, dazu dürfte nicht zuletzt die amerikanische Marine selbst beigetragen haben. Sie hielt, die Mentalität der Reporter richtig beurteilend, Untersuchungsergebnisse zurück, gab sich wortkarg und schuf so erst recht Raum für Spekulationen.
Ähnlich liegt auch der Fall des britischen Flugzeugs »Star Tiger«. Auch hier wurden von der Presse Funksprüche zitiert, die nie stattgefunden haben. Dass der Pilot dem Tower in Miami mitgeteilt habe, er sehe bereits die Lichter der Stadt, konnte nie nachgewiesen werden; zumal eine dichte Wolkendecke an diesem Tag die Sicht behinderte. Ausschlaggebend für den Absturz dürfte der lang andauernde heftige Gegenwind gewesen sein, der dem Piloten begründete Sorgen wegen des Treibstoffes machte. Damit stellt sich die Frage, ob die »Star Tiger« sich tatsächlich dort befunden hat, wo man sie aufgrund des angegebenen Funkspruchs vermutete. Ein leerer Treibstofftank ist also die wahrscheinlichste Lösung des Rätsels.
Auch für den Untergang des Frachtschiffes *Marine Sulphur Queen* gibt es handfeste Gründe. Sie transportierte, wie bereits erwähnt, geschmolzenen Schwefel – ein Gefahrengut, für das sie speziell umgebaut worden war. Dabei wurden Querschotten entfernt. Diese haben auf einem Schiff zwei wichtige Aufgaben zu erfüllen: Bei einer Beschädigung des Schiffsrumpfes – etwa bei einer Kollision – sorgen sie dafür, dass das Wasser nur in die beschädigte Abteilung eindringen kann und die anderen Abteilungen vom Wassereinbruch verschont bleiben. Das gilt besonders für seegehende Schiffe. Durch Querschotten erhöht der Konstrukteur des Schiffes die Festigkeit und Stabilität des Schiffsrumpfes zusätzlich und stärkt damit auch den Widerstand gegen Verwindung. Ein Fehlen der Querschotten schwächt den Rumpf eines Schiffes also erheblich. Das hat bei ruhiger See keine Auswirkungen. Herrscht aber starker Seegang wird

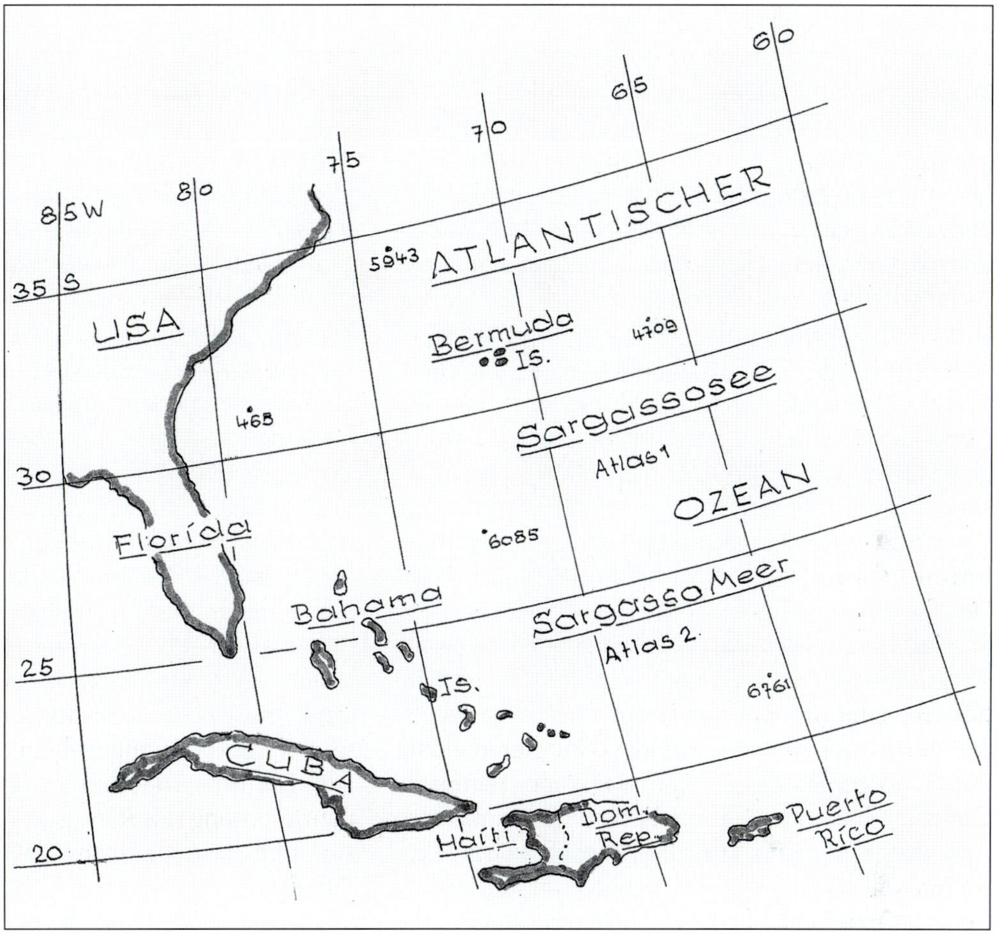

Die Sargassosee ist ein riesiger Tangwald mitten im Atlantik.

es gefährlich. Auf der letzten Reise der *Marine Sulphur Queen* herrschte starker Seegang. Waren die Kräfte der See letztendlich stärker als das Schiff gewesen? Das wäre ein plausibler Grund für das spurlose Verschwinden der *Marine Sulphur Queen*. Denkbar wäre aber auch ein anderes Szenario: Flüssiger Schwefel setzt bei Seegang explosive Gase frei. Eine Detonation würde das Schiff zerrissen haben. Das Wochen später angeschwemmte, zerbrochene Namensschild könnte ein Indiz dafür sein. Auch das Fehlen eines Notrufes wäre erklärt. Der Bordfunker hätte keine Zeit mehr gehabt einen solchen abzusetzen.

Die eben geschilderten Fälle, die häufig als Beweise für die These herhalten müssen, im Bermuda-Dreieck gehe es nicht mit rechten Dingen zu, sind hier stellvertretend für die vielen anderen Geschichten zitiert worden, in denen von zahlreichen Medien Sachverhalte nicht richtig oder unvollständig wiedergegeben worden sind. Nüchtern und rein Fakten-bezogen betrachtet, sind diese Havarien und Abstürze zwar immer noch entsetzlich für die Betroffenen, aber durchaus gewöhnlich, vergleicht man sie mit den Tausenden von Unfällen, die in den letzten 100 Jahren sonst noch überall auf der Welt passiert sind. Leider muss festgestellt werden, dass

Sensationsmeldungen besser beim Leser ankommen, als sachlich-nüchterne Berichte. Das weiß die Boulevardpresse und handelt danach. Der Umsatz mit Zeitungen steigt und nur das zählt. Das Gleiche gilt auch bei einigen Buch-Veröffentlichungen.

Oberflächlich betrachtet häufen sich die Unfälle im Bermuda-Dreieck. Nicht weniger als 211 Schiffe und Flugzeuge sollen in dem Katastrophendreieck verschwunden sein. Nirgendwo sonst, außer vor Kap Hoorn, dem Kap der guten Hoffnung oder der Elbe-Mündung, sind sie so hoch. Eine beeindruckende Zahl – aber stimmt sie? Die Verfechter der Gefährlichkeitstheorie beziffern mit dieser Summe alle Schiffe und Flugzeuge, die verloren gegangen sind, während sie auf einer Route unterwegs waren, die das Bermuda-Dreieck durchquerte, vorausgesetzt sie sind nicht nachweislich außerhalb dieses Gebietes verschwunden. Aber nur 82 der 211 vermissten Schiffe und Flugzeuge gingen nachweislich im Bermuda-Dreieck verloren. Von den 129 verbleibenden, spurlos verloren gegangenen Flugzeugen und Schiffen waren die meisten auf Routen unterwegs, auf denen die Durchquerung des Bermuda-Dreieckes nur eine – bezogen auf die Gesamtstrecke – vergleichsweise kurze Etappe darstellte. Wenn ein Schiff, um ein Beispiel zu nennen, in Miami die Anker mit Zielhafen Hamburg lichtet, dort aber und auch anderswo nie ankommt, und es keinerlei Spuren gibt, besteht kein zureichender Grund zu behaupten, die Havarie sei ausgerechnet auf dem Teilabschnitt Bermuda-Dreieck geschehen.

Es gilt aber noch einen weiteren Aspekt zu bedenken: Ein Schiff könnte auch außerhalb des gefürchteten Dreiecks zum Wrack geworden, und von der Strömung in dieses erst hineingetrieben worden sein.

Die Zahl der im Bermuda-Dreieck spurlos verloren gegangenen Schiffe und Flugzeuge muss deutlich nach unten korrigiert werden. Nach Lage der Fakten darf also nicht von 211 Fällen gesprochen werden, sondern nur von 82 plus x. Diese Zahl ist im Vergleich mit anderen Seegebieten immer noch hoch, aber nicht mehr spektakulär.

Untersucht man nun auch noch die geographischen Gegebenheiten in den zum Bermuda-Dreieck zählenden See- und Landgebieten, stellt man schnell fest, dass auch zur Erklärung dieser Ungewöhnlichkeit keineswegs das untergegangene Atlantis, UFOs oder Schwarze Löcher als Verursacher bemüht werden müssen. Die Region weist nämlich einige Eigenheiten auf, die für die See- und Luftfahrt gefährlich werden können.

Da ist zunächst der *Golfstrom.* Mit etwa vier Milliarden Kubikmeter Wasser pro Minute ist er ein ernst zu nehmender Faktor. Er wurde nach seinem Entstehungsort, dem Golf von Mexiko, benannt, der zwischen dem 20. und 30. Breitengrad Nord liegt. Wegen seiner hohen Wassertemperatur ist er ein Oberflächenstrom, der sich mit einer Geschwindigkeit von 2–2,5 m/sek. durch die enge Floridastraße nach Nordnordosten presst. Nördlich der Bahamas bekommt er Zuwachs durch den Antillenstrom und fließt dann in einer etwa 150 Meter (andere Quellen sprechen von 500 Meter) tiefen Schicht quer über den Atlantik. Er durchströmt das gesamte Bermuda-Dreieck. Es liegt auf der Hand, dass diese gewaltige Wasserbewegung Einfluss auf das Klima und den Kurs von Schiffen nimmt.

Ein weiterer natürlicher Faktor ist die *Sargassosee.* Sie ist ein weitgehend strömungsloses Seegebiet im Nordatlantik, das inmitten rotierender Wassermassen liegt. Im Norden wird sie durch den Nordatlantischen Strom begrenzt, im Osten durch den Kanarenstrom, im Süden durch den Nordäquatorialstrom und im Westen durch den schon genannten Golfstrom. Hauptursachen dafür sind die Windsysteme (Passate), Temperatur-Unterschiede sowie die Erdrotation. Die Sargassosee ist etwa 1600 Kilometer breit und etwa 3000 Kilometer lang. Mit ihren westlichen Ausläufern ragt sie fast bis zu den Bahamas und damit in das Bermuda-Dreieck hinein. Im Kern der Sargassosee treten größere Tangfelder auf, denen sie auch ihren Namen verdankt (portugiesisch: *sargaço,* »schwimmender Tang«). Von den Strömungen zusammengetrieben, wiegen sich in den schier endlosen »Tangwäldern« Riesenge-

wächse von bis zu 300 Meter Länge. In der Mitte der Sargassosee, wo die Wasserbewegung fast völlig ruht, verfilzen sie sich und wachsen zusammen. Diese »Tangwälder« können kleinere Segelyachten durchaus behindern.
Christoph Kolumbus segelte bereits auf seiner ersten Reise durch die Sargassosee. Nach seinen Notizen ist es sehr wahrscheinlich, dass wir seinen Matrosen die ersten Schauergeschichten verdanken, die über dieses Gebiet erzählt wurden. Von drachenähnlichen Seeungeheuern, die ganze Schiffe in die Tiefe zögen, ist darin die Rede, und von Tang, der so dicht sei, dass Schiffe darin für immer stecken blieben. Viele Maler früherer Zeiten ließen es sich nicht entgehen, diese erschreckenden Geschichten ihren Zeitgenossen in drastischen Bildern vor Augen zu führen.
Noch andere, besonders zerstörerische Kräfte sind im Bermuda-Dreieck wirksam: Tropische Wirbelstürme, auch *Hurrikans* genannt. Voraussetzung für ihre Entstehung ist eine hohe Wassertemperatur. Die Erfahrung zeigt, dass ab 27 Grad Celsius die Wahrscheinlichkeit ihres Auftretens besonders groß ist. Diese Temperaturen sind im Golf von Mexico, nur 25 Breitengrade nördlich des Äquators, durchaus möglich. Das deutsche Wort »Wirbelsturm« beschreibt das Phänomen allerdings besser, weil die Luft mit Geschwindigkeiten von mehr als 250 km/Std. um das »Auge«, das Zentrum des Wirbelsturmes, kreist. Sintflutartiger Regen begleitet diesen Vorgang und beeinträchtigt die Sicht erheblich. Das »Auge« selbst weist den tiefsten Luftdruck auf und ist sturm- und fast wolkenfrei.
Hurrikans treten vor allem in den Monaten August bis November auf. Sie wandern in annähernd bekannten Zugbahnen mit einer Geschwindigkeit zwischen 5–20 km/Std. Die dem Äquator zugewandte Seite eines Hurrikans ist besonders stürmisch. Bei der Wanderung in östliche Richtungen ist daher der vordere rechte Sektor am gefährlichsten, weil er die darin befindlichen Schiffe in sein Zentrum drückt. In Europa werden Hurrikans als Orkane oder eben als Wirbelstürme bezeichnet.
Wasserhosen, auch Tromben genannt, treten ebenfalls im Bermuda-Dreieck auf. Tromben sind wandernde, trichterförmige Luftwirbel, die über See ab einer bestimmten Stärke Wasser mit in die Höhe reißen. Es ist von Fällen berichtet worden, in denen Tromben eine Höhe von bis zu 1000 Meter erreicht haben sollen. Jedoch ist bei solchen Angaben etwas Skepsis angebracht. Wasserhosen sind kleinräumig, aber von erheblicher Zerstörungskraft. Auch der Unterdruck am Boden kann gefährlich werden. Sie haben das Aussehen einer rüsselförmigen, schiefen Säule. Meistens fallen sie nach etwa 15 Minuten in sich zusammen.
Heimtückischer als Tromben sind *Fallböen*, wie der Untergang der Segelyacht *Albatros* vor der Küste von Florida beweist. Die *Albatros* war eine seetüchtige Brigantine und hatte bereits viele und auch harte Stürme überstanden. Am 2. Mai 1961 war sie bei schönem Wetter unterwegs. Von einer drohenden Wetteränderung war weit und breit nichts zu sehen. Stürme kommen im Allgemeinen nicht plötzlich. Man sieht das Heraufziehen einer Wolkenbank und ein erfahrener Skipper kann sich darauf einstellen. Das Herannahen der ersten Bö kann man dann an der Veränderung der Wasseroberfläche erkennen. Nicht so im Fall der *Albatros*. Die Bö soll aus dem Nichts heraus so überraschend eingefallen sein, dass die Crew keine Chance gehabt habe, die Segel rechtzeitig zu bergen. Die *Albatros* kenterte. Typisch bei einer Fallbö ist: Sie fällt, wie der Name bereits verrät, von oben. Je mehr ein Schiff krängt, umso größer ist die Angriffsfläche, die es der Bö bietet. Eine aussichtslose Situation. Wenige Minuten nach dem Untergang der *Albatros* war das Wetter wieder gut, wie vorher.
Szenenwechsel: Wenige Kilometer von einem Flughafen in Florida entfernt geht eine Maschine in den Landeanflug über. Plötzlich wird sie, wie von einer Riesenfaust gepackt, nach oben gerissen und unvermittelt auf den Boden geschleudert. Auch in diesem Fall waren keineswegs UFOs die Ursache des Absturzes: Eine Fallbö hatte den Tod der Passagiere und Besatzungsmitglieder verschuldet.

Fallböen dauern zwischen einer und mehreren Minuten. Sie treten auf, wenn sich die Energie großer Zirkulationssysteme, die auf Erderwärmung und aufsteigende Luft beruhen, schlagartig entlädt. Die Fallgeschwindigkeit der abstürzenden Luftmassen kann bis zu 100 Meter pro Sekunde erreichen. Ihre Zerstörungskraft ist größer als die von Hurrikans.

Die geographischen und meteorologischen Gegebenheiten im Bermuda-Dreieck sind für die Schiff- und Luftfahrt also nicht allzu gut. Die Sturmhäufigkeit trägt ihr Übriges dazu bei.

Vergleichsweise harmlos mutet demgegenüber die Störung an, die schon Christoph Kolumbus beschrieben haben soll, als er das Bermuda-Dreieck kreuzte: die *Abweichungen seiner Kompassnadel.* Die Kompassnadel richtet sich nach dem magnetischen Nordpol. Dieser wandert, so dass sich die Abweichung vom geographischen Nordpol stets ändert. Diese Änderung ist als Missweisung bekannt und wird jeweils in den Seekarten angegeben. Der Begriff Missweisung darf nicht verwechselt werden mit der sogenannten Deviation. Hier handelt es sich auch um eine Fehlweisung des Kompasses, deren Ursache aber auf magnetische Einflüsse durch Gegenstände auf dem Schiff zurückgeht. Kofferradios, nicht verdrillte elektrische Leitungen, zu Kolumbus Zeiten auch umgürtete Schwerter, können, weil meist nicht beachtet, erhebliche Abweichungen der Kompassnadel verursachen. Auch bei Gewitter ist Vorsicht angebracht. Durch fließende Elektrizität entstehen magnetische Felder, die ebenfalls Einfluss auf den Kompass haben. Werden diese Umstände berücksichtigt, besteht für eine exakte Navigation keine Gefahr.

Im Sommer 1995 tauchte dann eine Vermutung auf, die die Fachwelt aufhören ließ. Man vermutete aufsteigendes *Methangas* im Bermuda-Dreieck, das durch vulkanische Tätigkeit oder Seebeben frei wird und an die Oberfläche steigt. Methangas bildet sich bei einer hitzebedingten Zersetzung von organischen Stoffen (Pyrolyse). Je nach Menge des aufsteigenden Gases, so rechnet man, könnte die über der Wasseroberfläche befindliche Luft durch das Gas verdrängt werden. Mensch und Tier, die in die so entstehende Gaswolke gerieten, würden qualvoll ersticken. Im schlimmsten Fall könnte das aufsteigende Gas das Verhältnis Wasser zu Gas so ungünstig beeinflussen, dass unter einem Schiff, das die betroffene Zone durchquert, das Gas überwiegen und das Schiff sinken würde. Denn Gas trägt nicht.

Damit stellen sich aber eine Reihe von Fragen. Wäre dieser Fall im Bermuda-Dreieck eingetreten, hätte man ein Schiff entdecken müssen, dessen Besatzung, oder zumindest ein Teil von ihr, ohne sichtbare Gewalteinwirkung ums Leben gekommen war. Davon ist aber nie berichtet worden. Außerdem, wie viel Gas ist notwendig, um eine ganze Crew auszulöschen? Des Weiteren pflegen Schiffe gewöhnlich zu fahren und nicht in oder auf einer Gasblase zu verweilen. Reicht die Zeit aus, die ein Schiff mit gewöhnlicher Reisegeschwindigkeit braucht, um eine solche Blase zu durchfahren, damit das Gas seine mörderische Wirkung entfalten kann? Bei Seglern würden in diesem Fall natürlich die Windverhältnisse eine entscheidende Rolle spielen. Hat ein Segler Rückenwind verbleibt er lange in der Gasblase; hat er Gegenwind ist er rasch wieder in der frischen Luft. Und würde dabei die gesamte Mannschaft in Mitleidenschaft gezogen werden oder nur die Besatzungsmitglieder, die sich an Deck befinden? Selbst bei den alten Frachtseglern war nur äußerst selten die ganze Mannschaft an Deck. Bei Dampfern – mit ihren geschlossenen Kabinen – schon gleich gar nicht.

Zur Verdünnungstheorie wurde später ein Laborversuch unternommen. Dazu weiter unten mehr.

Das Methangasvorkommen in dem Seegebiet wurde näher untersucht, weil man Methangas als lukrative Energiequelle einschätzt. Man fand Methan-Eis. Im Labor brachte man es zum Schmelzen und das Methangas brannte. Das war zu erwarten. Was aber erstaunte: 1 Kubikmeter Methan-Eis enthielt die erstaunliche Menge von 163 Kubikmeter (!) Methan. Das Gas muss also von enormen Kräften zusammengedrückt worden sein. Damit gelangten die

Fallböen treten vor allem in Lee von Steilküsten auf. Je stärker ein Schiff krängt, desto gefährlicher werden sie.

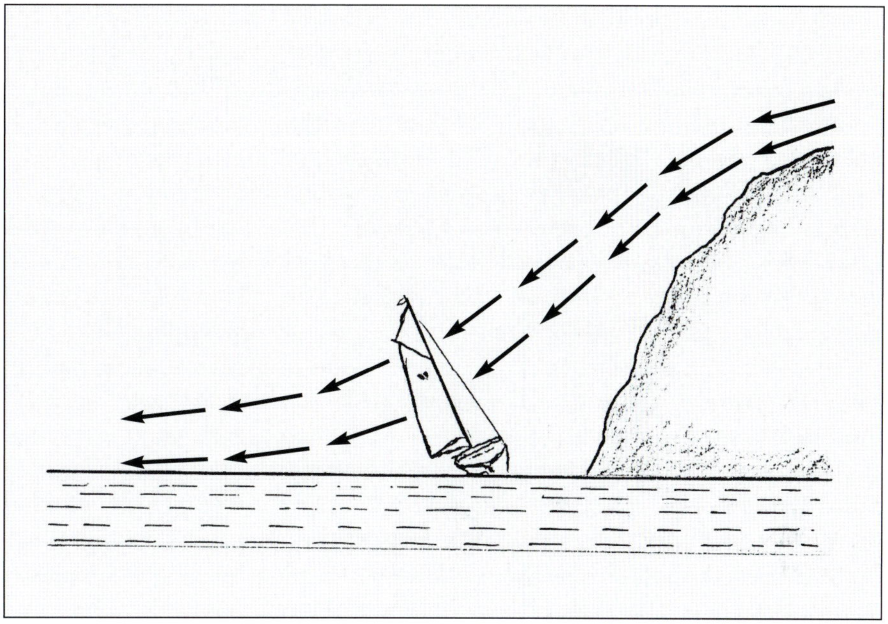

Berechnungen zur Menge des möglicherweise an die Oberfläche steigenden Gases in eine neue, bisher nicht bekannte Dimension.
Neue Fragen tauchten auf. Was geschieht, wenn ein Flugzeug in niedriger Höhe durch eine Gaswolke fliegt? Die Antwort liegt nahe: Das Flugzeug würde explodieren. Ähnliches könnte auf einem Schiff passieren, zumal es sich länger und tiefer in der Gaswolke aufhalten würde.
Ist man damit dem Verschwinden einiger Schiffe und Flugzeuge im Bermuda-Dreieck auf die Spur gekommen? Das kann nicht ausgeschlossen werden. Untermauert wird die Methangas-Theorie durch Unfälle, die sich bei Bohrungen in der Nordsee und im Golf von Mexiko ereignet haben.
In diesem Zusammenhang wird man unwillkürlich an die Katastrophe im afrikanischen Nyos-See erinnert, die sich am 21. August 1986 ereignete. Am Grund des im Nordwesten Kameruns gelegenen Sees hatte sich eine Gasblase aus Kohlendioxid gebildet. Als deren Druck stärker als der von oben einwirkende Wasserdruck wurde, entwich das Gas explosionsartig in einer hohen Fontäne. Kohlendioxid ist nicht brennbar, aber die große Menge, die austrat, verdrängte die Atemluft, so dass 1700 Menschen im näheren Umkreis qualvoll erstickten. Um ein erneutes Unglück zu vermeiden, hat man im Nyos-See nun Röhren installiert, die bis an den Entstehungsort des Gases reichen. So ist man in der Lage, die jährlich 5 Millionen Kubikmeter Gas kontrolliert entweichen zu lassen.
Kommen wir abschließend noch einmal auf das Methangas-Vorkommen im Bermuda-Dreieck zurück. Man hat die Wirkung von Methangas auf Schiffe in einem Laborversuch untersucht. Dazu setzte man ein Schiffsmodell in ein großes Wasserbecken und ließ vom Gunde des Beckens Methangas einströmen. Das Schiff ging wie erwartet unter. Die Frage ist nun, ob vom Meeresboden im Bermuda-Dreieck aus tatsächlich so viel Gas ins Wasser einströmt, wie für einen Schiffsuntergang nötig wäre. Bisher fehlen wesentliche Kenntnisse, um diese Frage weiter verfolgen zu können. Nämlich, wie viel Methan-Eis liegt auf welcher

Fläche verteilt in der Tiefe? Wie viel Gas kann im ungünstigsten Fall auf ein Mal frei werden? Die große Unbekannte heißt Lava. Wann und wie viel Lava tritt am Meeresboden aus und bringt wie viel Methan-Eis zum Schmelzen? Ein Kubikmeter Methan-Eis ergibt die beachtliche Menge von 163 Kubikmeter Gas. Eine bedenkliche Menge. Das Geheimnis liegt auf dem Meeresboden verborgen. Wie groß die Gefahr wirklich ist, kann man zur Zeit nur schätzen. Ein Damoklesschwert?

Zusammengefasst kann gesagt werden, dass das Bermuda-Dreieck mit Strömungen, Hurrikans, Wasserhosen, Fallböen, Methangas und Kompassabweichungen eine Häufung von Gefahrenmomenten für die Schifffahrt und den Flugverkehr in sich birgt – eine Gefahrenliste, die übrigens leicht erweiterbar wäre (man denke nur an Riffe, Untiefen, Piraten, Kriegseinwirkungen usw.). Diese wiederum erklären die Häufung von Unfällen und Schiffs- und Flugzeugverlusten. Klar ist aber auch, dass damit ebenfalls nicht bewiesen ist, dass eines oder mehrere dieser Naturphänomene wirklich ursächlich waren für eines der Unglücke. Diese Grauzone nutzen zahlreiche Journalisten leider immer wieder, um durch eine geschickte Verquickung von Tatsachen, durch Verdrehung, Erfindung und Weglassung Leser zu gewinnen.
Wie immer man es auch dreht und wendet, das Verschwinden zahlreicher Schiffe und Flugzeuge im Bermuda-Dreieck wird für immer ungeklärt bleiben. Über die Umstände, die zum Tod ihrer Besatzungen geführt haben, ist in einigen Fällen einfach zu wenig, oft sogar gar nichts bekannt. So bleibt alles Reden über diese Havarien Spekulation. Sehr wohl aber zeigt eine nüchterne Untersuchung der Geschehnisse, dass es keinen vernünftigen Grund gibt, von Testpersonen suchenden Außerirdischen, atmosphärischen Schleusen ins All, teuflischen Machenschaften, Meeresungeheuern, Spuk und anderen Absurditäten zu phantasieren. Es gibt gute Gründe zu sagen, dass das Bermuda-Dreieck Gefahren für die Schiff- und Luftfahrt aufweist; ansonsten aber ist es eine ganz normale und sogar außerordentlich schöne Gegend. Es ist also Zeit, aus dem Sensationsballon Bermuda-Dreieck die Luft zu lassen.

Atlantis: Versunken oder erfunden?

Atlantis, seine Kultur und sein Untergang, zählen zu den größten Rätseln der Menschheitsgeschichte. Mehr als 25.000 Veröffentlichungen sind zu diesem Thema bisher erschienen. Spielfilme wurden gedreht und populärwissenschaftliche TV-Sendungen produziert. Seit mehr als 2300 Jahren beschäftigt es die Gemüter – seit der griechische Philosoph Platon jene merkwürdige Geschichte niederschrieb, die dem großen athenischen Gesetzgeber Solon auf einer Ägyptenreise im Jahre 570 v. Chr. von einem Tempelpriester erzählt worden sein soll.

»Unsere Schriften«, so lautet ein Auszug aus dem Bericht des Tempelpriesters, »berichten von einer gewaltigen Kriegsmacht, die einst … voll Übermut gegen ganz Europa und Asien vom Atlantischen Meere her in den Krieg zog. Denn damals konnte man das Meer dort noch befahren, *es lag nämlich vor der Mündung, die bei euch ‹Säulen des Herakles›* (gemeint ist die Meerenge von Gibraltar; d. V.) *heißt; eine Insel, größer als Asien und Libyen zusammen* (also als die damals bekannten Teile Vorderasiens und Nordafrikas; d. V.)*, und von ihr aus konnte man damals noch zu den anderen Inseln hinüberfahren und von den Inseln auf das ganze gegenüberliegende Festland, das jenes Meer umschließt* … Auf dieser Insel *Atlantis* bestand eine große und bewundernswerte Königsgewalt, die der ganzen Insel, aber auch vielen anderen Inseln und Teilen des Festlandes gebot. Ihre Macht reichte über Libyen bis nach Ägypten und in Europa bis nach Tyrrhenien. … *Später entstanden gewaltige Erdbeben und Überschwemmungen, und im Verlauf eines schlimmen Tages und einer schlimmen Nacht versank … die Insel Atlantis im Meer.*«

Ausdrücklich wurde Solon von dem Priester darauf hingewiesen, »*dass im Ganzen 9000 Jahre vergangen sind* … So sind nun, wie das bei kleinen Inseln vorkommt, verglichen mit dem damaligen Land, gleichsam nur noch die Knochen zurückgeblieben …«

Tief beeindruckt soll Solon sich des ungewöhnlichen Berichtes des ägyptischen Priesters in späteren Jahren immer wieder erinnert haben. 560 v. Chr. beschloss er, das Gehörte als Grundlage einer größeren Dichtung niederzuschreiben. Zu diesem Werk ist er aber nicht mehr gekommen. Schon ein Jahr später stirbt Solon. Seine Notizen hinterlässt er seinem Freund Dropides, einem Urahnen des Kritias des Älteren. Was mit den Notizen weiter geschah, ist nicht ganz klar. Platon berichtet lediglich, dass Kritias die Geschichte von Atlantis seinem Enkel Kritias dem Jüngeren weitererzählt habe, der der Mutterbruder Platons war. Anlässlich eines Gespräches über die Beschaffenheit eines Idealstaates, das Platon mit Sokrates, Kritias d.J., Timaios und Hermokrates geführt hat, will Platon dann selbst von Atlantis und dessen Schicksal erfahren haben. Um das Jahr 348 v. Chr. – so nimmt man heute an – dürfte Platon seinen beiden Dialogen *Timaios* und *Kritias*, die die Erzählung enthalten, den letzten Schliff gegeben haben. Damit war der Mythos Atlantis in der Welt, und er fesselt die Menschen bis heute.

Atlantis hat zu allen Zeiten Anhänger und Gegner gefunden. Kein Geringerer als Aristoteles (384–

322 v. Chr.) verwarf die Sage in Bausch und Bogen. Krantor (330–275 v. Chr.) soll der erste gewesen sein, der versuchte, sie zu verifizieren. Um 260 v. Chr. soll er die Stadt Sais und den Neith-Tempel aufgesucht haben, in dem Solon laut Platon vom Schicksal Atlantis erfahren hat. Und tatsächlich, so der Gewährsmann Proklos, der uns über Krantors Ägyptenreise berichtet, hätten ihm die Neith-Priester im Tempel eine Säule gezeigt, die mit Hieroglyphen übersät die ganze Geschichte bewahrte.

Auch der Philosoph und Historiker Plutarch (ca. 50–125 n. Chr.), der römische Historiker Marcelinus (330–395 n. Chr.) und der schon genannte Neuplatoniker Proklos (410–485 n. Chr.) gehen in ihren Schriften auf das sagenhafte Atlantis ein. Erste Überlegungen werden angestellt, wo es gelegen haben könnte. Plutarch will von einem Kontinent namens Saturnia und einer Insel Ogygia gehört haben, die fünf Tagesfahrten westlich von Britannien läge. Marcelinus verweist auf alexandrinische Gelehrte, die die Existenz und den Untergang von Atlantis als historische Tatsache betrachteten. Proklos berichtet, er habe gehört, dass sich westlich von Europa Inseln befänden, deren Bevölkerung sich noch erinnere, einstmals dem atlantischen Reich angehört zu haben, das später aber vom Meer verschlungen worden sei. Der Kirchenschriftsteller Tertullian (ca. 160–225 n. Chr.) bringt schließlich das Versinken der Insel mit Veränderungen der Erdoberfläche in Verbindung.

Die im Altertum allgemein verbreitete Überzeugung, dass Atlantis tatsächlich exisitiert hat, reißt im europäischen Mittelalter ab. Kirchliche Dogmen, die das Geistesleben zum Erstarren brachten, brandmarkten die Atlantissage als Scharlatanerei. Schließlich habe schon Aristoteles, der als unangezweifelte Autorität galt, das ganze Gerede von Atlantis verdammt. Tatsächlich aber war wohl die von Platon genannte Zeitangabe, dass seit dem großen Kriege »im ganzen 9000 Jahre« vergangen seien, nicht mit der kirchlichen Zeitrechnung, insbesondere nicht mit dem von der Kirche vertretenen Datum 5508 v. Chr für die Erschaffung der Welt in Einklang zu bringen.

Die Entdeckung der Karibik durch Christoph Kolumbus öffnet schließlich den besonders in westliche Richtung beschränkten europäischen Horizont. Die Atlantissage wird neu entdeckt und für Spekulationen darüber gibt es ab diesem Zeitpunkt kein Halten mehr.

Losgetreten wurde das beginnende Atlantisfieber vermutlich von dem Spanier Francisco Lopez da Gomara. Dieser verwies 1553 auf die Übereinstimmung der geographischen Angaben Platons (»außerhalb der Säulen des Herakles«) mit den Entdeckungen. Entweder sei Amerika das dann wohl doch nicht völlig untergegangene Atlantis selbst, oder der von Platon erwähnte dahinter liegende Kontinent.

Francis Bacon of Verulam glaubte 1638 im neu entdeckten Brasilien das verloren gegangene Reich wiedergefunden. Janus Joannes Bircherod schloss sich ihm 1663 an.

Der erste, der Atlantis mit den Azoreninseln in Verbindung brachte, war 1665 der Jesuitenpater Athanasius Kircher.

Olaus Rudbeck suchte Atlantis in Schweden, Bartoli in Italien. Georg Caspar Kirchmaier verlegte es nach Südafrika, Silvain Bailly nach Spitzbergen. Viele weitere folgten.

Heute ist fast jede Ecke der Welt schon mit Atlantis in Verbindung gebracht worden: der Kaukasus, Spanien, das marokkanische Atlasgebirge, die Antarktis, Kreta, ja selbst Sri Lanka im Indischen Ozean. Auch die Türkei, Helgoland und sogar die antike Stadt Troja wurden als Fundorte gehandelt. Jüngst war sogar Japan im Gespräch.

Machten die einen Forscher sich frei vom Urtext und gaben ihrer Phantasie freien Lauf, so vertrauten die anderen Platons Angaben. Zu Letzteren zählt der deutsche Wissenschaftler und Techniker Otto Heinrich Muck, der eine der spektakulärsten, zugleich aber auch beeindruckendsten und

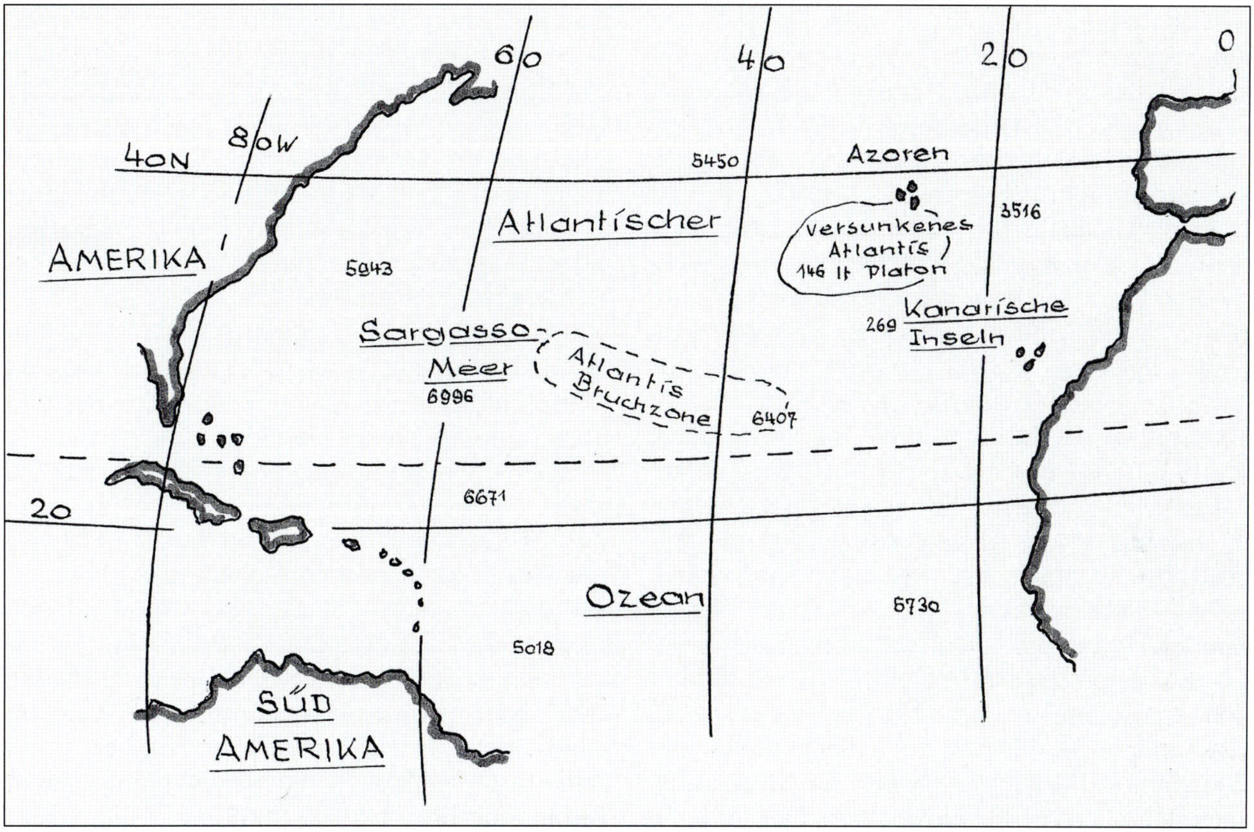

Sind die Azoren die Überreste jener versunkenen Insel, die laut Platon noch vor 10.000 Jahren jenseits der »Säulen des Herakles« gelegen haben soll? Nicht nur der deutsche Wissenschaftler Otto Heinrich Muck vertrat diese These.

detailliertesten Theorien zu Atlantis vorgelegt hat. Gleichwohl ist auch sie umstritten. Für seine Theorie der Atlantikkatastrophe hat er eine Fülle an Forschungsergebnissen aus Dutzenden von Wissenschaftszweigen zusammengetragen, die seiner Meinung nach klar beweisen, dass Atlantis existiert hat und tatsächlich innerhalb nur eines Tages und einer Nacht untergegangen ist.

Wie vor ihm schon der Jesuitenpater Kircher sieht Muck in den Azoreninseln die Gipfel der Gebirgszüge und die Hochplateaus des versunkenen Atlantis. Wie ein Sperrgürtel habe die riesige Insel Atlantis zwischen Amerika und Europa gelegen, und unter anderem dafür gesorgt, dass der Golfstrom abgelenkt wurde und nicht wie heute Nordeuropa erreichte. Nur so sei zu erklären, warum die Gletscher in der letzten Eiszeit auch in Westeuropa so weit nach Süden vordringen konnten. Besiedelt worden sei Atlantis übrigens von Amerika aus. Dank dem Golfstrom sei die Überfahrt für die Auswanderer leicht zu bewerkstelligen gewesen.

Aufsehen erregte Muck aber vor allem, weil er behauptete, den genauen Ablauf des Unterganges von Atlantis rekonstruiert zu haben, ja auf Basis ausführlicher Berechnungen sogar einen exakten Termin dafür nannte: Ein aus nordwestlicher Richtung einfliegender Planetoid habe am 5. Juni

8498 v.Chr., um etwa 13 Uhr, das Ende herbeigeführt. Eingeschlagen seien seine Teile entlang der südöstlichen Küste Nordamerikas. Heute noch zeugten das Trichterfeld bei Carolina und die beiden Tiefseemulden im Südwestteil des Nordatlantiks sowie die flacheren Mulden in der Ostkaribik davon. Der Kern des Kleinplaneten habe die Tiefseelöcher geschlagen, der Steinmantel die Trichter um Charleston erzeugt.
Der Einschlag und die folgenden Detonationen hätten vor der Küste Amerikas den Meeresboden aufgerissen und ein vulkanisches Inferno von unvorstellbarem Ausmaß ausgelöst, noch bevor die Flutwelle die europäischen Küsten im Osten erreichte. Verheerende Erdbeben, Überschwemmungen, Erdrisse, Landeinbrüche und Meeresbodenabsenkungen seien gefolgt, denen auch Atlantis »innerhalb eines Tages und einer Nacht« zum Opfer gefallen sei. Weite Teile der Erde hätten sich verdunkelt und zwanzig Billiarden Tonnen Wasser, mit drei Billiarden Tonnen Asche durchmischt, seien über Europa und Teilen des vorderen Asiens niedergegangen. Stick- und Giftgase seien den Aschewolken und dem Schlammregen vorangegangen und hätten ein verheerendes Sterben verursacht.
In den Mythen aller Völker im Einzugsbereich dieser Katastrophe findet Muck Stellen, die das gleiche Grauen beschreiben und dasselbe Sterben schildern. Alle berichten von einer entsetzlichen Ödnis, die nach der Katastrophe in den betroffenen Gebieten geherrscht habe.
Wie gesagt, Mucks Theorie von der Atlantikkatastrophe ist spektakulär und fesselnd. Leider aber hat auch Otto Heinrich Muck einen stichhaltigen Beweis für seine Theorie – wie viele vor und nach ihm auch – nicht liefern können. An ihr zeigt sich aber besonders gut, dass wer sich mit Atlantis beschäftigt, schnell in den Strudel der Faszination gerät. Will man zu einem ausgewogenen Urteil gelangen, muss man Distanz wahren, und jene Fragen zulassen, die sich bei Atlantis geradezu aufdrängen.
Was also ist dran an der Geschichte von Atlantis? Es ist im Rahmen dieses Buches unmöglich auf die bisher veröffentlichten Theorien einzugehen, auch nicht, wenn man sich auf die am besten begründeten beschränkte. Das ist aber auch gar nicht nötig, denn schon eine Reihe ganz allgemeiner Fragen und Feststellungen zeigt, wie zweifelhaft es ist, der Sage von Atlantis ein historisches Fundament geben zu wollen.
Was wir von Atlantis wissen, wissen wir nur von Platon. Und auch Platon kennt Atlantis nur vom Hörensagen – wie schon sein Gewährsmann Kritias d.J. und dessen Großvater auch. Wissenschaftlich gesehen also eine höchst fragwürdige Quellenlage.
Platon präsentiert die Sage in einem Text von wenigen Seiten in seinen berühmten Dialogen *Timaios* und *Kritias*. Interessanterweise schließen diese unmittelbar an Platons zehnbändige Staatskunde an, in der er seine Vorstellungen eines idealen Staatsgebildes ausgeführt hat. Welchen Zweck verfolgte er mit diesem Anhang? Wollte er anhand der »zwar recht merkwürdigen, aber durchaus wahren Geschichte«, wie er den Kritias im Dialog ausdrücklich betonen lässt, beweisen, dass ein idealer Staat möglich ist? Diente sie vielleicht auch nur zur Illustration, ohne dass Platon weitere Absichten verfolgte? Erfand er die Geschichte gar, um seinen Lesern Appetit zu machen, sich mit seinem voluminös ausgearbeiteten Idealstaat weiter zu beschäftigen? War die Geschichte vom Triumph des griechischen Heeres über die übermächtigen Atlanter vielleicht auch nur prohellenische Propaganda? Wir wissen es nicht. Alle Mutmaßungen, wie Platon zur Atlantissage gekommen ist und was er mit ihr bezweckte, bleiben Spekulation. Wir können Platons Angaben nur glauben oder Skepsis walten lassen. Beweise für die Richtigkeit seiner Behauptungen gibt es nicht. Sie zu ernst zu nehmen, könnte auf Glatteis führen.
Auch zahlreiche Einzelheiten der Sage geben zu denken. Vieles hört sich eher nach orientalischem

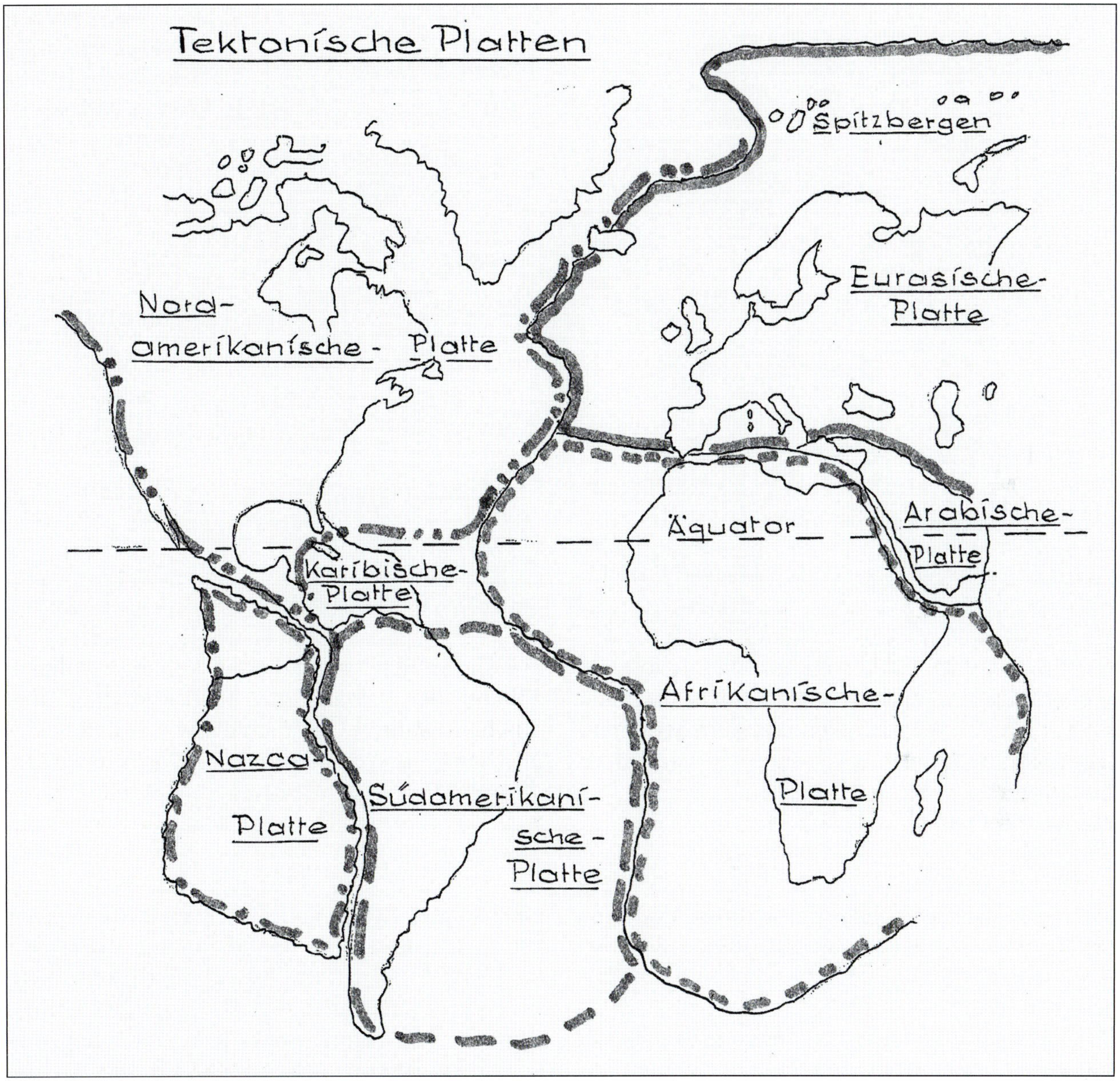

Haben »wandernde« Kontinentalplatten die Atlantik-Katastrophe ausgelöst?

Märchen und paradiesischem und daher weltfremdem Wohlleben an als nach glaubhaften zivilisatorischen Leistungen. So soll die Insel von mehreren sich abwechselnden, gleichmäßigen Ringen von Wällen und nicht durchschwimmbaren Wassergräben umgeben gewesen sein. Von weit spannenden Brücken und einem ausgeklügelten und weitgehend mit Mauern, Wehrtürmen

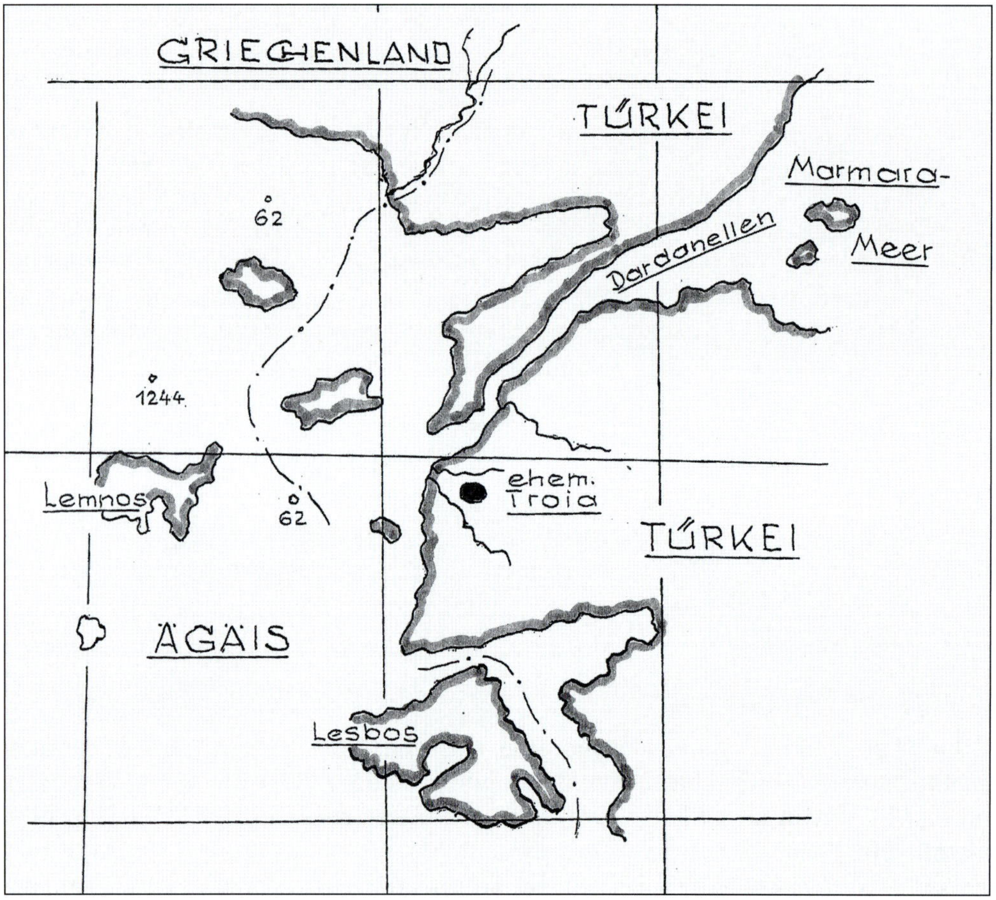

Überall auf der Welt wurde nach dem versunkenen Atlantis gefahndet, selbst das antike Troia wurde schon als Fundort gehandelt.

und Toren aus Stein befestigten Kanalsystem ist die Rede. Einer der Kanäle soll 1800 Fuß breit, ein anderer 30.000 Fuß lang und 100 Fuß tief gewesen sein.

Die um den äußeren Erdwall laufenden Mauern sollen mit einem Überzug von Erz versehen, die innerste Mauer mit Zinn und die königliche Burg selbst mit Messing übergossen gewesen sein, »das wie Feuer leuchtete«. Inmitten der Burg habe einst Poseidon mit Kleito in einer Tempelanlage gewohnt, die von einer goldenen Mauer umschlossen war. Ein anderer in »fremdländischer Bauart« errichteter Tempel des Poseidon soll auf seiner Außenseite mit Silber überzogen, die Zinnen mit Gold bedeckt gewesen sein. »Im Innern war die Decke von Elfenbein, verziert mit Gold und Messing, im übrigen die Mauern, Säulen und Fußböden mit Messing bekleidet«, schreibt Platon. Ein Bewässerungssystem habe die Bewohner versorgt und auch die zahlreichen Baderäume gefüllt: »teils unter freiem Himmel, teils für den Winter zu warmen Bädern in gedekkten Räumen; die königlichen getrennt von denen des Volkes, sowie besondere für die Frauen.« Das abfließende Wasser sei teils in die »Haine des Poseidon«, teils »durch Kanäle über die Brücken weg in die äußeren Ringkanäle« geleitet worden. Und damit nicht genug. Von zwei Ernten im Jahr ist die Rede: »im Winter infolge des fruchtbaren Regens, im Sommer dank der Bewässerung durch die Kanäle«.

Wir dürfen bei diesen Schilderungen gleißender Pracht und technischer und organisatorischer Höchstleistungen nie vergessen, dass sie einer Kultur und einem Zeitraum zwischen 11.000 und 8000 vor Christus zugesprochen werden. Bedenken wir: Die Eiszeit war damals gerade ausgeklungen, und in weiten Teilen Europas – vor allem im westlichen Mittelmeerraum – siedelte noch der Cro-Magnon-Mensch, der sich zwar nicht wesentlich vom Jetzt-Menschen unterschied, aber als größerer und robusterer Extrem-Typus des *Homo sapiens sapiens* gilt. Er lebte als Jäger, Fischer und Sammler und suchte auf seinen Wanderungen Schutz in Höhlen. Im Gedächtnis ist er uns heute vor allem dank seiner Venus-Statuetten und seiner faszinierenden Höhlenmalereien.

Um 10.000 vor Christus hatte der Cro-Magnon-Mensch das Feuersteinwerkzeug zwar bereits durch feingearbeitete und verzierte Knochenwerkzeuge und -waffen ersetzt, davon aber, dass er fähig gewesen sei, Metalle zu gewinnen und zu bearbeiten, kann überhaupt keine Rede sein, auch nicht bei den geringen Populationen der bereits in Europa lebenden Jetzt-Menschen. Selbst die Anfänge der Landwirtschaft, der Kultivierung von Gerste und Weizen, können erst um ca. 8000 v. Chr. angesetzt werden. Die ersten Wölfe waren domestiziert und die ersten Töpfererzeugnisse sind nachzuweisen.

Das alles müssen wir uns auch bewusst machen, wenn wir bei Platon von einem atlantischen Heer bestehend aus 480.000 Fußkämpfern, 120.000 Reitern, ja sogar von 10.000 schweren und 60.000 leichten Streitwagen (!) lesen. 240.000 Matrosen auf 1200 Schiffen (!) sollen kampfbereit gewesen sein. Das sind fast eine Million Mann unter Waffen. Nirgendwo in Europa gab es damals solche Populationen, geschweige denn dass diese hätten ernährt werden können, um von der Militärtechnik erst gar nicht zu reden.

Viele weitere Fragen könnten gestellt, Bemerkungen gemacht werden. Zwar liegt heute eine Fülle an Indizien dafür vor, dass Platons Atlantis-Erzählung einen wahren Kern haben könnte – davon sind einige schlüssig, manche klingen phantastisch, ja absurd, andere sind widersprüchlich –, für alle Bemühungen, Forschungen und Theorien konnte aber bisher kein eindeutiger Beweis erbracht werden. Das gilt sowohl für die geographische Lage von Atlantis, seine Größe und sein Aussehen, die am meisten umstritten sind, es gilt für den Zeitpunkt des Untergangs und ebenso für den möglichen zivilisatorischen Stand der atlantischen Kultur. Es wird sich zeigen, welche Theorien und Schlussfolgerungen Bestand haben und sich durchsetzen werden. Gewiss ist nur, dass Atlantis weiter die Phantasie der Menschen beschäftigen wird. Noch viele weitere »Entdecker« werden folgen, und viele neue Thesen werden formuliert werden. Insoweit ist die Beschäftigung mit Atlantis unbefriedigend. Denn das Rätsel bleibt ungelöst – vorerst noch.

Vineta – das »Atlantis der Ostsee«

Nicht nur im Atlantik, auch in seinen Randmeeren sind Städte und Siedlungsgebiete versunken. Rungholt in der Nordsee und Vineta in der Ostsee sind Beispiele hierfür. Vineta, die »größte Stadt Europas«, wurde als das »Venedig der Ostsee« gerühmt. Es soll an der Mündung der Oder gelegen haben. Über diese Handelsstadt staunte die Welt. Sie soll schöner als irgendeine andere Stadt in Europa gewesen sein. Drei Chronisten haben über diese blühende Stadt berichtet. Es waren Adam von Bremen (etwa 1060–1110), Helmold von Bosau (um 1120–1177) und der Däne Saxo Grammaticus (1150–1204).
Menschen aus allen Herren Ländern sollen sich in Vineta zum Handel getroffen haben. »Nichts Begehrenswertes oder Seltenes fehlt«, schrieb Adam von Bremen. »Die Stadt ist angefüllt mit Waren aller Völker des Nordens.« Auch von chinesischer Seide, Gewürzen aus dem Orient, Brokat aus Byzanz und Glasperlen aus dem Nahen Osten ist die Rede. Sogar ein Leuchtturm, eine Sensation im damaligen Nordeuropa, soll den Schiffen den Weg gewiesen haben.
Enge Handelsbeziehungen bestanden mit der südlich des heutigen Sankt Petersburg gelegenen Stadt Nowgorod, die über die Wolchow Zugang zur Ostsee hatte. Auch mit Flandern und arabischen Kaufleuten bestanden Geschäftsverbindungen. Münzfunde belegen dies.
Der Reichtum der Stadt kam nicht von ungefähr. Mit einer klugen Handelspolitik optimierten die Stadtoberen den durch die nahe Ostsee gegebenen Standortvorteil. Auswärtigen Kaufleuten, auch von Byzanz und Kiew kamen welche, gewährten sie Niederlassungsrechte und großzügige Zollfreiheiten. Christen, so berichtet die Chronik, wurden von der heidnischen Bevölkerung geduldet, sofern ein öffentlicher Gottesdienst unterblieb.
Darüber, dass Vineta mit seinem sagenhaften Reichtum tatsächlich existiert hat, besteht kein Zweifel. Zwischen 1158 und 1170 soll es untergegangen sein. Doch wie das geschah und wo die Stadt genau gelegen hat, streiten sich bis heute die Gemüter.
Den Chronisten nach soll der Stadt ihr Reichtum zum Fluch geworden sein. Ein Gottesurteil habe die Bewohner für ihre Verschwendungssucht, ihre Gottlosigkeit und ihren Hochmut bestraft. Eindringlich seien sie noch kurz vor der Katastrophe gewarnt worden, doch hätten sie die Mahner nur verlacht. So habe sie die gerechte Strafe ereilt. Nur wenige Menschen hätten überlebt, und noch heute könne man an stillen Abenden Glockengeläut aus der Tiefe hören und Gassen und Giebel am Grund erkennen.
Auf den Lapsus der Chronisten, dass die erhobenen Anschuldigungen in heidnischen Augen keine Sünden waren, und dass es im heidnischen Vineta mit Sicherheit keine Glocken gegeben haben wird, sei hier nur als Randnotiz hingewiesen. Doch man muss keineswegs den Aberglauben bemühen, um sich den Untergang der Stadt erklären zu können. Reichtum erweckt Neid und Begehrlichkeiten und um die erste Jahrtausendwende herrschten kriegerische Zeiten. So verwundert es nicht, dass der Chronist Helmold von Bosau berichtet, der dänische König Waldemar

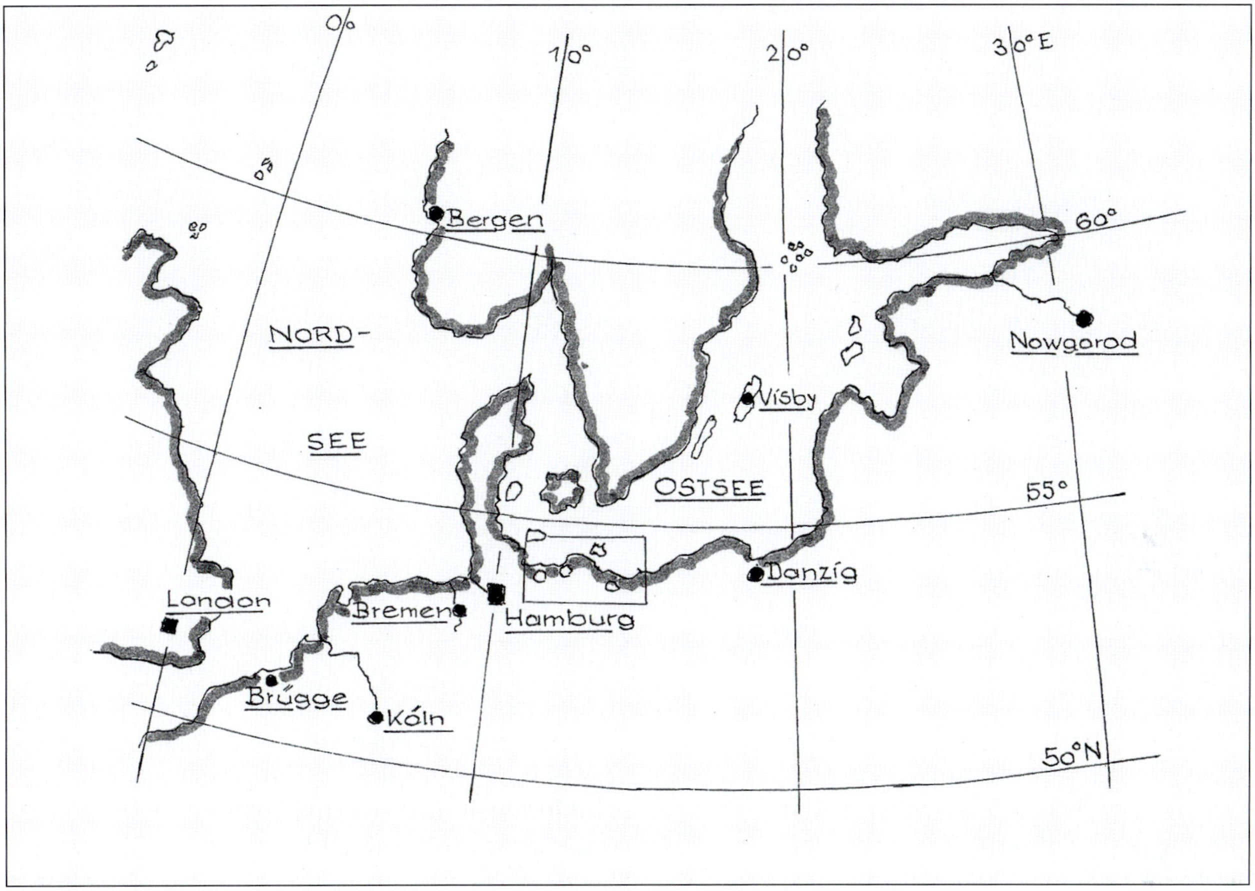

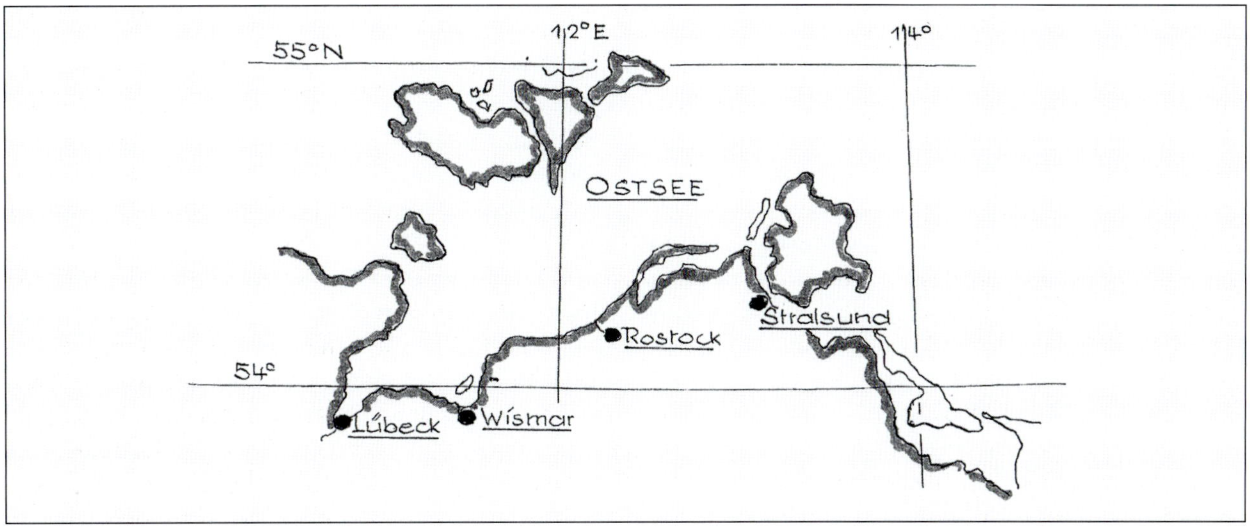

In der Blütezeit der Hanse zwischen 1370 und 1450 gehörten annähernd 200 See- und Binnenstädte dem Städtebund an.

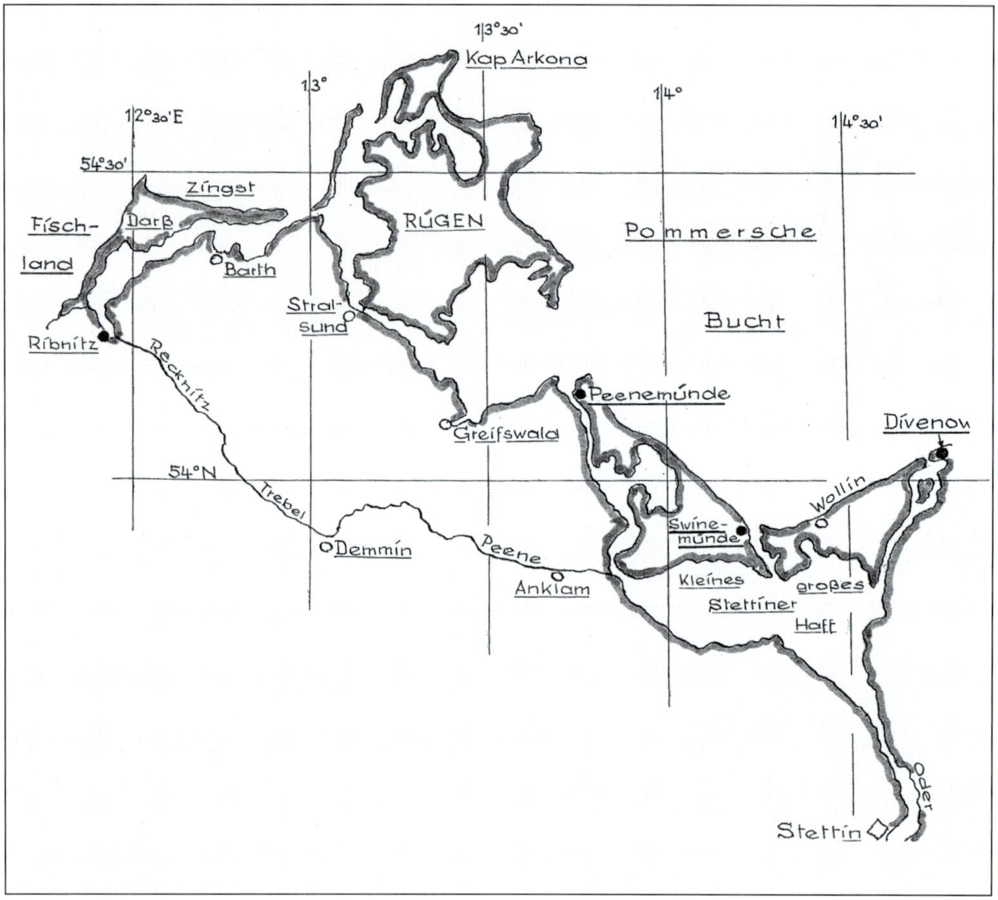

Nach neuesten Untersuchungen gilt es als wahrscheinlich, dass die Oder vor 900 Jahren nicht – wie heute – bei Stettin, sondern im Westen bei Ribnitz-Damgarten in die Ostsee mündete.

(1130–1182) habe den Handelsplatz im Jahre 1170 mit einer großen Flotte angegriffen und zerstört. Ein Jahr später sollen die Ruinen noch sichtbar gewesen sein.

Doch der Deich, der die Stadt vor den Hochwassern der Oder und der Ostsee schützte, könnte auch ohne Einwirkung der Dänen gebrochen sein. Eines scheint festzustehen, eine Sturmflut hat den Untergang der Stadt nicht herbeigeführt, obwohl es solche auch in der Ostsee gab und gibt. Es ist auch abwegig zu glauben, die »überschwemmte Wiese« wie die Ostsee von Spöttern gelegentlich genannt wird, kenne keine erkennbaren Schwankungen des Wasserstandes. Zwar sind es im Ostteil nicht die Gezeiten, aber länger anhaltende Stürme können den Wasserstand der Ostsee erheblich beeinflussen. Gemessen wurden Differenzen bis zu 1,70 Meter. Auch die Wassermassen der Oder allein könnten die Stadt weggespült haben. Man denke nur an das Hochwasser im Sommer 1997.

Einhellig berichten die Chronisten, Vineta habe in einer Niederung gelegen. Sollte es in den fraglichen Jahren gar zu einer Jahrtausendflut gekommen sein, und sollten sowohl die Ostsee als auch die Oder gleichzeitig Hochwasser geführt haben, dann wäre eine großflächige Überflutung der Odermündung sicher gewesen – mit verheerenden Folgen für jede Siedlung in ihrem Einzugsbereich.

Was die genaue geographische Lage der Stadt betrifft scheint mit dem überlieferten Stichwort »Odermündung« auf den ersten Blick alles klar zu sein. Dem ist aber keineswegs so. Denn um die erste Jahrtausendwende hatte die Oder drei Mündungen, die keineswegs nahe beieinander lagen. Ein Mündungsarm ergoss sein Wasser bei Dievenow (heute polnisch Dziwnow) an der Pommerschen Bucht, zwischen der Insel Wollin und dem Festland, in die Ostsee; der zweite bei Swinemünde (heute Swinoujscie) und der dritte bei Peenemünde nahe Usedom.

Wissenschaftlern fielen im 19. Jahrhundert bei Wollin Erdhügel auf. Grabungen legten Friedhöfe und reiche Grabbeigaben frei. Die Wollin-Theorie war geboren. In den 50er-Jahren fand der Archäologe Wladislaw Filipowiak auf der Sandbank der Dziwna dann die Überreste einer slawischen Siedlung. Insgesamt 50.000 Fundstücke legte der Stettiner Forscher frei. Damit schien bewiesen, dass Vineta eine Vorgängersiedlung der heutigen Stadt Wollin war. Weitere Nachforschungen ergaben, dass die Erdschicht, in der die Siedlung gefunden wurde, unter dem Niveau des Meeresspiegels liegt.

Andere Forscher, wie Carl Schuchardt, vertraten die Usedom-Theorie. Sie suchten Vineta bei Peenemünde, doch mit weit geringerem Grabungserfolg. So schien tatsächlich alles klar zu sein und Wollin schien allen Grund zu haben, sich als Erbin Vinetas zu feiern. Bis zum Sommer 1997, als erst das Oder-Hochwasser und dann einige Satellitenbilder die Stadtväter erschreckten. Der Frühgeschichtler Klaus Goldmann und der Sprachwissenschaftler Günter Wermusch hatten schon eine Weile sowohl die Wollin- als auch die Usedom-Theorie angezweifelt. Sei es denn wirklich sicher, so einer ihrer Einwände, dass die Oder vor 900 Jahren an der selben Stelle wie heute in die Ostsee mündete? Es gibt genügend Beispiele dafür, dass Flüsse – etwa bei Hochwasser – ihr altes Bett verlassen und sich ein neues suchen. Tatsächlich war auch hinsichtlich der Oder immer Mal wieder vermutet worden, dass auch sie ursprünglich einen anderen Verlauf hatte: So soll sie nördlich der Stadt Schwedt über die Welse, Randow, Peene, Trebel und schließlich Recknitz bei Ribnitz-Damgarten in die Ostsee geflossen sein. Eine kühne, nicht widerspruchslos gebliebene Behauptung, die durch die bereits erwähnten Satellitenaufnahmen 1997 dann unerwarteten Rückhalt bekam. Ein Vergleich der Bilder aus dem All mit Reliefkarten der Region ergab, dass das Urstromtal der Oder einen breiten Graben hinterlassen hat, der auch heute noch den Grenzverlauf zwischen Pommern und Mecklenburg bestimmt.

Ist Vineta also im Barther Bodden versunken? Leider ist auch die Barth-Theorie bis heute nicht bewiesen.

Frühmittelalterliche Besiedelungsspuren gibt es an den Nord- und Ostseeküsten viele, und es werden immer wieder neue gefunden. Leider existieren die meisten Dokumente der damaligen Chronisten zu diesen Siedlungen nicht mehr im Original. Sie wurden abgeschrieben und dabei oft neueren Verhältnissen und stattgehabten Veränderungen angepasst oder auch einfach nur falsch aus dem Lateinischen übersetzt und so in ihrer Aussage verändert. Auch hat sich der Wortlaut vieler Ortsbezeichnungen, ja manchmal sogar der ganze Name, im Laufe der Zeit verändert. Wir brauchen nicht lange nach Beispielen suchen. Es wird in fast 900 Jahren kaum jemand noch wissen, dass Swinoujscie einmal Swinemünde war, oder Szczezin einmal Stettin hieß.

Das »Atlantis der Ostsee« bleibt ein Rätsel.

Das sagenhafte Rungholt

»Nichts ist beständig, außer der Wechsel!« Auf welche Landschaft treffen diese Worte besser zu, als auf das Wattenmeer vor der deutschen Nordseeküste. Früher, vor etwa 20.000 Jahren, war das Nordseebecken bis zur Doggerbank eine flussdurchzogene Landschaft. Erst mit dem Ende der Eiszeit füllte sich das Becken mit ungeheueren Mengen Schmelzwasser. Die Nordsee wurde geboren und mit ihr das Wattenmeer. Es ist eine einzigartige, faszinierende Landschaft, deren Küste sich im Laufe der Jahrhunderte durch Sturmfluten immer wieder veränderte. Mensch und Tier vernichtete der »Blanke Hans«, wie die Nordsee an der Küste genannt wird. Was in jahrelanger, mühsamer Arbeit entstanden war, wurde oft in wenigen Stunden in eine trostlose, öde Wasserwüste verwandelt. Es war ein ständiger, oft verzweifelter Kampf der an der Küste ansässigen Menschen gegen die Naturgewalten. Sie errichteten Deiche gegen die See, doch allzu oft war die wütende Nordsee stärker.

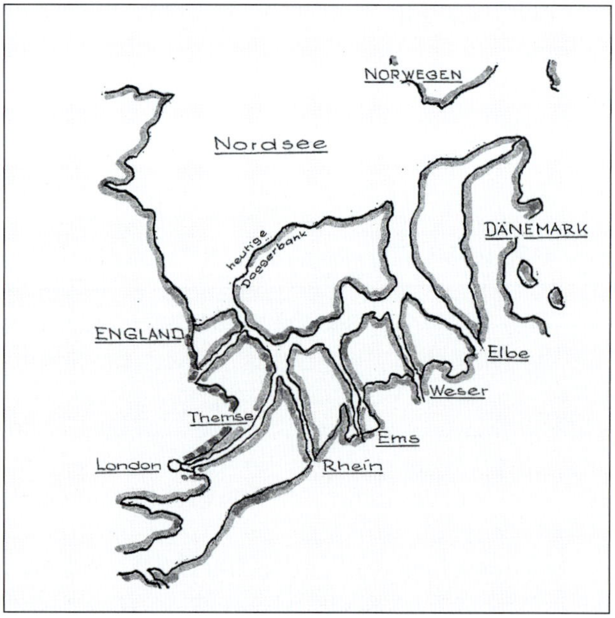

Das Nordseebecken während der Eiszeit vor etwa 20.000 Jahren.

Im Wattenmeer, irgendwo zwischen den beiden Inseln Pellworm und Nordstrand, soll das sagenhafte Rungholt gelegen haben. Eine durch Handel reich gewordene mittelalterliche Stadt sei es gewesen, so der Mythos. Damals war fast das gesamte Wattenmeergebiet an der nordfriesischen Küste noch festes Marschland – besiedelt von friesischen Bauern und Händlern. Und ähnlich wie bei der Ostseestadt Vineta soll Gott die lästerliche Stadt gestraft und ihren Untergang in den Fluten der Nordsee herbeigeführt haben.

Hartnäckig hält sich folgende Geschichte: Nach einer durchfeierten Nacht sollen ein paar ausgelassene, wohlhabende Bauern beschlossen haben, sich mit dem Pfarrer einen Spaß zu erlauben. Sie machten eine Sau betrunken und legten sie in ein Bett. Dann riefen sie nach dem Priester. Jemand läge im Sterben, so ließen sie ihm mitteilen, und er müsse sich beeilen, um ihm den letzten Segen zu erteilen. Der Priester machte sich auch prompt auf den Weg. Als er den Schwindel erkannte und zornig darüber wurde, zwangen ihn die Bauern seinen Kelch mit Bier zu füllen, was ein Sakrileg war, und daraus zu trinken. Da der Priester sich wehrte, verprügelten ihn die Bauern

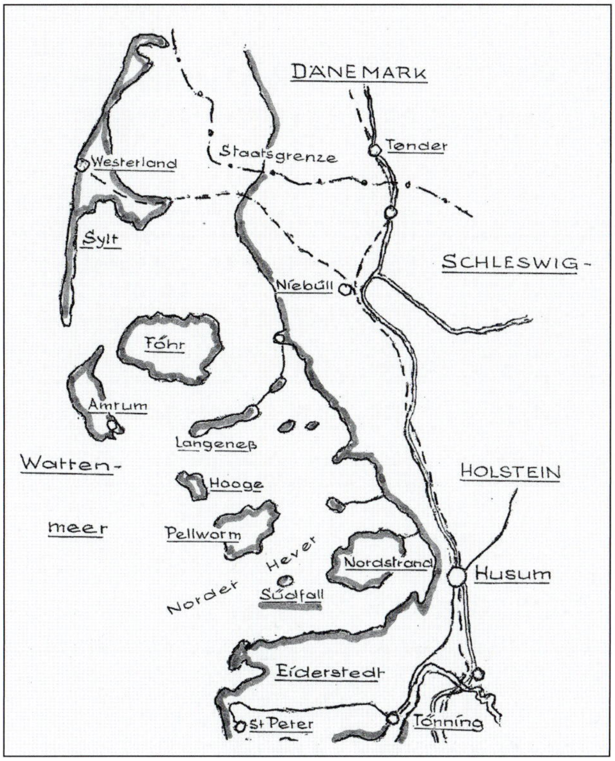

Die nordfriesischen Inseln mit der Hallig Südfall westlich von Husum.

kurzerhand. Schließlich ließen sie von dem Priester, der sofort nach Hause floh. Dort rief er Gott an, klagte ihm sein Leid und bat ihn um Hilfe. Schon in der darauffolgenden Nacht schwoll das Meer an und eine Sturmflut verheerte die Stadt und das Umland. Nur der Priester, so die Sage, wurde rechtzeitig von Gott gewarnt. Zusammen mit seiner Magd und zwei gottesfürchtigen Jungfrauen konnte er sich auf ein sicheres Gebiet retten und überlebte die Katastrophe. Soweit die Sage.

Darüber, dass eine Ansiedlung namens Rungholt tatsächlich existiert hat, besteht kein Zweifel. Der Name Rungholt wird in mehreren Urkunden genannt. Da sind etwa ein bischöfliches Abgabenverzeichnis aus dem Jahr 1300, und das Testament eines reichen Hamburger Bürgers im Urkundenbuch der Hansestadt aus dem Jahre 1345. Auf der Rückseite des Dokumentes wird der Ortsname »rungeholte« genannt. Der Ort hat also bis 1345 noch existiert.

Wie bereits erwähnt, war das Gebiet des heutigen Watts fruchtbares Land, bevor es von der Nordsee vollständig überflutet wurde. »Utlande« nannte man die Umgebung von Rungholt damals, weil sie der Küste vorgelagert und nicht durch hohe Deiche geschützt war. Gesiedelt wurde meist auf natürlich entstandenen oder künstlich errichteten Anhöhen, die aber, mit Ausnahme der Lister Bucht über keinen Hafen, sondern nur über kleinere Anlegestellen verfügten. Trotzdem soll über diese Anlegestellen ein reger Warenaustausch abgewickelt worden sein, der auf die Blütezeit der Wikinger zurückging. In erster Linie waren die Bewohner aber Bauern und lebten von Fischfang, Getreideanbau und Viehwirtschaft. Ihre Gehöfte schützten sie durch kleine, nur wenige Meter hohe Deiche.

Auf zahlreichen natürlichen Anhöhen hatten sich Moore entwickelt. Die häufige Überschwemmung dieses Gebietes führte zur Anreicherung

Koggen sicherten im 14. Jahrhundert den Seehandel auf Nord- und Ostsee. Hier eine Kogge früher Bauart ohne Bugkastel und Mastkorb.

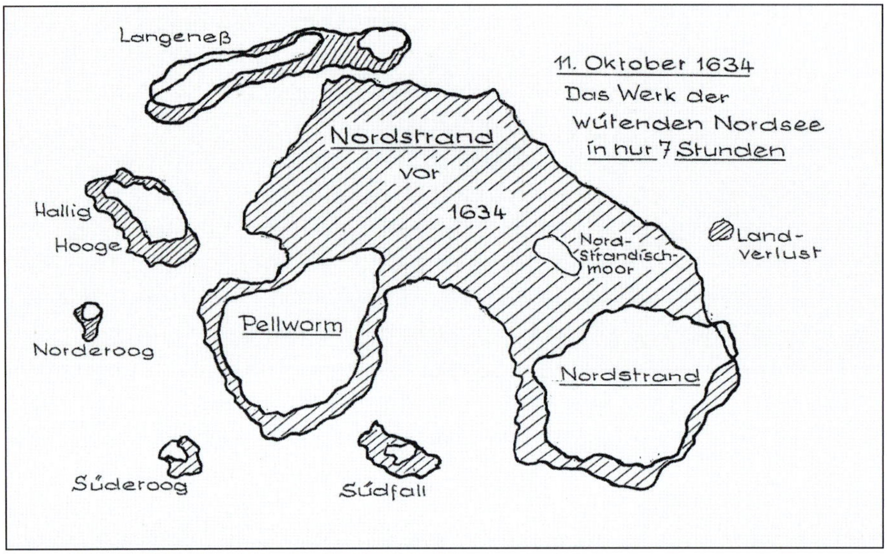

Sturmfluten, wie die vom 11. Oktober 1634, forderten nicht nur viele Tote unter Mensch und Vieh, sondern hatten auch immensen Landverlust zur Folge.

des Torfes mit Salz. Salz war, wie auch alle anderen Gewürze zu dieser Zeit, außerordentlich begehrt und wurde sozusagen »mit Gold aufgewogen«. Vom Abbau der Torfschicht profitierten die Siedler der Utlande, besonders der Ort Rungholt. Torf war lange Zeit der wichtigste Brennstoff zum Heizen und Kochen. Das im Torf vorhandene »friesische Salz« war begehrt und brachte Geld ein. Es wurde zunächst mit kleineren Schiffen oder Prähmen an die größeren Häfen Tondern, List oder Ripen verschifft und von dort aus an die Handelspartner, besonders nach Flandern, geliefert.

Da Rungholt 1345 noch existiert haben muss, geht man allgemein davon aus, dass es in der Marcellusnacht, am 16. Januar 1362, überspült wurde. Die Marcellusflut wird auch die »Erste Grote Mandränke« genannt. Diese Sturmflut ist vielfach bezeugt und muss laut den Chronisten schwere Schäden im gesamten nordfriesischen Küstengebiet angerichtet haben. Tausende von Menschen sollen ums Leben gekommen, insgesamt sieben bis neun »Kirchspiele« (Gemeinden) zerstört worden sein. Wertvolles Weideland ging verloren.

Fast sechs Jahrhunderte lang ruhte das versunkene Rungholt unter dem Schlick des Wattenmeers. Im Jahre 1921 entdeckte dann Andreas Busch südwestlich der Hallig die Überreste einer Entwässerungsschleuse. Sollte sie einst zum Rungholter Hafen gehört haben? Sein Interesse war geweckt. Intensiv und, wie sich zeigte, auch erfolgreich bemühte er sich in der Folgezeit um die Aufklärung seiner Funde. Schließlich förderte er weitere Überreste zu Tage. Die Siedlung, das wurde deutlich, musste südlich und nordwestlich der heutigen Hallig Südfall gelegen haben. Buschs zielstrebiges Suchen im Watt brachte Warften, Deichverläufe, Brunnenschächte, Haushaltsgeräte, Ackerflächen mit Pflugspuren und Reste einer hölzernen Brücke zu Tage. Immer mehr verdichtet sich die Vermutung, dass es sich bei diesen Funden um das versunkene sagenhafte Rungholt handelt.

Mit an Sicherheit grenzender Wahrscheinlichkeit darf man heute also davon ausgehen, dass Rungholt existiert und nordnordöstlich und teilweise südlich der heutigen Hallig Südfall gelegen hat. Was aber hat es mit der Sage auf sich? Die Funde von Andreas Busch haben gezeigt, dass es sich

Die Hallig Südfall heute.

bei Rungholt in keinem Fall um eine reiche Stadt, sondern viel eher um eine bedeutende friesische Siedlung, genauer gesagt um eine Ansammlung loser Gehöfte, mit einem kleinen Sielhafen, einem Markt und einer Stiftskirche gehandelt haben kann. Wohlhabend mögen die Bewohner gewesen sein, reich gewiss nicht.

Auch der Rungholt-Sage ist man auf die Spur gekommen. Es ist das Verdienst Hans-Herbert Henningsens, dass man heute davon ausgehen kann, dass die Sage – wie das so oft der Fall ist – aus mehreren Geschichten unterschiedlichen Alters gewoben wurde, bis sie im 17. Jahrhundert die heute bekannte und verbreitete Fassung erhielt. Wichtige Bausteine sind die Überlieferungen von Matz Paysen, die des Chronisten Anton Heimreich und die Chronik »Annales Strandenses«.

Aller Wissenschaft zum Trotz soll man aber auch heute noch an bestimmten Tagen, wenn die See ruhig ist, die Glocken der Kirche von Rungholt in der Tiefe läuten hören. Und immer noch, so versichert man, steige die sagenhafte Stadt alle sieben Jahre in der Johannisnacht, so wie sie einst versunken ist, aus den Fluten empor.

Verschollene Schiffe und Besatzungen

Lloyd's in London ist eines der ältesten Versicherungsinstitute für Schiffe. In seinen Büros laufen weltweit die meisten Meldungen ein, wenn Schiffe vermisst werden. Wenn ein bei Lloyd's versichertes Schiff den Zeitpunkt seines geplanten Eintreffens am Zielhafen seiner Reise deutlich überschreitet, wird es zunächst als »überfällig« erklärt. Das Schiff wird in die Liste der »Vessels of Inquiry« aufgenommen. Dann wird eine Anfrage veröffentlicht mit dem Inhalt: »Das Komitee bittet um Nachricht über folgende Schiffe …« Gegebenenfalls mit dem Zusatz wann, wo und mit welchem ungefähren Kurs es zuletzt gesehen wurde. Sofern eine Funkmeldung das letzte Zeichen vom Schiff war, wird angegeben, wann genau (Tag und Uhrzeit) diese erfolgte und mit welchem Text.

Bringt diese Nachfrage kein Ergebnis und ist in der Zwischenzeit keine Nachricht über den Verbleib des Schiffes eingegangen, wird sechs Monate nach der ersten Vermisstenmeldung das Schiff als »verschollen« erklärt. Das beinhaltet, dass die Besatzung offiziell für tot erklärt wird und das Schiff als Totalverlust anzusehen ist. In Deutschland ist gesetzlich eine Wartezeit von einem Jahr vorgeschrieben. Man erachtet, vermutlich auf Grund von Erfahrungen, sechs Monate als eine zu kurze Zeit.

Der renommierte Schiffshistoriker und Schriftsteller Alan Villiers hat sich sehr eingehend mit diesem Thema befasst und seine Erkenntnisse in einem aufschlussreichen Buch festgehalten. Seine Quelle war das Commitee of Lloyd's in London.

Auf den ersten Blick scheinen Schiffe auf See besonders gefährdet und ihr Verlust keine Seltenheit zu sein. Vergleicht man die Verlustmeldungen aber mit der Gesamtzahl der Schiffe, die im gleichen Zeitraum Tausende von Meilen ohne Havarie zurückgelegt haben, gewinnt man gleich sehr viel mehr Vertrauen in dieses Verkehrsmittel. Ein Beispiel gibt Einblick in die wahren Verhältnisse. Im Jahre 1953 gab es laut Lloyd's Register of Shipping 31.797 Dampfer und Motorschiffe, 806 Segelschiffe, und kleinere Fahrzeuge über 100 BRT. Das sind (nur bei Lloyd's) 32.603 Schiffe. Nur 15 davon wurden im gleichen Jahr als verschollen gemeldet. Das ist eine verschwindend geringe Zahl. Geht man davon aus, dass jedes dieser Schiffe etwa 12 Reisen in diesem Jahr unternommen hat, kommt man auf 391.236 Reisen. Das bedeutet, dass auf rund 27.000 Reisen nur eine Verschollenheitserklärung kommt.

Die Zahlen beziehen sich auf das Jahr 1953. Es muss aber angenommen werden, dass in früheren Jahrhunderten, als die Zahl der Segelschiffe deutlich höher lag, das Ergebnis schlechter war. Aus dieser Zeit aber fehlen die nötigen Daten.

Trotz aller Fortschritte im Schiffbau und in der Ausrüstung der Schiffe gibt es immer noch spektakuläre Fälle von verschollenen Schiffen, für deren spurloses Verschwinden man keine plausible Erklärung hat. Mit der Einführung der »Funkbuden« und besonders mit der Verpflichtung zur Hörbereitschaft rund um die Uhr glaubte man, dass man zwar Kollisionen und Schiffskatastrophen nicht verhindern, wohl aber ein spurloses Verschwinden eines Schiffes künftig so gut wie ausschließen könne. Selbst wenn ein Schiff, aus welchem Grund auch immer, rasch sinke, müsse immer Zeit genug bleiben für einen Hilferuf. Leider hat sich diese Hoffnung nicht erfüllt.

Die Brigantine *Mary Celeste*

Der Fall der *Mary Celeste* ist eine der mysteriösesten Havarien der Seefahrtgeschichte und bis heute nicht aufgeklärt. Um das Schicksal dieses Schiffes ranken sich die abenteuerlichsten Geschichten, und die meisten von ihnen handeln von Mord, Alkohol, Piraterie, Betrug, religiösem Wahn, Seeungeheuern, ja sogar von Ufos, von denen zur Zeit der *Mary Celeste* noch nie die Rede gewesen war. Mit kaum einem anderen Schiff hat sich die Literatur so eingehend befasst und über kein Schiff wurde so viel gerätselt, gemutmaßt und gab es so viel phantastische Erklärungsversuche von Fachleuten, Laien, Sterndeutern und Wahrsagern wie im Falle der *Mary Celeste.*

Um die *Mary Celeste* geht es dabei nur in der zweiten Hälfte der fast unglaublichen Geschichte. Angefangen hat es mit der *Amazon,* so hieß die *Mary Celeste* nämlich zuerst. Schon das Schicksal der *Amazon* war außergewöhnlich und ließ für die Zukunft Schlimmes ahnen. Aber der Reihe nach.

Ein Schotte namens R. McLellan bestellte im Jahr 1860 bei einer Werft auf Spenzer Island in Neuschottland ein Schiff. In Auftrag gab er eine »Hermaphrodit-Brigg«, wie man sie damals nannte. Also ein Zwitter-Schiff, wie der Name sagt. Je zur Hälfte ein Schoner und eine Brigg. Heute bezeichnet man diesen Schiffstyp als Brigantine, oder seltener als Schonerbrigg. Dieser Schiffstyp war recht beliebt und diente vorwiegend in der küstennahen Schifffahrt. Die Segel waren leichter zu bedienen als bei einer Brigg. Daher reichte auch eine »abgespeckte« Besatzung aus. Das sparte Kosten.

Die Werft lieferte ein schmuckes, stabil gebautes Schiff von 282 BRT. Eine andere Quelle berichtet, dass das Schiff nur 198 BRT Fassungsvermögen gehabt habe und erst nach einem später erfolgten Umbau 282 BRT maß. Für unsere Geschichte ist das aber belanglos. Im Jahre 1861 jedenfalls wurde das Schiff auf den Namen *Amazon* getauft und seinem Element übergeben. Im gleichen Jahr begann der Amerikanische Bürgerkrieg, aber auch der ist in Bezug auf die *Amazon* ohne Belang. Mehr Einfluss auf das Schiff hatte der Umstand, dass der »frischgebackene« Eigner kurz nach dem

Die hannoversche Schonerbrigg *Amoenitas* entsprach in Schiffsform und Takelung der *Mary Celeste.* Die leicht bedienbare Takelung war für eine kleine Besatzung ideal zu handhaben.

Stapellauf erkrankte und starb. Noch nicht einmal die Jungfernfahrt mit seinem neuen Schiff soll ihm manchen Berichten zufolge vergönnt gewesen sein. Andere Quellen erzählen, dass er erst nach der Jungfernfahrt gestorben sei. Wie so oft, wenn Ereignisse länger zurückliegen, ist die Überlieferung nicht einheitlich. Wie dem auch sei, diese Geschichte konnte noch nicht als Menetekel angesehen werden, aber warten wir ab.

Ein gewisser John Nutting übernahm dann das Schiff. Vermutlich kaufte er günstig, denn von einem Sohn, oder von Erben des verstorbenen Erst-Eigners ist nichts bekannt. Nutting freute sich auf seine Jungfernfahrt, die anfangs auch recht zufriedenstellend verlief. Lange währte diese Freude allerdings nicht, denn noch während dieser Fahrt geriet die *Amazon* vor oder in der Bay of Maine in eine Fischreuse. Eine andere Quelle spricht von einem Fischwehr, was glaubhafter erscheint, denn die *Amazon* zog sich bei dieser Havarie ein Loch im Rumpf zu. Sie musste zurück in die Werft. Der Schaden war nicht allzu groß und der Kapitän wollte sein Schiff in den nächsten Tagen übernehmen, da brach auf der Werft ein Feuer aus, das auch auf sein Schiff übergriff. Ob das Feuer nun wirklich auf der Werft, oder auf der *Amazon* selbst ausbrach, wie immer mal wieder gestritten wird, ist nicht von Belang. Umso mehr die Tatsache, dass die *Amazon* nach dem Brand erheblich schlechter aussah, als vor dem Feuer. Unter diesen Umständen ist es nachvollziehbar, wenn der Eigner die Freude an seinem »Unglückseimer« verloren hatte. Zuerst ein Loch, dann das Feuer, das war zu viel.

Ob repariert, oder nicht, ist nicht bekannt – das Schiff wurde verkauft und bekam so einen dritten Eigner, der in Personalunion auch sein neuer Kapitän war. Wie lange dieser sich des Schiffes erfreuen konnte, ist nicht bekannt. Es wird berichtet, das Schiff habe eine Fracht nach Südengland bekommen. Die Überquerung des Atlantik sei problemlos verlaufen. In der Straße von Dover, besser bekannt als »Englischer Kanal« oder »Ärmelkanal« kollidierte die *Amazon* dann aber mit einer Brigg, und bewies dabei ihre solide Konstruktion: Sie schickte das andere Schiff auf den Grund des Kanals. Sie selbst musste wieder einmal aufgeslippt und repariert werden. Der Kapitän aber hatte seinen Ärger mit dem Seegericht, das den Schuldigen an diesem Unfall ausfindig zu machen hatte. Er verkaufte das Schiff.

Wieder seetüchtig segelte die *Amazon* mit einem neuen Kapitän zurück nach Amerika. Das war im Jahre 1867 und das Unglücksschiff hatte zu dieser Zeit sechs Jahre auf dem Buckel. Aber was sind schon sechs Jahre für ein gut gebautes Schiff? Doch noch auf der Rückreise bewies die *Amazon* abermals ihre Standfestigkeit. Vor Cow Bay, an der neuschottischen Küste bei Cape Breton, lief sie auf Grund. Cow Bay liegt an der Nordspitze der heutigen Insel »Nova Scotia«. Strandungen bedeuten in den meisten Fällen das Ende eines Schiffes. Nicht so bei der *Amazon*. Sie war zwar ziemlich beschädigt, aber immer noch schwimmfähig. Eine Reparatur wurde wohl als sinnvoll erachtet, und das Schiff kam zum wiederholten Mal in die Werft. Auch hier ist es verständlich, dass der Eigner die Nase voll hatte, obwohl genau genommen diesmal der Kapitän und nicht das Schiff die Schuld hatte. Jedenfalls wurde die *Amazon* nun zum vierten Mal verkauft.

Fast verliert sich jetzt die Spur der *Amazon*. Wer das Schiff erwarb, ist nicht bekannt. Man weiß aber, und das wundert nicht, dass auch er das Schiff nicht lange behielt. Vielleicht war auch noch ein fünfter Käufer im Spiel. Die Namen sind unbekannt. Jedenfalls brachte sich das Unglücksschiff bald wieder ins Gerede durch ein Ereignis, das wahrlich nicht alle Tage vorkommt. Sie strandete exakt an der gleichen Stelle, die ihr schon im Jahre 1867 zum Verhängnis gekommen war. Diesmal waren die Folgen schwerwiegender. Zwar konnte das Schiff wieder freigeschleppt und repariert werden, aber der Eigner konnte die entstandenen Kosten nicht begleichen. Diesmal

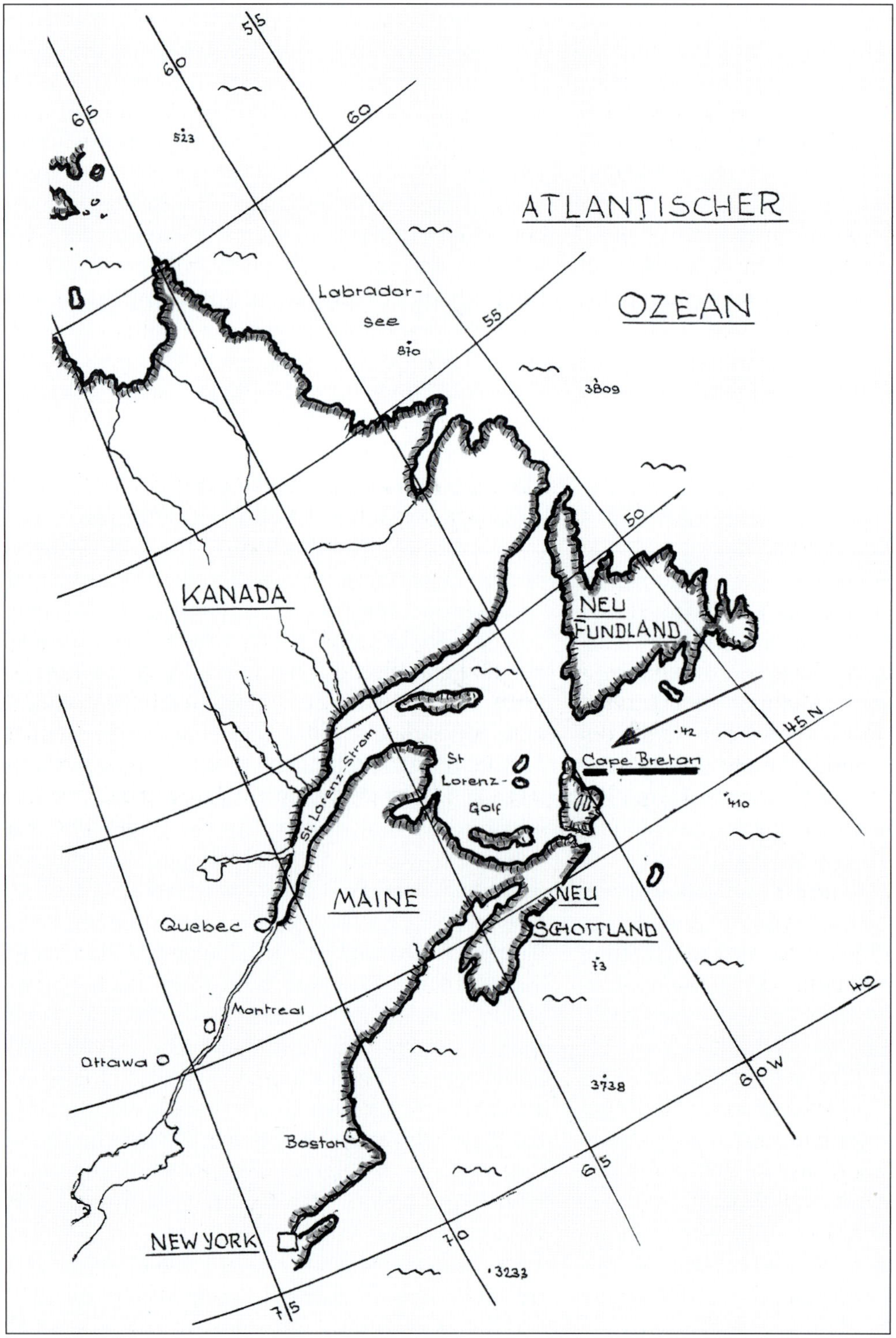

Zwei Mal strandete das Unglücksschiff *Mary Celeste* am Cape Breton an der neuschottischen Küste.

wurde die *Amazon* nicht verkauft, sondern gepfändet und versteigert.
Was wir bisher von dem Schiff wissen, wäre eigentlich schon eine abgeschlossene Geschichte, aber das, was das Schiff berühmt gemacht hat, kommt erst noch.
Die *Amazon* bekam also schon wieder einen neuen Eigner, oder besser gesagt mehrere Eigner. Es war die Reederei J.H. Winchester & Co. in New York. Ein Zusammenschluss von vier Eignern, von denen einer Benjamin Spooner Briggs, der Kapitän der nächsten Reise, war.
Der Wechsel scheint dem Schiff gut bekommen zu sein. Es wurde von Grund auf überholt und soll dabei von 99,3 Fuß auf 103 Fuß verlängert worden und damit auf die zuvor erwähnten 282 BRT gekommen sein. Gegen unerwünschten Bewuchs bekam das Unterwasserschiff noch einen Kupferbeschlag.
Dann geschah etwas, wovor alte »Seebären« aus Aberglauben gewöhnlich zurückschrecken. Die *Amazon* wurde in *Mary Celeste* umbenannt – vielleicht um die unerfreuliche Vergangenheit abzuschütteln. Und – fast wie erwartet – auch der Namenswechsel selbst verläuft nicht reibungslos: Eigentlich sollte nämlich nicht »Mary« am Bug oder Heck des Schiffes stehen, sondern »Marie«. Die Kombination des englischen »Mary« mit dem französischen Namen »Celeste« geht also auf den Fehler des Schriftenmalers zurück.
»Mary«, oder »Marie«, ein neuer hoffnungsvoller Lebensabschnitt des Schiffes sollte nach dem Willen der neuen Eigner beginnen. Schließlich sind auch elf Jahre für ein gut gebautes und generalüberholtes Schiff noch kein Alter.
Anfang Oktober 1872 lag die *Mary Celeste* an der Pier 44 des East Rivers in New York und wartete auf die Ladung. Sie kam am 2. November an Bord. Es waren 170 Fässer mit vergälltem (ungenießbarem) Alkohol, die nach Genua verschifft werden sollten. Im Schiffsregister vom 4. November sind sieben Namen der Besatzung aufgeführt. Als Kapitän wird B. Spooner Briggs genannt, der, wie bereits erwähnt, zugleich Miteigner des Schiffes war. Mit an Bord war Briggs Frau Sarah Elizabeth und ihre zweijährige Tochter Sophie Matilda. Briggs entstammte einer alten Seefahrerfamilie, war aber umstritten. Nicht etwa als Kapitän, er galt als zuverlässiger, aber strenger Schiffsführer. Seine Religiosität aber soll übertrieben, ja fast krankhaft gewesen sein. Charakterlich wurde er nie angezweifelt. Auch der 1. Maat an Bord, Albert G. Richardson, aus Stockton, 28 Jahre alt, galt als zuverlässiger und erfahrener Seemann. Auch ein zweiter Steuermann soll noch an Bord gewesen sein, ein gebürtiger Däne namens Gilling, der aber wird nur in einer Quelle kurz erwähnt und taucht dann namentlich nicht mehr auf. Zur Besatzung gehörte noch der Koch. Die übrige Mannschaft bestand aus vier deutschen Seeleuten, alle mit Erfahrung und einwandfreiem Leumund. Sie stammten aus Nordfriesland, waren jung, aber schon gute Seeleute.
Eine qualifizierte Besatzung also. So weit, so gut. Für abergläubische Menschen gilt es allerdings, noch eine delikate Zusatzinformation preiszugeben. Wie das Schiff scheint auch die ganze Familie Briggs vom Pech verfolgt gewesen zu sein. Ein Sohn des alten Briggs ging mit seinem Schiff unter, eine Tochter ertrank auf See und ein weiterer Sohn starb auf See an Gelbfieber. Nur der alte Briggs starb an Land durch einen Blitzschlag.
Ungeachtet dessen, aber getreu der Familientradition ließ Briggs vermutlich am 5. November die Leinen loswerfen. Die erste Reise unter der neuen Reederei begann. Eigentlich aber begann sie erst am 7. November, weil der stürmische Atlantik es so wollte und Briggs in der unteren Bucht von Staten Island vor Anker gehen musste.
Acht Tage nach der *Mary Celeste* setzte ein anderes Schiff, die *Dei Gratia*, in New York die Segel und nahm Kurs auf den Hafen von Gibraltar. Das Schiff steuerte damit den gleichen Kurs, den auch die *Mary Celeste* anlegen musste. Der Weg nach Genua führt zwangsläufig durch die Meerenge

von Gibraltar. Kapitän der *Dei Gratia* war David Reed Morehouse, sein 1. Maat, Oliver Deveau. Beide waren, wie auch die Mannschaft, bewährte und zuverlässige Seeleute, die ihr Handwerk verstanden. Jeder, einschließlich Mannschaft, hatte einen einwandfreien Leumund.

Am 5. Dezember, kurz nach Mittag, die *Dei Gratia* war noch etwa 600 Seemeilen (das sind 1113 Kilometer) von Gibraltar entfernt, machte der Mann am Ruder Steuerbord voraus ein Segel aus. Andere Quellen sprechen von Backbord, was weniger glaubhaft erscheint. Die *Mary Celeste* soll etwas südlicher gelaufen sein, als die *Dei Gratia*, weshalb sie von ihr aus an Steuerbord gesichtet worden sein müsste. Für die weitere Geschichte ist diese Differenz unwesentlich.

Je näher die *Dei Gratia* kam, desto merkwürdiger erschien das gesichtete Schiff der Besatzung. Nicht nur der schlechte Zustand der Segel, auch die Art der Besegelung fiel auf. Es waren nur das Fockmarssegel, das Stagsegel und der Klüver gesetzt und zudem stimmte der Kurs mit dem Stand der Segel nicht überein. Außerdem lag kein Grund vor, nur so wenig Segel zu fahren.

Der Rudergänger rief den 1. Steuermann herbei, aber auch der konnte sich keinen Reim auf das merkwürdige Schiff machen. Der Kapitän wurde hinzugezogen. Der betrachtete lange das fremde Schiff durch sein Fernrohr. Es war klar, da drüben stimmte etwas nicht, zumal auch das Ruder nicht besetzt war. Kapitän Morehouse wollte Klarheit über das merkwürdige Schiff bekommen, gegebenenfalls Hilfe leisten. Er schickte seinen 1. Maat und zwei Matrosen zu dem Geisterschiff, nicht ohne sie vorher zur Vorsicht zu ermahnen. Bevor die beiden das Schiff enterten, rief Deveau das Schiff an. Niemand kam an Deck, nichts rührte sich. Auch auf mehrmaliges Rufen kam keine Antwort. Also ging man mit dem Boot längsseits. Ein Mann blieb im Boot, der »Erste« und ein Matrose kletterten über die Reling an Bord.

Niemand war zu sehen, weder lebend noch tot. Das Deck war leidlich aufgeräumt, keine Spur einer gewaltsamen Auseinandersetzung. Ein Überfall von Piraten schien also nicht stattgefunden zu haben. Dagegen gab es Hinweise auf einen abgewetterten Sturm. Die Takelage war zwar beschädigt, aber, soweit man erkennen konnte, in kurzer Zeit reparierbar. Das Kompasshaus war umgeworfen. Auch das war erklärbar, ein Mann konnte bei einer heftigen Bewegung des Schiffes im Sturm gegen das Kompasshaus geschleudert worden sein. Der Ausfall des Steuerkompasses ist aber kein Anlass, ein Schiff zu verlassen, denn ohne zweiten Kompass läuft kein Schiff aus.

Den Niedergang fanden die beiden Männer offen. Auch dort kam von unten keine Antwort, so laut man auch rief. Vorsichtig um sich blickend gingen die zwei nach unten. In der Kombüse stand Wasser, aber sonst war alles in Ordnung. Auch das Mannschaftslogis wurde untersucht. Die Seekisten waren unberührt, aber zu ihrem Erstaunen fanden sie auch Seestiefel und Tabakspfeifen. Das war ein sicherer Beweis, dass das Schiff in aller Eile verlassen worden war. Welcher Seemann verlässt sein Schiff ohne seine Seestiefel? Zum Griff zur Pfeife hat er ebenfalls Zeit, wenn es nicht sehr eilt.

Bei der weiteren Untersuchung fand sich auch eine Seekarte im Tätigkeitsbereich des Kapitäns. Darin war der Kurs des Schiffes bis zum 24. November eingetragen. Demzufolge muss es zu diesem Zeitpunkt etwa 100 Seemeilen südwestlich der Azoren gestanden sein. Was Kapitän Morehouse schon mit dem Fernrohr festgestellt hatte, bestätigte sich jetzt: Das Geisterschiff war die *Mary Celeste*.

Die Quellen widersprechen sich, ob auch das Logbuch gefunden wurde. In jedem Fall aber fehlten der unverzichtbare Chronometer und der ebenso wichtige Sextant. Keines der beiden Instrumente war aufzufinden. Weiter unten im Laderaum roch es stark nach Alkohol. Da die

Fässer noch gut verstaut waren, konnten nur wenige Fässer beschädigt und daher undicht geworden sein. Wo aber war der Frachtbrief? Auch dieser war nicht auffindbar. Insgesamt entstand der Eindruck, dass das Schiff einen härteren Sturm abgewettert haben musste, denn nicht nur im Laderaum stand Wasser, auch die Kojen waren nass und das vordere Luk war offen. Wieder an Deck stellten die Männer fest, dass ein Boot fehlte. Damit hatte die Mannschaft also das Schiff verlassen. Aber warum? Kein Seemann verlässt sein Schiff, es sei denn in äußerster Not und die ist meist nur gegeben, wenn das Schiff sinkt. Ein entmastetes, vom Sturm zerzaustes Schiff ist, wenn es noch schwimmfähig ist, immer noch sicherer, als eine Nussschale von Beiboot in der man nur beschränkt Wasser und Verpflegung mitnehmen kann. Ganz zu schweigen von der auch bei mäßigem Seegang bestehenden Gefahr zu kentern.

Die *Mary Celeste* war als sie gefunden wurde, abgesehen von den problemlos zu reparierenden Schäden am Rigg, ein absolut seetüchtiges Schiff. Der vorhergegangene Sturm kann also keinen Anlass gegeben haben, sie zu verlassen und noch dazu in Eile. Fragen über Fragen, aber keine Antwort. Die drei pullten zurück zu ihrem Schiff, um Kapitän Morehouse Bericht zu erstatten.

Nach langem Zögern und Überlegen – er sah das Risiko, beide Schiffe mit halber Besatzung weitersegeln zu lassen – beschloss Morehouse, die *Mary Celeste* zu bergen. Vielleicht gab bei seinem Entschluss der in Aussicht stehende Bergelohn den Ausschlag. Dieser richtet sich nach dem Gesamtwert eines Schiffes einschließlich der Ladung. Meist werden nur Wracks verlassen, aber in diesem Fall war es ein fast intaktes Schiff. Das bringt mehr, als nur ein bescheidenes Taschengeld.

Der 1. Maat und zwei Matrosen stiegen also auf die *Mary Celeste* um. Nur zwei Tage benötigten sie, um die Schäden am Rigg zu beseitigen. Dann nahmen sie Kurs auf Gibraltar. Kurz hintereinander, am 12. und 13. Dezember, trafen die Schiffe dort ein.

Kapitän Morehouse erstattete dem zuständigen Beamten der britischen Admiralität, einem gewissen Mr. Flood, einen ausführlichen Bericht über den Vorgang. Damit glaubte er die Sache vom Hals zu haben. Aber weit gefehlt. Er ahnte nicht, dass er nun am Anfang einer Menge Ärger stand. Seine Geschichte schien besagtem Mr. Flood so abenteuerlich, dass er Morehouse' Version nicht glaubte. Selbstsicher und arrogant, wie er gewesen sein soll, zweifelte er keine Sekunde daran, einem Verbrecher auf die Spur gekommen zu sein. Unerwartet sah sich Kapitän Morehouse in der peinlichen Rolle eines Angeklagten. Auch der 1. Maat der *Dei Gratia*, Mr. Deveau, der die *Mary Celeste* als erster betreten hatte, sah sich unversehens einem Verhör unterzogen und unter Verdacht. Entweder, so mutmaßte Mr. Flood in seinem unbezähmbaren Drang Verbrecher bzw. Piraten zu entlarven, war das ein abgekartetes Spiel der beiden Kapitäne, um in den Genuss des Bergelohns zu kommen, oder er hatte es mit raffinierten, abgebrühten Piraten zu tun, die sorgfältig alle Spuren ihres brutalen Verbrechens beseitigt hatten. Jedenfalls verbaute sich Mr. Flood durch seine Vorverurteilung jede Chance auf eine nüchterne und vernünftige Beurteilung. Ein Argument seiner wackeligen Anklage nach dem anderen musste er jedoch schließlich fallen lassen.

Floods erster Gedanke war, die Mannschaft der *Mary Celeste* hätte den Kapitän nebst Frau und Kind umgebracht, um an den Alkohol zu kommen, den der Kapitän als strenger Puritaner und absoluter Abstinenzler so streng und aufmerksam bewachte. Diesen Vorwurf musste Mr. Flood allerdings fallen lassen, denn der Alkohol war vergällt, was Mr. Flood erst nachträglich erfuhr. Erfolgversprechender war der Verdacht, die beiden Kapitäne könnten unter einer Decke stecken. Kapitän Briggs, so mutmaßte Flood, hätte seine Mannschaft umgebracht und sei mit dem Beiboot zu einem vereinbarten Treffpunkt gepullt, wäh-

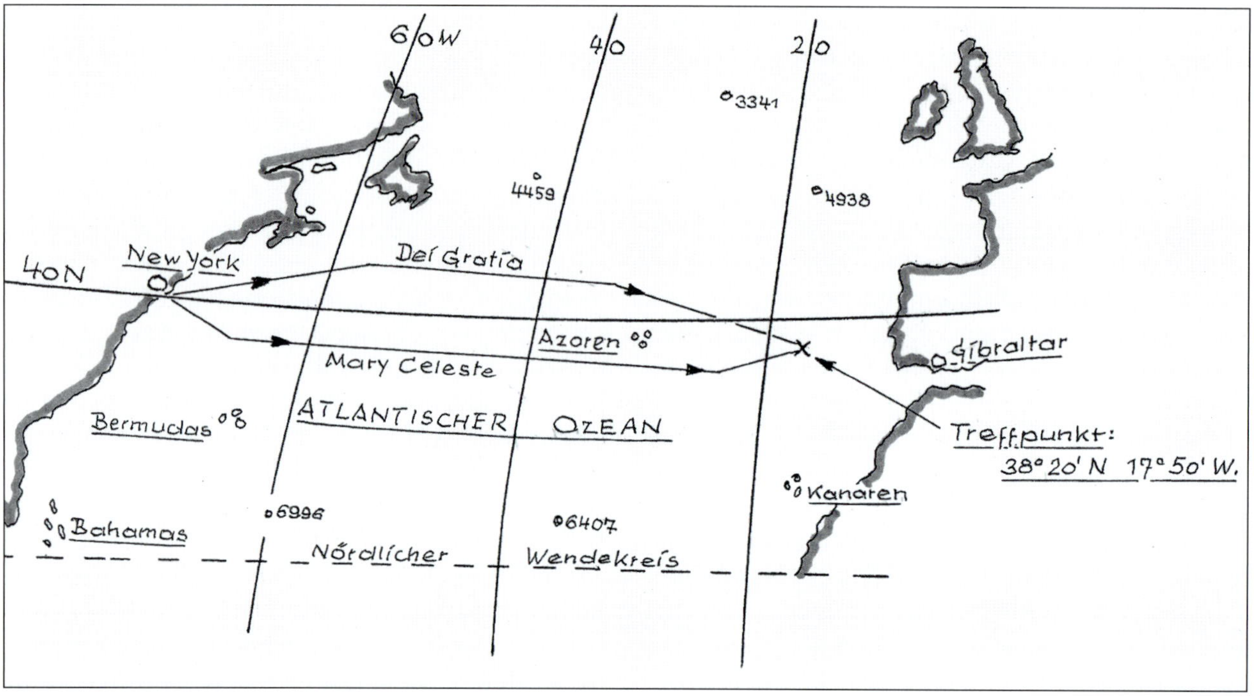

Die Kurse der beiden Schiffe *Dei Gratia* und *Mary Celeste* und ihr Treffpunkt östlich des 20. Längengrades.

rend Kapitän Morehouse die verlassene *Mary Celeste* findet. Den zu erwartenden, im konkreten Fall recht ansehnlichen Bergelohn hätten die beiden Kapitäne zu teilen vereinbart. Das klingt zunächst fast glaubhaft und möglich, aber die Sache hat einen Haken. Briggs als Anteilseigner der *Mary Celeste* wäre der Dumme gewesen, denn er hätte seinen Anteil an Bergelohn selbst bezahlen müssen. Wieder war es nichts mit dem plausiblen Plan, das musste selbst Mr. Flood einsehen. Auch dieser Verdacht war ins Leere gelaufen. Doch für den passionierten Verbrecherjäger Flood gab es noch eine dritte Möglichkeit. Die Mannschaft der *Dei Gratia* könnte die *Mary Celeste* überfallen und alle an Bord befindlichen Personen getötet haben. Aber auch diese Überlegung hatte einen Haken und war schnell vom Tisch. Schließlich, unabhängig was auch geschehen sein mag, war kaum anzunehmen, dass Piraten mit ihrer Beute einschließlich der wertvollen Ladung ausgerechnet einen englischen Hafen anlaufen und sich dann auch noch unaufgefordert bei den Behörden melden würden.

Flood gab aber noch nicht auf. Alle Besatzungsmitglieder der *Dei Gratia* wurden streng verhört – ohne verwertbares Ergebnis. Von belanglosen Abweichungen abgesehen sagten alle über den Hergang das Gleiche aus. Nun suchte Flood auf und an der *Mary Celeste* nach Beweisen für das von ihm vermutete Verbrechen. Von einem Taucher ließ er das Unterwasserschiff untersuchen, doch vergebens. Dann mussten im Inneren des Schiffes ein Gerichtsschreiber und ein Oberinspektor unter seiner Aufsicht nach Beweisen suchen. 50 Fässer wurden zur Freude der schwitzenden Hafenarbeiter an Deck geholt. An denen waren lediglich ein paar Schrammen zu sehen, die Flood im Übereifer als Beilhiebe de-

klarierte, womit er den Beweis für eine Gewaltanwendung erbracht sah.
Fünf Stunden hatte die Durchsuchung gedauert. Flood war mit dem Ergebnis aber noch immer nicht zufrieden. Er ordnete eine weitere Untersuchung an. Er wollte sein Erfolgserlebnis, koste es, was es wolle. Da die Geschichte nun langweilig zu werden droht, sei hier nur noch erwähnt, dass ein Krimi mit 10 Toten eine harmlose Kindergeschichte ist gegenüber dem, was Flood in der Folge noch alles an Verdächtigungen einfiel.
Die Angelegenheit landete in letzter Instanz beim zuständigen Seegericht. Dort wurde man seiner Verpflichtung zu Sachlichkeit und Objektivität gerecht. Nach eingehender Prüfung sprach es Kapitän Morehouse und seinen 1. Maat Deveau frei. Das Geheimnis der *Mary Celeste*, so meinten die hohen Herren, sei auch in dieser Verhandlung nicht zu klären gewesen; daher gelte die Unschuldsvermutung.
87 Tage lang war die *Mary Celeste* in Gibraltar festgehalten worden, bis sie endlich nach Genua auslaufen konnte, um ihre Ladung zu löschen.
Wo Tatsachen fehlen, sind bekanntlich Vermutungen, Theorien und Gerüchten Tür und Tor geöffnet. Eines, der zahlreichen später aufgestellten Erklärungsmodelle, das auf den ersten Blick gar nicht einmal so abwegig scheint, ging von der Frage aus, ob die Ladung der *Mary Celeste* bei dem nachweislich stürmischen Wetter vielleicht ins Rutschen gekommen war. Die Fässer wären hart gegeneinander gestoßen und einige dabei undicht geworden. In wärmeren Zonen wäre der ausgelaufene Alkohol verdunstet. In der nicht unberechtigten Furcht, die gefährliche Atmosphäre im Laderaum könnte sich entzünden und explodieren, habe Kapitän Briggs Befehl gegeben, die Luken zu öffnen und das Schiff zu verlassen. Sein Plan könnte weiter so ausgesehen haben, dass er das Beiboot mit einem kräftigen Ende (Leine) am Heck des Schiffes befestigen und es dann achteraus treiben ließ. Durch die geöffneten Luken hätten die gefährlichen Dämpfe langsam verfliegen können. Anschließend hätte die Mannschaft das Boot wieder an das Schiff heranholen und umsteigen können. Was aber ist schief gelaufen? Hat sich das Ende vielleicht unversehens gelöst, ist es gebrochen oder durchgescheuert? Auch eine plötzliche Bö kann dazu geführt haben, dass das Schiff plötzlich ruckartig beschleunigte und die Leine brach. Briggs und seine Mannschaft hätten dann zusehen müssen, wie ihr Schiff unerreichbar davon segelte.
Aber ist wirklich anzunehmen, dass ein erfahrender Seemann in einem so lebenswichtigen Fall eine Schleppleine so leichtsinnig belegt, dass sie sich unbeabsichtigt lösen kann? Selbst wenn sie gebrochen oder durchgescheuert wäre, hätte Morehouse den Rest der Leine am Schiff befestigt finden müssen. Die letzte Möglichkeit, dass Briggs bei Flaute eine Leinenverbindung mit dem Schiff für nicht erforderlich hielt, ist völlig unglaubwürdig, weil sie von unverantwortlichem Leichtsinn gezeugt hätte. Für einen erfahrenen und bewährten Seemann wie Kapitän Briggs ein undenkbares Verhalten.
Und weiter: Die gesamte Mannschaft der *Mary Celeste*, so muss man annehmen, ist in das Beiboot umgestiegen. Warum aber nahm Briggs den Chronometer, den Sextanten und die Schiffspapiere mit, wenn es nur darum ging, das Schiff auslüften zu lassen? Warum war das Ruder der *Mary Celeste* nicht festgelascht? Das kann doch nicht vergessen worden sein! Sollte die gesamte Besatzung im Beiboot mitgeschleppt werden, musste sichergestellt sein, dass das Schiff auf Kurs blieb und nicht aus dem Ruder lief. Was also war wirklich an Bord geschehen?
Bis heute ließ sich keine der Fragen beantworten, und der *Mary Celeste* ihr Geheimnis nicht entreißen.
Die *Dei Gratia* konnte ihre Ladung in Gibraltar löschen und die *Mary Celeste* erreichte mit anderer Besatzung und einer Verspätung von drei Monaten den Hafen von Genua. Zurück in

New York wurde sie ihren Reedern zurückgegeben, die das Unglücks- und Geisterschiff verkauften. Kapitän Morehouse erhielt in Gibraltar einen Bergelohn zugesprochen, der aber unverständlicherweise deutlich unter dem erwarteten lag.
In der Folgezeit blieb die *Mary Celeste* ihrem Ruf als Unglücksschiff treu. Sie wechselte noch mehrmals den Besitzer. Im Jahre 1884 lief sie in Westindien auf ein Riff. Die Begleitumstände waren aber so widersprüchlich, dass es zu einer Anklage wegen Versicherungsbetrug kam. Der Kapitän, der gleichzeitig auch Eigner war, starb wenige Monate später. Der 1. Maat der *Mary* verlor den Verstand, und, als wäre das Schiff tatsächlich verhext, der 2. Maat beging Selbstmord.
Bis heute steht die *Mary Celeste* im Ruf ein Unglücksschiff zu sein. Auch die wegen der Umbenennung des Schiffes unter den Seeleuten geraunten Unglücks-Warnungen haben sich auf traurige Weise bestätigt. Kapitän Briggs, seine Frau und seine Tochter und alle acht Mann Besatzung blieben verschollen.

Man möchte meinen, das Kapitel *Mary Celeste* sei damit abgeschlossen. Keineswegs, denn sensationslüsterne Journalisten, phantasievolle Schriftsteller und überschlaue Detektive nahmen sich seiner an. Plötzlich tauchten Überlebende auf, deren Namen man auf der im Original vorhandenen »List of Persons« nicht finden kann, oder hatte man nur »vergessen«, sie einzutragen? Handelte es sich gar um blinde Passagiere? Ein anderer »Aufklärer« war vorsichtiger und behauptete, er erzähle nur weiter, was ihm ein Geretteter der *Mary Celeste* anvertraut habe. Der Zeuge konnte aber nie herbeigebracht werden.
Noch im Jahre 1927, 57 Jahre nach dem Vorfall, erschien ein Buch, das in Amerika ein Bestseller wurde. Leider stellte sich später heraus, dass auch hier der angebliche Überlebende der *Mary Celeste* nur der Phantasie des Autors entsprungen war.
Die Liste der Veröffentlichungen, die das Rätsel um das Schicksal der Besatzung der *Mary Celeste* für geklärt verkündeten, ließe sich beliebig verlängern. Von Seeungeheuern und Riesenkraken war die Rede, die mit ihren mit Saugnäpfen gespickten Tentakeln die gesamte Besatzung vom Deck gepflückt hätten. Sogar UFOs kamen ins Spiel, die vermutlich auch das verschwundene Beiboot der *Mary Celeste* einschließlich der Schiffspapiere mitgenommen haben. Kein Unsinn war zu groß, um nicht geglaubt und schön ausgeschmückt weitererzählt zu werden. Selbst Kapitän Briggs' überzogene Religiosität wurde als Grund für einen eventuellen Massenselbstmord herangezogen. Der Kapitän, Frau, Kind und Mannschaft seien in religiösem Wahnsinn kollektiv über Bord gesprungen, lautet eine These. Was ist dann aber mit dem Beiboot geschehen?
Eine andere häufig vertretene Theorie greift eine Vermutung des 1. Steuermanns der *Dei Gratia* auf, der als Erster das verlassene Schiff betrat und untersuchte. Eine relativ kleine Wasserhose könnte die *Mary Celeste* getroffen haben. Die Beschädigungen an Deck bestätigten dies. Der große Druckunterschied zwischen dem Schiffsinneren und der Außenluft in der Wasserhose könnte das Wasser im Pumpstutzen hochgezogen haben. Bei der Prüfung des Wasserstandes habe man ein Leck im Rumpf des Schiffes vermutet und sei sicherheitshalber in das Boot gegangen. Und tatsächlich, denkbar wäre ein solcher Vorfall durchaus. Aber in der Gegend, wo sich die *Mary Celeste* befand, ist die Bildung von Wasserhosen sehr selten beobachtet worden und noch seltener ist die Wahrscheinlichkeit, von einer getroffen zu werden. Ganz auszuschließen ist dieser Erklärungsversuch nicht, zumal keine anderen Feststellungen dagegen sprechen. Aber an der Ungewissheit über die Vorfälle an Bord der *Mary Celeste* ändert das auch nichts. Lassen wir also dem Unglücksschiff sein Geheimnis. Es ist nicht zu lüften.
Die *Mary Celeste* ist keineswegs das einzige Schiff, das ohne Besatzung gefunden wurde und

bei dem es ungeklärt geblieben ist, warum die Besatzung das Schiff verlassen hat. Sie ist nur das prominenteste Beispiel. So wurde im Februar 1953 ein britischer Frachter in völlig intaktem Zustand gefunden. In der Kombüse stand eine fertig gekochte Mahlzeit auf dem Herd, die nur noch aufgetischt werden musste. Die Funkanlage war betriebsbereit. Ein Mast war gebrochen, aber was macht das schon bei einem Schiff, dessen Motoren in einwandfreiem Zustand waren! Das Schiff wurde geborgen und von Hafenbehörden gründlich untersucht. Nicht der geringste Hinweis wurde gefunden, der das Verlassen des Schiffes erklären würde. Das Schicksal der Besatzung blieb unbekannt. Zwar ist die Gegend, in der das Schiff gefunden wurde, alles andere als vor Piraten sicher. Aber, welche Piratenbande entert ein Schiff, tötet die Besatzung oder nimmt sie gefangen und überlässt dann die wertvolle Beute einem Anderen?

Ein Schoner, der im Jahre 1881 von einem britischen Schiff mitten im Atlantik entdeckt wurde, gab sogar noch mehr Rätsel auf als die *Mary Celeste*. Auch hier das schon bekannte Szenario: Keine Besatzung, Schiff seeklar, alles in Ordnung, kein Kampf, kein Blut, keine Piraten. Warum das Schiff schwimmen lassen, wenn das Bergen ein schönes Zubrot verspricht, denkt sich der britische Kapitän. Er schickt also ein Bergungskommando zu dem Schoner. Die Segel werden gesetzt, und beide Schiffe nehmen Kurs auf Neufundland. Nebel zieht auf – in dieser Gegend alles andere als ungewöhnlich – und die Besatzungen verlieren sich aus den Augen. Als sich der Nebel lichtet und die Schiffe wieder volle Sicht haben, bemerkt der Kapitän des britischen Schiffes, dass die Prise einen falschen Kurs steuert. Er lässt darauf zuhalten und schickt ein zweites Kommando hinüber, um den Grund für den merkwürdigen Kurs zu erfahren. Zu seinem Erstaunen und Erschrecken findet das Kommando das Schiff aber verlassen vor, und nirgendwo eine Spur von dem erst vor zwei Tagen hinübergesetzten Prisenkommando. Es gibt auch keinen Hinweis auf einen Überfall. Verstört pullen sie zurück zu ihrem Schiff. Der Kapitän gibt auf, denn niemand findet sich bereit, auch nur einen Fuß auf das verwunschene Geisterschiff zu setzen.

Was weiter mit dem Schoner geschah, ist nicht bekannt. Nie wieder wurde er gesehen, oder von ihm berichtet. Alles Seemannsgarn? Oder im Gegenteil ein Beweis dafür, dass Seeleute gute Gründe haben, abergläubisch zu sein?

Der Fracht- und Passagierdampfer *Waratah*

Die *Waratah* war ein Passagier- und Frachtschiff von 9339 BRT. Sie wurde in Schottland bei Barclay, Curle & Co. gebaut und im Jahre 1908 an die Reederei »Blue Ancor-Line« ausgeliefert. Ihre Klassifizierung bei Lloyd's mit *+ 100 A1* war sicher korrekt, aber als man die Anforderungen für diese Klasse festlegte, hatte man an so große Schiffe noch nicht gedacht. Ein modernes Schiff war die *Waratah* dennoch. Sie hatte eine leistungsfähige vierstufige Expansionsdampfmaschine, die dem Schiff eine für die damalige Zeit beachtliche Reisegeschwindigkeit von 13 Knoten verlieh. Der Rumpf hatte sieben wasserdichte Querschotten, was als genügend betrachtet werden kann. Sowohl die Rettungsmittel als auch die Notsignale waren ausreichend bemessen. Die *Waratah* führte 17 Rettungsboote und 3 Flöße mit sich. Außerdem waren nicht weniger als 930 Rettungsringe an Bord. (Spätestens seit dem Untergang der *Pamir* 1957 wissen wir, dass der Nutzen von Rettungsringen auf hoher See sehr beschränkt ist.) Eine Funkanlage war allerdings nicht an Bord. Die Konstruktion der *Waratah* war angeblich an die des Dampfers *Geelong* angelehnt, der bei der gleichen Linie erfolgreich und ohne Beanstandung im Einsatz war. Aus technischer und nautischer Sicht bestand bei der *Waratah* also keinerlei Grund zu einer Beanstandung, geschweige denn zur Sorge.

Für ein frachttragendes Passagierschiff war die *Waratah* geradezu ein Luxusdampfer. Sie verfügte für die Passagiere unter anderem über einen Musiksalon und eine Bühne für Aufführungen. Blumen und Palmen dekorierten die Räume und für die Bequemlichkeit sorgten Plüschsessel. Der Salon war sogar schon indirekt beleuchtet.

Das alles sprach für das Schiff und ließ für die damalige Zeit als angenehm zu bezeichnende Reisen erwarten. Lediglich der Name des Schiffes gefiel den älteren Seeleuten, die auf dem Dampfer Dienst taten, gar nicht. »Waratah« war in ihren Augen ein Unglücksname. Waren seit dem Jahre 1848 doch schon vier Schiffe dieses Namens verloren gegangen. Zwei davon innerhalb eines Jahres. Die letzte *Waratah* war im Juli 1894 im Golf von Carpentaria gesunken. Für jeden gestandenen Seemann musste dieser Name geradezu eine Garantie für kommendes Unglück sein.

Das Kommando über die *Waratah* erhielt Josiah S. Ilbery, ein sehr erfahrener Kapitän, der schon über 40 Jahre im Dienst war. Seine Erfahrung bezog sich aber in erster Linie auf Großsegler. Die *Waratah* sollte sein letztes Schiff sein, dann wollte er sich zur Ruhe setzen. Eine Absicht, die in Erfüllung gehen sollte, allerdings anders als von Kapitän Ilbery gewünscht.

Bei der Überführungsfahrt des Schiffes herrschte schlechtes Wetter und dem Kapitän fiel auf, dass das Schiff zum Rollen und Stampfen neigte. Das war ein erster Eindruck und der musste noch nichts heißen. Vielleicht hatte das Schiff auch nur

zu wenig Ballast und das Seeverhalten würde sich bei voller Beladung bessern.
Am 5. November 1908 verließ die *Waratah* mit 756 Reisenden London zu ihrer Jungfernreise nach Australien. Alles verlief problemlos. Der Kapitän bemängelte jedoch, das Schiff sei schwierig zu beladen. Einige Reisende beklagten sich über das starke Rollen des Schiffes. Zur Ladung ist zu sagen, dass bei jedem neuen Schiff erst einmal ermittelt werden muss, wie man die Ladung am zweckmäßigsten verteilt. Das war nicht nur bei den alten Rahseglern eine »Wissenschaft für sich«. Deshalb übernahmen das Laden auch Spezialisten. Auch für Dampfer gibt es Stabilitätsunterlagen und Anweisungen für den Trimm. Die fehlten jedoch auf der *Waratah*. Dass diese Unterlagen wichtig sind, liegt auf der Hand. Auf einer langen Reise wird viel Brennstoff verbraucht, und wenn Passagiere an Bord sind, auch viel Wasser. So hatte die *Waratah* zum Beispiel bei der Ausreise nicht weniger als 3456 Tonnen Kohle gebunkert. Dass der Verbrauch von Wasser und besonders Kohle, wenn nicht unterwegs für ausgleichenden Ballast gesorgt wird, Einfluss auf die Stabilität des Schiffes hat, leuchtet ein.
Die zweite Reise der *Waratah* auf der gleichen Route begann am 27. April 1909. Mit dem Wetter hatte das Schiff Glück. Auch die Rückreise begann anfangs ohne Zwischenfall. Nach dem Überqueren des Indischen Ozeans lief die *Waratah* Durban an der Südostküste Afrikas an. Sie verließ Durban am 26. Juli mit dem Ziel Kapstadt. Alles war in Ordnung, es gab keinerlei Beanstandungen. Dann verschlechterte sich das anfangs gute Wetter rasch und nachhaltig.
Stürme, auch außergewöhnlich harte, sind in der Kapregion nicht selten. Die *Waratah* wurde am 29. Juli in Kapstadt erwartet, aber sie traf nicht ein. Nicht am nächsten und auch nicht am übernächsten Tag. Angesichts der relativ kurzen Strecke von Durban nach Kapstadt, man schätzte damals die Reisezeit auf vier Tage, war klar, dass mit der *Waratah* etwas nicht in Ordnung ging.
Eine große Suchaktion mit fünf Schiffen begann. Zusätzlich wurden alle Schiffe in der Nähe angewiesen, nach der *Waratah* Ausschau zu halten. Man schätzte die Aussichten auf Erfolg zunächst gut ein. Die erste Vermutung war, dass das Schiff die Schraube verloren haben könnte und nun hilflos auf dem Ozean trieb. Das Suchgebiet war überschaubar und viel befahren. Aber alles Suchen war vergeblich. Gestrandet, wie ein Hellseher zu wissen glaubte, war das Schiff nicht, denn auch die Küste war gründlich nach eventuellen Wrackteilen abgesucht worden. Explodiert konnte das Schiff auch nicht sein, denn auch dann hätte man Wrackteile auf See oder an der Küste finden müssen.
Nach einer langen und erfolglosen Suchaktion kamen die Schiffe zurück. Darunter war auch der Kreuzer *Pandora*. Dessen Kommandant war der festen Überzeugung, dass die *Waratah* gesunken sei. Warum, wusste er aber auch nicht. Die Gerüchteküche begann zu brodeln. Dann schossen die Spekulationen ins Kraut.
Zuerst wurden Leichen entdeckt, die auch genau beschrieben wurden. Wieder wurde gesucht. Man fand die vermeintlichen »Leichen«: Es waren Walspeck- und Rochenabfälle, die im Wasser trieben. Dann wollten plötzlich viele Leute wissen, dass die *Waratah* gar nicht seetüchtig, sondern topplastig gewesen sei. Schließlich hätten kleinere Schiffe das Seegebiet zur gleichen Zeit unbeschadet passiert. Auch Piraten wurden bemüht, obwohl man in dieser Ecke schon länger nichts mehr von solchen gehört hatte. Einen »heißen Hinweis« lieferte eine Flaschenpost von einer Mrs. Jones, die mit der *Waratah* verreist gewesen sein soll. Leider war in der Passagierliste keine Mrs. Jones verzeichnet.
Den einzigen brauchbaren Hinweis lieferte ein Kapitän. Er berichtete auf der Strecke von Durban nach Kapstadt die *Waratah* überholt zu haben. Das Wetter sei außergewöhnlich schlecht gewesen und hohe Seen hätten auch ihm zu schaffen gemacht. Dass die *Waratah* Schwierigkeiten

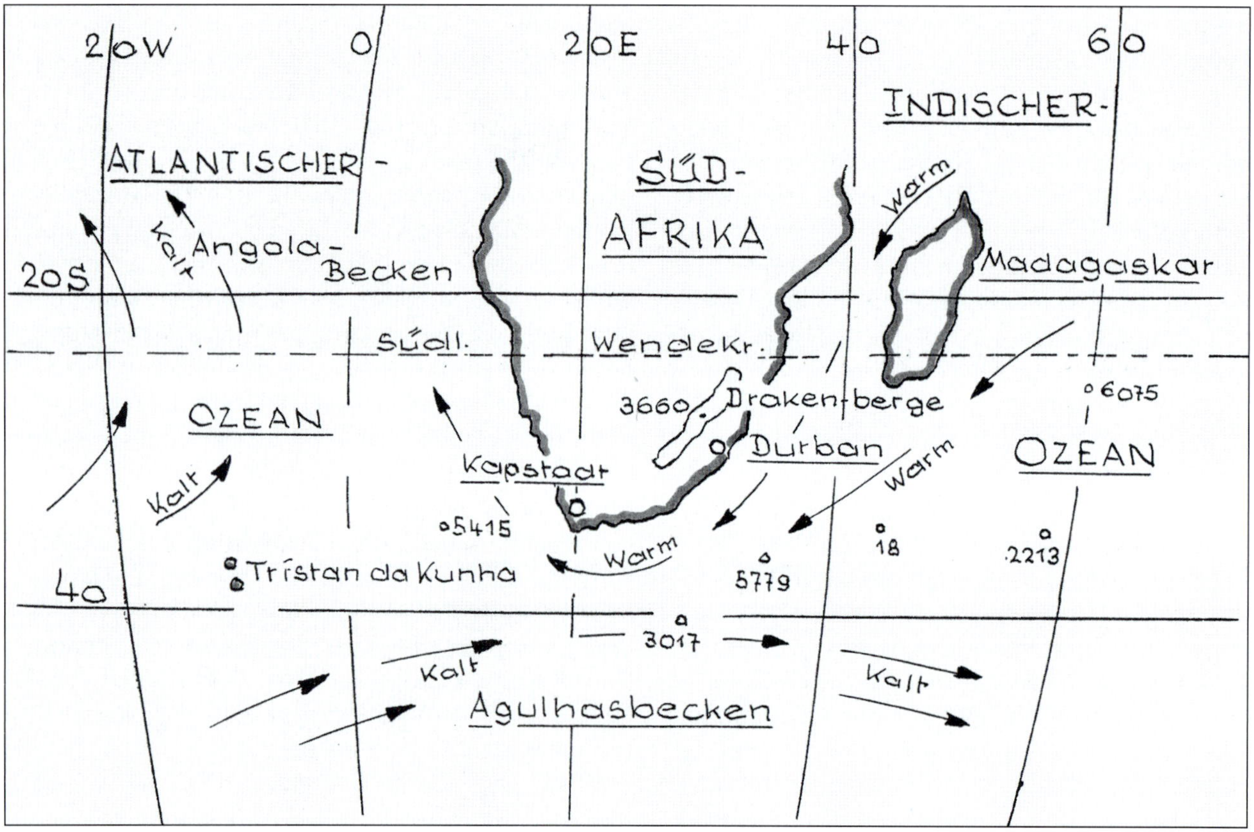

Strömungen rund um das gefürchtete Kap der guten Hoffnung. Strom gegen Wind verursacht hier eine steile und brechende See.

gehabt hätte, sei aber nicht erkennbar gewesen. Wie in solchen Fällen vorgeschrieben, kam es zu einer Verhandlung vor einem Seegericht. Hätte es Überlebende gegeben, wären die Ermittlungen gut voran gekommen. Aber Überlebende gab es nicht. Man war auf das Urteil von Sachverständigen angewiesen. Außerdem erweckte die Reederei durch ihre Zurückhaltung bezüglich Auskünften über das Stabilitätsverhalten des Schiffes Misstrauen beim Vorsitzenden. Zudem waren »neutrale« Experten darin völlig einig, dass die *Waratah* über jeden Zweifel an ihrer Stabilität und Seetüchtigkeit erhaben war. Schließlich hätten fünf kompetente Institute das bestätigt. Das allerdings entsprach den Tatsachen.

Dann kam aber doch ans Tageslicht, dass der Kapitän schon auf der ersten Reise Bedenken bezüglich der Stabilität des Schiffes und sein Aufrichtungsvermögen gehabt und diese als unbefriedigend bezeichnet hatte. Diese Feststellung wog schwer, denn dieser weit gefahrene Mann musste es schließlich besser wissen, als die »unabhängigen« Herren am grünen Tisch. Das Schiff schien also topplastig gewesen zu sein. Das bestätigte auch ein Fahrgast, der auf der ersten Reise mit an Bord war. Er war kein Laie, also kein gewöhnlicher Passagier, sondern, der Zufall wollte es so, ein Fachmann für Schiffsladung und Stabilität. Auch ein Matrose mit langer Erfahrung, der ebenfalls auf der ersten Reise angeheuert hatte und an Bord war, meinte: Die *Waratah* sei das rankste Schiff gewesen, auf dem er je gefahren sei. Es habe zu weit übergeholt und sich zu langsam und nur widerwillig wieder aufgerichtet. Beides waren Aussagen zweier Leute vom Fach. Auch ein Professor der königlichen Lebensrettungsgesellschaft, Lehrstuhlinhaber für Physik und späterer Nobelpreisträger wurde als Fahrgast auf der ersten Reise gehört. Auch dieser zeigte sich bestürzt über das »miserable« Aufrichtungsvermögen der *Waratah*.

Das Gremium kam schließlich zu seinem Spruch: Man vermute, so hieß es, dass die *Waratah* gekentert sei. Als Hauptursache sei der außergewöhnliche Sturm anzusehen, in den das Schiff geraten sei.

Das Urteil konnte keinesfalls befriedigen, denn der von Fachleuten und dem Kapitän des Unglücksschiffes klar bescheinigte Mangel an Stabilität wurde mit keinem Wort erwähnt.

Noch Jahre, sogar Jahrzehnte später wurde der Verlust der *Waratah* heiß diskutiert – ohne neues Ergebnis.

Erst nach 1955 kam eine neues Steinchen ins Mosaik, das der Öffentlichkeit aber vorenthalten wurde. Kurz vor dem Beginn der Planungen für die *Waratah* war der Seniorchef der Reederei in den Ruhestand gegangen. Seine Söhne sollen die Rentabilität des Betriebs steigern gewollt und von ihren Schiffen mehr Effektivität verlangt haben. Sie sollen bereit gewesen sein, bei der Sicherheit des Schiffes dafür Abstriche hinzunehmen. Entsprechend sollen die Vorgaben an die Werft gelautet haben. Kapitän Ilbery, der das Risiko gekannt haben soll, soll sich vergeblich für einen Verzicht auf die Änderungen eingesetzt haben.

Was letztendlich aber genau mit der *Waratah* und den Menschen an Bord geschehen ist, bleibt weiterhin ein Rätsel.

Das dänische Schulschiff *København*

Am 21. März 1929 wurde eine Überfälligkeits-Erklärung herausgegeben, die niemand glauben wollte. Keiner konnte sich einen »wunden Punkt« an dem für perfekt gehaltenen Schiff vorstellen, der ihm hätte zum Verhängnis werden können. Die Rede ist von dem dänischen Schulschiff *København*. Kein Rahsegler galt als besser gerüstet gegen extrem schlechtes Wetter als die *København*.

Das Schiff war ursprünglich als kombiniertes Fracht- und Ausbildungsschiff vorgesehen gewesen, aber der Erste Weltkrieg, der kurz nach der Bestellung des Schiffes ausbrach, machte der Reederei einen Strich durch die Rechnung. Zwar hatte man auf der Werft Ramage und Ferguson in Leith bei Edinburgh bereits mit den Arbeiten begonnen, aber man musste bei Kriegsbeginn den bereits fertigen Rumpf anderweitig verwenden.

Das Schiff, das dann etwas mehr als zwei Jahre nach Kriegsende am 21. März 1921 unter der Baunummer 242 vom Helgen lief, konnte sich sehen lassen. Es war einer der größten Rahsegler der Welt, eine Fünfmastbark von 107,5 m Länge über Alles, und 15 m Breite. Vermessen war das Schiff mit 3901 BRT. Es konnte 5200 Tonnen Fracht tragen. Mit der Kombination Fracht/Ausbildung, die übrigens später auch bei den deutschen Seglern *Pamir* und *Passat* übernommen wurde, wollte man Geld verdienen und sich gleichzeitig seinen Nachwuchs an Schiffsoffizieren heranziehen.

Anfang des 20. Jahrhunderts war die Blütezeit der Frachtsegler längst vorbei, und man konnte sich mit Recht fragen, ob die Indienststellung eines so großen Seglers zu dieser Zeit noch sinnvoll war. Die Reederei in Dänemark, die angesehene »Østasiatiske Kompagni« hatte sich zwar bereits auf Motorschiffe umgestellt, ihren Nachwuchs an Offizieren aber wollte sie nach wie vor auf Segelschiffen ausbilden. Man vertrat die auf Erfahrung und Tradition beruhende Ansicht, dass eine Grundausbildung auf Segelschiffen den Kadetten ein besseres Verständnis und eine bessere Vorbereitung für ihren späteren Beruf und Einsatz vermittle, als das auf Dampfern möglich wäre. Um diese Absicht wirtschaftlich vertretbar zu machen, wurde diese »Kombilösung« konzipiert.

Die *København* war nicht der letzte große Rahsegler, der auf einer europäischen Werft gebaut wurde. Fünf Jahre nach ihr, ließ die bekannte Reederei Laeisz bei Joh. C. Tecklenborg im damaligen Geestemünde (Bremerhaven) noch die Viermastbark *Padua* als reinen Segler ohne Hilfsmaschine bauen. Das Schiff befährt noch heute unter dem russischen Namen *Kruzenshtern* die Weltmeere.

Die *København* war ein außergewöhnlich stark gebautes Schiff, im dem die langjährige Erfahrung sowohl der Werft, als auch der Reederei steckte. Sicherheit hatte man groß geschrieben, denn das Schiff verfügte über eine leistungsstarke Funkanlage mit einer Reichweite von nicht weniger als 1200 Meilen. Auch für ausreichend Boote für die Besatzung und für modernstes Rettungsgerät war gesorgt. Im Gegensatz zu den früheren Seglern, bei denen sich ein Hilfsmotor als Flautenschieber nicht bewährt hatte, besaß die *København* einen

500 hp starken Dieselmotor der renommierten Maschinenfabrik Burmeister und Wain. Dieser Motor sollte nicht nur Flauten überwinden helfen, sondern auch über längere Strecken eingesetzt werden können. In der Praxis machte man davon keinen Gebrauch. Der Kraftstofftank hatte ein Fassungsvermögen von beachtlichen 204 Tonnen Diesel, wobei der Verbrauch der Maschine unter 3 Tonnen pro Tag lag. Der Motor war stark genug, um dem beladenen Schiff eine Geschwindigkeit von sechs Knoten zu verleihen. Der Antriebspropeller war verstellbar. Während des Segelns konnten die Propellerflügel auf »Null« gestellt werden, das heißt, dass sie dem vorbeifließenden Wasser so gut wie keinen Widerstand boten. Bei Motorfahrt konnte man die Flügel den verschiedenen Bedingungen maximal anpassen und so den optimalen Vortrieb erzielen. Wie bereits erwähnt, benutzte man die Maschine fast ausschließlich beim An- und Auslaufen von Häfen und zum Anlegen an Kai oder Pier.

Mit der starken Maschine war auch die Gefahr einer Strandung bei Flaute und Strom nahezu ausgeschlossen. Die Planer der *København* hatten auch einen Nebeneffekt im Auge. Die zukünftigen Offiziere, die später auf Motorschiffen fahren würden, konnten erste Erfahrungen mit einer Dieselmaschine und ihrer Wartung gewinnen.

Auch dem Rigg hatte man alle nur erdenkliche Aufmerksamkeit gewidmet. Das Schiff war nicht übertakelt, was bei einem Schulschiff wichtig ist. Die Masten wurde von fast überdimensionierten Stahlseilen gehalten. Auch für das laufende Gut verwendete man, wo es sinnvoll war, Drahttauwerk, das sich bewährte hatte.

Die *København* wurde nach Lloyds höchster Klasse gebaut und entsprach damit den anspruchsvollen englischen und dänischen Vorschriften. Zusätzlich wurde der Laderaum auch noch von stählernen Querschotten unterteilt, die nicht nur den Rumpf versteifen halfen, sondern auch noch wasserdicht waren. Die bösen Erfahrungen mit der *Georg Stage*, deren Laderaum nicht unterteilt gewesen war und die daher nach einer Kollision gesunken war, hatte man nicht vergessen. Zwar konnte das Schiff wieder gehoben und in Dienst gestellt werden, aber das war nur möglich, weil die Wassertiefe am Unglücksort es erlaubte.

Die *København* bot auch den Offizieren und Mannschaften einen angemessenen Komfort. Sie hatte Generatoren an Bord, war elektrisch beleuchtet und verfügte über beheizbare Wohnräume. Ein wahrer Luxus verglichen mit den Lebensumständen auf früheren Frachtseglern. In den kalten Zonen um Kap Hoorn und im südlichen Pazifik um den 40. Breitengrad hatte die Mannschaft dank der Heizung nun die Möglichkeit nasse Klamotten trocknen zu können. Außerdem sind steif gefrorene Glieder und Hände nicht förderlich, wenn es darum geht, schnellstmöglich hoch oben im Rigg nasse, schwere Segel zu bergen.

In schwerer See sorgten die 34 Meter lange Poop und mittschiffs ein langes Deckshaus dafür, dass, sollte eine See einsteigen, nur zwei kleine Oberdecks betroffen waren. Das war ein wichtiger Sicherheitsfaktor etwa in der Kap-Hoorn-Zone, wo Wellenhöhen von 15 Meter keine Seltenheit sind. Bedenkt man, dass ein Kubikmeter Wasser eine Tonne wiegt, kann man sich vorstellen, wie viel Tonnen ein solcher »Kaventsmann« auf das Deck eines Schiffes warf.

An alles in Punkto Sicherheit schien also gedacht. Das Ruderhaus stand mittschiffs auf den Aufbauten. Damit waren die Männer am Ruder auch vor schweren Seen geschützt. Früher war das Ruder mehr oder weniger ungeschützt am Heck des Schiffes montiert, wo eine von achtern einsteigende Monstersee so manchen Rudergänger über Bord gewaschen hat. Für alle Fälle verfügte die *København* auch noch über ein Notruder, das in wenigen Minuten einsatzbereit war. Ruderbruch war besonders bei achterlicher hoher See gefürchtet und nicht allzu selten. In tagelanger mühsamer Arbeit musste früher, sofern man noch dazu kam und das Schiff nicht querschlug und

kenterte, ein Ersatzruder angefertigt und angebracht werden. Man erinnert sich hier gerne an die *Cutty Sark*, deren Kapitän dieses Bravourstück mit ausgewählten Männern gelang.
Kein Wunder also, dass man in Dänemark lange Zeit nicht glauben wollte, dass die See dem Schiff etwas anhaben konnte, auch nicht bei Sturm.
Aber wie stand es mit der Mannschaft? Unerfahrene Kadetten? Keineswegs. Die Reederei konnte sich die Kadetten auswählen, von denen sie glaubte, sie hätten »das Zeug« gute Offiziere zu werden. Das war nicht schwer, denn alle, die sich bei der Reederei für die *København* bewarben, mussten schon sechs Monate auf der kleinen, wieder in Dienst gestellten *Georg Stage* gefahren sein. Schon dort trennte sich die »Spreu vom Weizen«. »Green hands«, unbedarfte Anfänger, waren also keine an Bord der *København*. Zur Stammbesatzung gehörten zwei Bootsleute, 16 erfahrene Vollmatrosen und 10 Leichtmatrosen. Dazu kamen 20 Kadetten. Zu einer Wache gehörten zwei Offiziere und 24 Mann. Im Vergleich dazu waren die damals noch in Fahrt befindlichen Frachtsegler der finnischen Reederei Erikson hoffnungslos unterbesetzt. Deren Wache bestand oft nur aus einem Offizier, eventuell einem Bootsmann und sieben bis zehn Jungen im Alter von etwa 17 Jahren. Davon waren etwa die Hälfte als Vollmatrosen anzusprechen.
Die *København* war ohne Zweifel auf jeder ihrer Reisen bestens bemannt. Das war der zweite Grund, warum man in Dänemark so lange hoffte und das spurlose Verschwinden des Schiffes nicht glauben wollte. Alle Kapitäne, die bis zu ihrem Verschwinden auf der *København* gefahren waren, sagten nur Gutes über sie aus, wobei ihr Seeverhalten besonders gelobt wurde.
Die Jungfernfahrt der *København* unter Kapitän Baron Niels Juel Brockdorff, einem bewährten Schiffsführer, war gleich eine Weltreise. Sie begann am 26. Oktober 1921 und führte über Newcastle, wo Ladung übernommen wurde, nach San Francisco. Von dort ging die Reise über

Bei ihrem Untergang nahm die dänischen Fünfmastbark *København* 60 Mann mit in die Tiefe, darunter 45 junge Kadetten.

Honolulu nach Wladiwostok. Weiter ging es an Formosa und den Philippinen vorbei, durch die Sundastraße zum Kap der guten Hoffnung. Die letzte Strecke führte über St. Helena, rund Skagen nach Swinemünde und Stettin. Am 7. November 1922, nach 404 Tagen kam das Schiff wohlbehalten wieder in Kopenhagen an. Der Kapitän hatte von unterwegs berichtet, das Schiff läge gut am Ruder, manövriere sehr gut und habe sich auch bei schwerem Wetter hervorragend bewährt. Die Reise war ein voller Erfolg. Die *København* hatte alle Erwartungen erfüllt und sich auch als schneller Segler erwiesen.

Nach dieser ersten Reise übergab Baron Niels Juel Brockdorff das Kommando an seinen Ersten Offizier Kapitän Mortensen. Dieser führte das Schiff auf den nächsten vier Reisen. Während dieser Reisen hatte die *København* die unterschiedlichsten Ladungen transportiert: Holz, Zement, Getreide; auch in Ballast war sie gesegelt. Nicht der leiseste Zweifel an ihrer Stabilität war aufgetreten. Auch die Maschine hatte sich bei Hafenmanövern bewährt und die *København* konnte viele Häfen anlaufen, die anderen Frachtseglern verschlossen waren.

Kapitän Christensen übernahm das Schiff ab der sechsten Reise. Nach der neunten übergab er das Schiff an Kapitän Hans Ferdinand Andersen, der auch nicht »grün« an Bord kam. Auch er hatte schon die letzten Reisen auf der *København* mitgefahren.

Die zehnte Reise des stolzen Fünfmasters begann am 11. September 1928 in Kopenhagen. Damals, nach dem Verlust der berühmten *Potosi*, war sie der einzige Fünfmaster der Welt. Die Reise führte zunächst nach Buenos Aires, wo die Ladung gelöscht wurde. Für die Weiterreise fand das Schiff keine Ladung, sodass die Reederei beschloss, das Schiff unter Ballast zum Spenzer Golf zu schicken, wo man mit einer Ladung Getreide für Europa sicher rechnen konnte. Die *København* war schon öfter unter Ballast gefahren und hatte nie Schwierigkeiten gehabt. Auch nicht bei schwerem Wetter. Der Ballast war mit rund 700 Tonnen reichlich bemessen. Niemand hatte daher Bedenken hinsichtlich der Stabilität.

Am 14. Dezember 1928 verließ die *København* mit 60 Mann Besatzung die La-Plata-Mündung. An Bord war alles in Ordnung.

Die Reise vom La Plata nach Australien durfte auf der üblichen Route, die auch Kapitän Andersen fahren wollte, erfahrungsgemäß nicht länger als 55 Tage dauern. Innerhalb dieser Zeit wurde aber die Ankunft der *København* von keinem australischen Hafen gemeldet. Auch hatte sich in der Zwischenzeit Kapitän Andersen nicht per Funk gemeldet; das war zwar etwas merkwürdig, aber nicht bedenklich. Üblich war, dass sich die Kapitäne auf solchen Reisen etwa alle 14 Tage bei der Reederei meldeten und ihren Standort durchgaben und eventuelle Weisungen entgegennahmen.

In Dänemark stand man vor einem Rätsel. Niemand wollte glauben, dass dieses große und stabile Schiff mit seiner hervorragend ausgebildeten Mannschaft spurlos verschwinden konnte. Aber es war so. Hunderte von Frachtseglern sind auf der Westwindroute zwischen dem 42. und dem 43. Breitengrad durch die »Roaring Forties« nach Australien gesegelt. Meist waren es schnelle Reisen, weil häufige Stürme die Schiffe gut vorwärts brachten. Was konnte der *København* passiert sein?

Man wartete und wartete. Schließlich, am 21. März 1929, wurde das Schiff als überfällig erklärt. Eine für diese Zeit beispiellose Suchaktion begann. Die Østasiatiske Kompagni scheute keine Mühen und Kosten, um den Verbleib des Schiffes aufzuklären. Man beschränkte sich nicht auf die Route, die Kapitän Andersen fahren wollte, sondern kalkulierte auch eine Entmastung der *København* ein. In diesem Fall war damit zu rechnen, dass sie hilflos auf die Antarktis zugetrieben war. Wie lange sie sich nur unter Maschine freihalten könnte, war unbekannt, wenngleich der Tankinhalt des Schiffes einige Tage reichen würde. Zunächst wurden alle Schiffe, die auf dieser Route unterwegs waren oder beabsichtigten diese Route zu fahren, gebeten, scharf Ausschau nach dem Schiff, nach Booten oder gegebenenfalls Wrackteilen zu halten.

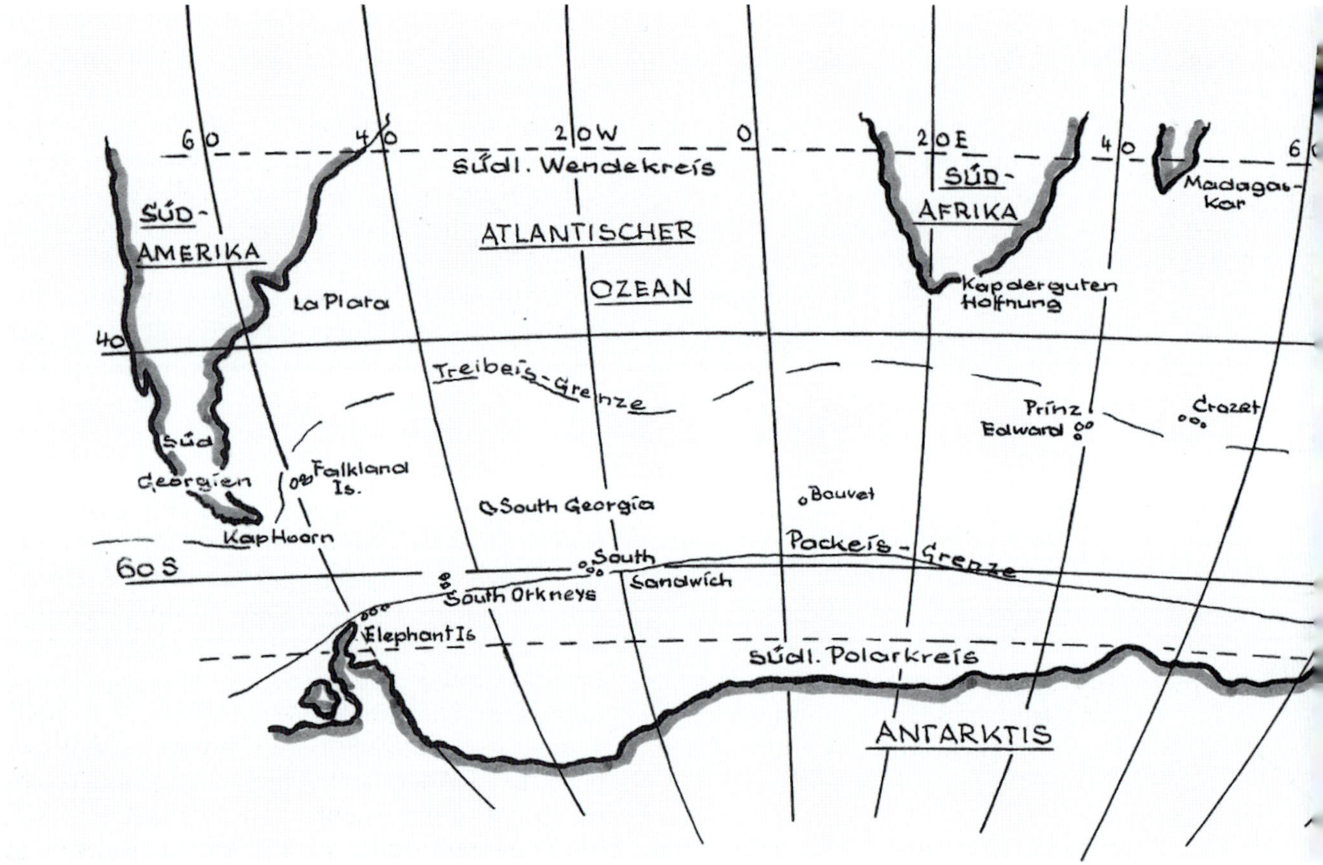

Wo versank das dänische Schulschiff *København*? Das riesige Seegebiet gab den Such- und Rettungskräften von Anfang an wenig Hoffnung. Aber erst nach einem vollen Jahr gab man die Suche auf.

Unabhängig davon organisierte die Reederei eine eigene Suchaktion. Der Dampfer *Deukalion*, ein großer Frachter, wurde zu den vielen einsamen Inseln links und rechts der Route geschickt, die nur ganz sporadisch von Schiffen angelaufen wurden. So abseits liegende Inseln, wie die Prince Edward Insel oder die Crozets wurden untersucht und die Strände in Augenschein genommen. Kein auch noch so geringer Hinweis auf den Verbleib des Schiffes wurde gefunden. Man erinnerte sich an das Schicksal der Besatzung der Viermastbark *Dundonald*, die acht Monate auf einer der Auckland-Inseln ausharren musste, bis sie gefunden wurde, und gab die Suche nicht auf. Man wusste, dass Kapitän Andersen eine Woche nach dem Ablegen in Buenos Aires noch Funkverbindung mit dem norwegischen Dampfer *Wilhelm Blumer* hatte. Zu diesem Zeitpunkt musste die *København* etwa 1000 Seemeilen zurückgelegt haben. Der britische Dampfer *City of Auckland* meldete, er habe noch am 21. Dezember um 22.00 Uhr die *København* über Radio gehört. Das brachte die Suche nicht weiter, denn zu diesem Zeitpunkt hatte sie auch Kontakt zu dem norwegischen Dampfer gehabt.

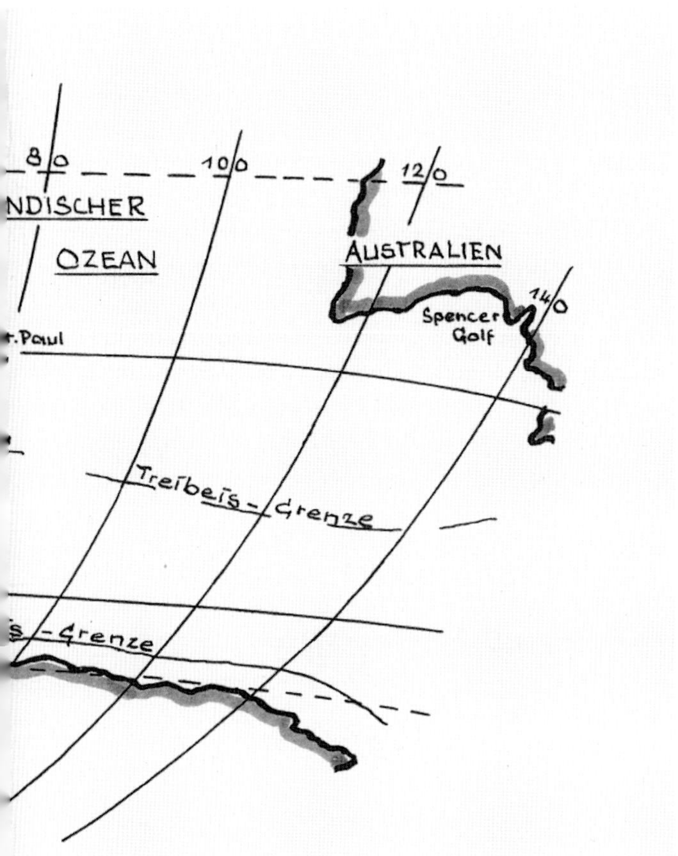

Außer der *Deukalion* wurde zusätzlich auch der Dampfer *Mexico* auf die Suche geschickt. Niemals zuvor waren all die versprengten Inseln des Südpazifiks so gründlich abgesucht worden, wie durch die *Mexico*. Nirgends fand man eine Spur, auch nicht in Tristan da Cunha, wo man die *København* gesehen haben wollte. Erst nach einem vollen Jahr gab man die Suche nach dem Unglücksschiff auf. Es war sicher, dass es keine Überlebenden mehr geben konnte.

Am 15. Oktober 1929 fand die Seeamtsverhandlung statt. Aber was war von ihr zu erhoffen? Außer Vermutungen darüber, was der *København* zum Verhängnis geworden sein könnte, gab es nichts zu untersuchen. Ein Hilferuf des Schiffes war von keiner Stelle empfangen worden. Also musste es so rasch gesunken sein, dass der Funker keine Möglichkeit hatte Hilfe herbei zu rufen.

Nach Prüfung aller Möglichkeiten blieben vier übrig. Der Ballast konnte bei einer extremen Schräglage übergegangen sein. Aber das war unwahrscheinlich, denn es war eisernes Gesetz auf der *København*, die 700 Tonen Ballast zur Sicherheit noch mit Brettern abzudecken. Die Bretter wurden durch verkeilte Holzstempel niedergedrückt und deren fester Sitz auch kontrolliert. Die zweite Möglichkeit war, das Schiff konnte bei Nacht, oder bei schlechter Sicht in voller Fahrt mit einem Eisberg oder einem sonstigen großen Hindernis kollidiert sein. In diesem Fall kann das Schiff so rasch gesunken sein, dass es dem Funker nicht mehr möglich war einen Hilferuf abzusetzen oder die Boote zu Wasser zu lassen. Eisberge werden in dieser Region immer wieder beobachtet.

Kapitän Andersen könnte auch zu weit nach Süden gegangen sein, um besseren Wind zu bekommen. Aber damit wäre zugleich die Gefahr durch Eisberge gewachsen. Als letzte Möglichkeit wurde ein Backschlagen der Segel diskutiert. Es war bekannt, dass in den Roaring Forties durch die lange Wirkstrecke der Stürme eine enorme See aufgewühlt wird. Diese See wird großen Rahseglern kaum gefährlich, aber der wachhabende Offizier an Deck und der oder die Rudergänger müssen aufpassen. Es gibt Situationen, in denen der Wind plötzlich und unerwartet umspringt und dann härter als zuvor einfällt. Wenn dann die Mannschaft nicht schnellstens die Rahen aufbrasst, schlagen die Segel back. Das ist besonders bei Nacht eine außerordentlich gefährliche Situation, wenn dann noch starker Seegang dazukommt, der durch das Umspringen des Windes steiler, unberechenbarer und chaotischer wird. Das Schiff krängt stark und ein Bergen der Segel ist unter diesen Umständen unmöglich. Vielen Schiffen ist das schon zum Verhängnis geworden.

Hartes Wetter auf dieser Route kann der starken *København* kaum gefährlich geworden sein, denn zur gleichen Zeit haben kleinere Schiffe diese Route gut durchsegelt. Ein Umspringen des Sturmes dagegen könnte die *København* überwältigt haben. Auch in diesem Fall kann ein Schiff rasch kentern. Das geht in wenigen Sekunden. Denn wenn das Schiff fast flach auf das Wasser gedrückt wird, geht auch der Ballast schlagartig über. Bei Nacht und in einem tobenden Sturm ist es unmöglich auf jede Windänderung rechtzeitig zu reagieren. Das wusste auch das Seeamt. Auf der Westwindpassage ist an Deck gewöhnlich alles seefest gezurrt. Das heißt, wenn die *København* tatsächlich so schnell wie vermutet gesunken ist, wird sie alles, außer der Wache, mit in die Tiefe gerissen haben. Da gab es auch keine Wrackteile mehr zu finden.

Das Geheimnis um den Untergang dieses großen, starken und gut geführten Fünfmasters wird nie gelüftet werden. Die Besatzung, einschließlich dem Funker fünf Offiziere, zwei Maschinisten, ein Assistent, ein Schiffszimmermann, ein Segelmacher, Bäcker, Stewards, der Koch und 45 junge, hoffnungsvolle und begeisterte Kadetten, insgesamt 60 Mann nahm die *København* mit in die Tiefe. Alle waren Dänen. Eine Katastrophe für das kleine Land Dänemark, das so viele gute Seeleute hervorgebracht hat.

Das deutsche Schulschiff *Admiral Karpfanger*

Ist das Schulschiff *Admiral Karpfanger* schon weitgehend unbekannt, so dürfte die Zahl derer, denen der Name Bernd Jakobsen Karpfanger etwas sagt, noch viel geringer sein. Bernd Jakobsen Karpfanger wurde im Jahre 1623 in Hamburg geboren. Bereits im Alter von 17 Jahren ging er mit Grönlandfahrern auf Walfang. Eine harte Schule. Unter Michael De Ruyter, dem berühmten holländischen Seefahrer, erlernte er die Steuermannskunst. Als sein Lehrer 3. Admiral der holländischen Flotte wurde, erhielt Karpfanger den Posten des Steuermannsmaats auf De Ruyters Flaggschiff.

Im Jahre 1648 übernahm der 25-jährige Hamburger das letzte Schiff seines verstorbenen Vaters für sieben Jahre mit außergewöhnlichem Erfolg. Zurück in Hamburg wurde er Vorstand der »Bruderschaft seefahrender Schiffer«, weitere sieben Jahre später Mitglied der Hamburgischen Admiralität. Eine steile Karriere, die auf Gerechtigkeit, Können, aber auch auf Strenge und Disziplin beruhte.

Als Admiral, seit 1674, hatte er im Kampf gegen das Piratenunwesen besonderen Erfolg zu verzeichnen. So fuhr er einmal mit seinen zwei Fregatten Begleitschutz, als er vor der Elbmündung auf fünf französische Kaperschiffe traf. Allein mit seinem Schiff versenkte er durch geschicktes Taktieren zwei der Angreifer. Die übrigen drei flohen. Ein besonderes Husarenstück gelang ihm, als bei einer anderen Gelegenheit drei schwer bewaffnete Piratenschiffe zwei spanische Handelsschiffe im Atlantik angriffen und enterten. Karpfanger konnte mit seiner schnellen Fregatte den Piraten die Beute abjagen und 60 Gefangene machen. Die Piraten tauschte er später gegen 60 in algerischen Gefängnissen schmachtende Hamburger Seeleute aus. Der spanische König dankte Karpfanger für seine Unerschrockenheit und seinen Mut überlegenen Gegnern gegenüber mit einer goldenen Kette.

Am 10. Oktober 1683 ankerte der mittlerweile hochgeachtete Admiral mit seinem Schiff vor Cadiz, als an Bord ein Brand ausbrach, der trotz aller Anstrengungen nicht gelöscht werden konnte. Bernd Jakobsen Karpfanger wurde noch gesehen, wie er in seine Kajüte eilte, als die Flammen das Pulvermagazin erreichten.

In Hamburg erinnert ein Standbild an den hervorragenden, aufrechten und erfolgreichen Admiral. Als die Hamburg-Amerika-Linie eine in Mariehamn gekaufte Viermastbark auf Karpfangers Namen taufte, sollte es ihn über die Ozeane in alle Welt tragen. Das Schicksal wollte es anders.

Am 4. Juli 1938 meldete das britische Motorschiff *Durham*, dass die *Admiral Karpfanger* am 18. März in Wellington (Neuseeland) ausgelaufen und über den Großkreis Richtung Kap Hoorn gesegelt sei. Dabei habe sie zwischen dem 55. Breitengrad 30 Sek. Süd und dem 126. Längengrad 42 Min. West sowie 56. Breitengrad Süd und 127. Längengrad West mehrere Eisberge passiert.

Gegen Mitternacht des 29. März soll sie bei Kap Hoorn gestanden sein. Während dieser Zeit ist kein Funkspruch von der *Admiral Karpfanger* empfangen worden.
Am 21. September 1938 vermerkte die Lloyd's List in London: »Viermastbark *Admiral Karpfanger* aus Hamburg, 2853 BRT, Kapitän Walker, am 8. Februar von Port Germein nach Falmouth, Plymouth oder Queenstown mit Weizen ausgelaufen. Am 12. März mit Norddeich Radio in Funkverbindung wurde heute von Lloyd's als verschollen erklärt.«

Obwohl der letzte große Frachtsegler im Jahr 1926 vom Stapel gelaufen war, waren viele Reedereien noch der begründeten Überzeugung, dass es für den seemännischen Nachwuchs keine bessere Grundausbildung gäbe, als die auf Segelschiffen. Dieser Überzeugung war auch die renommierte Hamburg-Amerika-Linie, als sie sich im Jahre 1937 nach einem geeigneten Rahsegler für die Ausbildung ihrer künftigen Offiziere umsah. Sie wurde in der belgischen Viermastbark *L'Avenir* fündig.
Die *L'Avenir* war in zweifacher Hinsicht eine gute Wahl. Bereits im Bau war ihre Verwendung als Schulschiff vorgesehen gewesen. Sie war solide und stark gebaut und hatte mehrmals Kap Hoorn problemlos gerundet, als sie noch in belgischem Besitz war. Während der Wirtschaftskrise in den 30er-Jahren musste sie verkauft werden und ging in den Besitz des bekannten finnischen Reeders Gustaf Erikson in Mariehamn auf den Ålandsinseln über.
Erikson beschäftigte auch zu dieser Zeit noch viele Rahsegler, während die meisten europäischen Reedereien, mit Ausnahme der deutschen Reederei Laeisz längst auf Dampfer umgestiegen waren. Erikson setzte die *L'Avenir* in der damals noch gewinnbringenden australischen Weizenfahrt erfolgreich ein. Diese letzte »Bastion« der Frachtsegler ging erst nach dem sogenannten »Weizenrennen« im Jahre 1938/39 an die Dampfer verloren. Es wird manchen Leser erstaunen, wenn er erfährt, dass an diesem Rennen, das kurz vor dem Zweiten Weltkrieg stattfand, nicht weniger als 13 große Frachtsegler teilgenommen haben. Wenn sie von Australien oder Neuseeland die Heimreise antraten, war es üblich, über Kap Hoorn und den Atlantik nach Hause zu segeln. Die Alternative über den Indischen Ozean und das Kap der guten Hoffnung wurde wegen der vielen stürmischen Westwinde, die man meist gegenan hatte, gemieden. Die Reise wäre dann um den 40. Breitengrad Süd verlaufen, und diese Gegend ist als »Die brüllenden Vierziger« (engl. »Roaring Forties«) gefürchtet und verschrieen.
In Mariehamn wurde die Hamburg-Amerika-Linie (Hapag) also fündig. Bald wurde man sich mit Erikson über den Verkaufspreis einig und die *L'Avenir* wechselte den Besitzer.
Das Schiff war rundum eine gute Wahl. Es wurde gründlich überholt und was die Ausrüstung betrifft auf den neuesten Stand gebracht. Das bestätigte der Germanische Lloyd indem er dem Schiff die Klasse *100 A 4* zuerkannte. Anschließend wurde das Schiff auf den Namen *Admiral Karpfanger* umgetauft. Das aber sahen die alten »Salzbuckel« nicht gerne, die auf dem Schiff fahren sollten. Sie hatten da ihre eigene seit Jahrzehnten bestehende Meinung. Menschen würden ihren Namen auch ein Leben lang behalten und das gelte auch für Schiffe. Andererseits empfand man aber bei der Reederei den Namen »L'Avenir« für ein deutsches Schulschiff nicht gerade passend, und das nicht ganz zu Unrecht. Ein deutsches Schulschiff mit einem französischen Namen, das wollte man gerade im Jahre 1937 nicht. Bei aller Völkerverständigung, auch die heutige Bundesmarine hätte gegebenenfalls ihrem Schulschiff keinen Namen einer fremden Nation gegeben. Das aber stand bei der Indienststellung der *Gorch Fock* nicht zur Debatte.
Im September 1937 verlässt die *Admiral Karpfanger* den Hamburger Hafen mit dem Ziel

Spencer Golf im Südwesten Australiens. Nach einer problemlosen Reise von 107 Tagen macht sie in dem kleinen Hafen Port Germein fest. 107 Tage, also mehr als drei Monate, das ist Zeit genug, um aus den 33 Kadetten an Bord angehende Seeleute zu machen, die mit dem Schiff und der Takelage vertraut sind, wenngleich ihnen natürlich die Erfahrung alter Seeleute noch fehlte.

In Port Germein übernimmt die *Admiral Karpfanger* 42.549 (andere Quellen sprechen von 40.419) Säcke Weizen. Hierzu sind einige Erläuterungen angebracht. Das Laden von Gütern, besonders von Massengütern, war bei den alten Rahseglern ein Kapitel für sich. Ein sehr wichtiges, das unter Umständen über das Schicksal des ganzen Schiffes und der Mannschaft entschied. Es ist allgemein bekannt, dass Segelschiffe, das betrifft alle, vom größten Rahsegler bis zur kleinsten Jolle, je nach Windstärke und Einfallwinkel mit »Schräglage« (seitlicher Neigung) segeln. Der Seemann nennt das »Krängung« und die kann, und hat oft auch bei großen Schiffen bis zu 30 Grad betragen. Ist die Ladung dann nicht sachgemäß gestaut, kommt sie nach Lee ins Rutschen. Die Folge ist, dass die Krängung zunimmt und das Schiff sich bei Nachlassen des Winddrucks nicht mehr ganz aufrichtet. Auch die Manövrierfähigkeit des Schiffes ist bei starker Schräglage erheblich behindert. Nun sind Frachtsegler oft Monate unterwegs und segeln lange auf einem Bug. Die Gefahr eines Verrutschens der Ladung ist umso größer, je länger das Schiff in Schräglage auf ein und demselben Bug segelt, je größer der Krängungswinkel und je rauer die See ist.

Diese Gefahr zu berücksichtigen war bei Schiffen, die Salpeter von Südamerika nach Europa oder

In Hamburg erinnert heute noch ein Denkmal an Admiral Bernd Jakobsen Karpfanger.

Getreide von Australien nach Europa brachten, besonders wichtig. Da die in Frage kommenden Verschiffungshäfen stark frequentiert waren und den Besatzungen der Schiffe meist die nötige Erfahrung fehlte, die Ladung selber sinnvoll zu stauen, lohnte sich der Beruf des »Stauers«. Stauer waren meist Einheimische, die durch ihr ständiges Arbeiten auf diesem Gebiet eine große Erfahrung erworben und Methoden entwickelt hatten, die jeweilige Ladung optimal zu stauen. Damals wurden Salpeter und Getreide so gut wie ausschließlich in Säcken verladen.
Schlingerschotten konnten im Laderaum zur Erhöhung der Sicherheit beitragen. Diese waren bei der *Admiral Karpfanger* vorn und achtern vorhanden.
Bestens auf raue See und das bevorstehende Kap Hoorn vorbereitet, verlässt die *Admiral Karpfanger* nach fünf Wochen Liegezeit am 8. Februar 1938 den Hafen zur Heimreise. An Bord sind 60 Mann Besatzung, darunter die 33 jungen Kadetten. Mit der Reederei ist vereinbart, dass sich Kapitän Walker, ein sehr erfahrener Seemann, alle 14 Tage bei der Reederei meldet, um den Standort und eventuell wichtige Meldungen durchzugeben.
Am 1. März meldet Kapitän Walker, dass an Bord alles in Ordnung sei. Nur mit dem Generator (Stromerzeuger) habe man Ärger, und der derzeitige Standort sei nicht befriedigend. Kapitän Walker gibt ihn mit 51 Grad südlicher Breite und 172 Grad östlicher Länge an. Das liegt zwar auf der üblichen Segelschiffsroute, aber das Schiff hätte eigentlich schon vor Kap Hoorn stehen müssen. Bis dahin liegen aber noch satte 3000 Seemeilen vor ihm.
Die übliche Reisezeit von Australien zum Kap Hoorn betrug damals etwa einen Monat. Vermutlich waren schwache oder umlaufende Winde der Grund für die Verzögerung. Das alles war aber kein Grund zur Besorgnis.
Küstenfunkstellen fingen in den nächsten Tagen schwache und unvollständige Funksprüche von der *Admiral Karpfanger* auf. Es waren aber keine Notrufe. Man erklärte sich die Störungen mit den gemeldeten Schwierigkeiten am Generator des Schiffes.
Am 12. März lag Norddeich Radio eine Meldung für den Zweiten Offizier der *Admiral Karpfanger* vor. Er war Vater geworden. Die Meldung wurde bestätigt. Es war der letzte Kontakt mit dem Schiff. Zunächst machte man sich in Hamburg keine Sorgen. Man dachte an den Generator und vermutete einen damit verbundenen Ausfall der Funkanlage. Zudem, es war Sommer auf der südlichen Halbkugel, und die *Admiral Karpfanger* war ein gut bemanntes und starkes Schiff.
Währenddessen wartete man in Falmouth sowie in Queenstown auf das deutsche Schiff. Etwa 100 bis längstens 130 Tage nach dem letzten Funkspruch sollte sie in einem dieser Häfen einlaufen. Dass in der Zwischenzeit keine Standortmeldung von einem Dampfer einging, war nicht außergewöhnlich; nicht selten waren die Schiffe auf der ganzen Route allein und ohne Kontakt mit Dampfern oder anderen Seglern, die Botschaften hätten weitermelden können. Bedenklich war, dass andere, langsamere Segler, die nach der *Admiral Karpfanger* den Spencer Golf verlassen hatten, ihre Ladung in ihrem Bestimmungshafen bereits gelöscht hatten. Keines der Schiffe hatte die *Admiral Karpfanger* gesehen, oder von ihr gehört.
Fünf Monate ließ man mit schwindender Hoffnung verstreichen, dann wurde das Schiff als »überfällig« erklärt. Die Suche begann. Die HAPAG bat alle Schiffe, die dieselbe Route wie die *Admiral Karpfanger* befuhren, per Funk nach ihr Ausschau zu halten. Auch Flugzeuge halfen, soweit es ihr Kurs ermöglichte. Es gab erste Erfolgsmeldungen, aber die entpuppten sich dann alle als Falschmeldungen. Schließlich wurde der Frachter *Leuna* von der HAPAG angewiesen in der Gegend um Kap Hoorn intensiv zu suchen. Er verließ Australien am 19. Juli. Viele Inseln und Buchten wurden abgesucht, aber nichts wurde gefunden. Kein Hinweis, keine

Bestens auf raue See und das bevorstehende Kap Hoorn vorbereitet, verließ die *Admiral Karpfanger* mit 60 Mann Besatzung am 8. Februar 1938 den Spencer Golf in Süd-Australien. Sie wurde nie wieder gesehen.

noch so geringe Spur. Die HAPAG bat daraufhin die Regierungen Argentiniens und Chiles um Hilfe. Die schickten zwei Schiffe auf die Suche. Beide waren mit Besatzungen bemannt, die das Suchgebiet bestens kannten. Auch diese wollten schon aufgeben, da wurde ein chilenischer Schlepper fündig. Auf den Wollaston-Inseln fand die Mannschaft mehrere Wrackstücke. Eines davon konnte einwandfrei als von der *Admiral Karpfanger* stammend identifiziert werden.

Jetzt stand fest, das Schiff war untergegangen. Aber wo und warum? Möglichkeiten gab es viele: Es konnte mit einem Eisberg kollidiert oder von einer Monstersee überwältigt, quergeschlagen und gekentert sein. Bald zeigte sich, dass der Fund der Wrackstücke mehr Fragen aufwarf, als beantwortete.

Die am wenigsten wahrscheinliche Ursache des Unterganges war, wie die Experten vermuteten, eine Monstersee. Obwohl statistisch nachgewie-

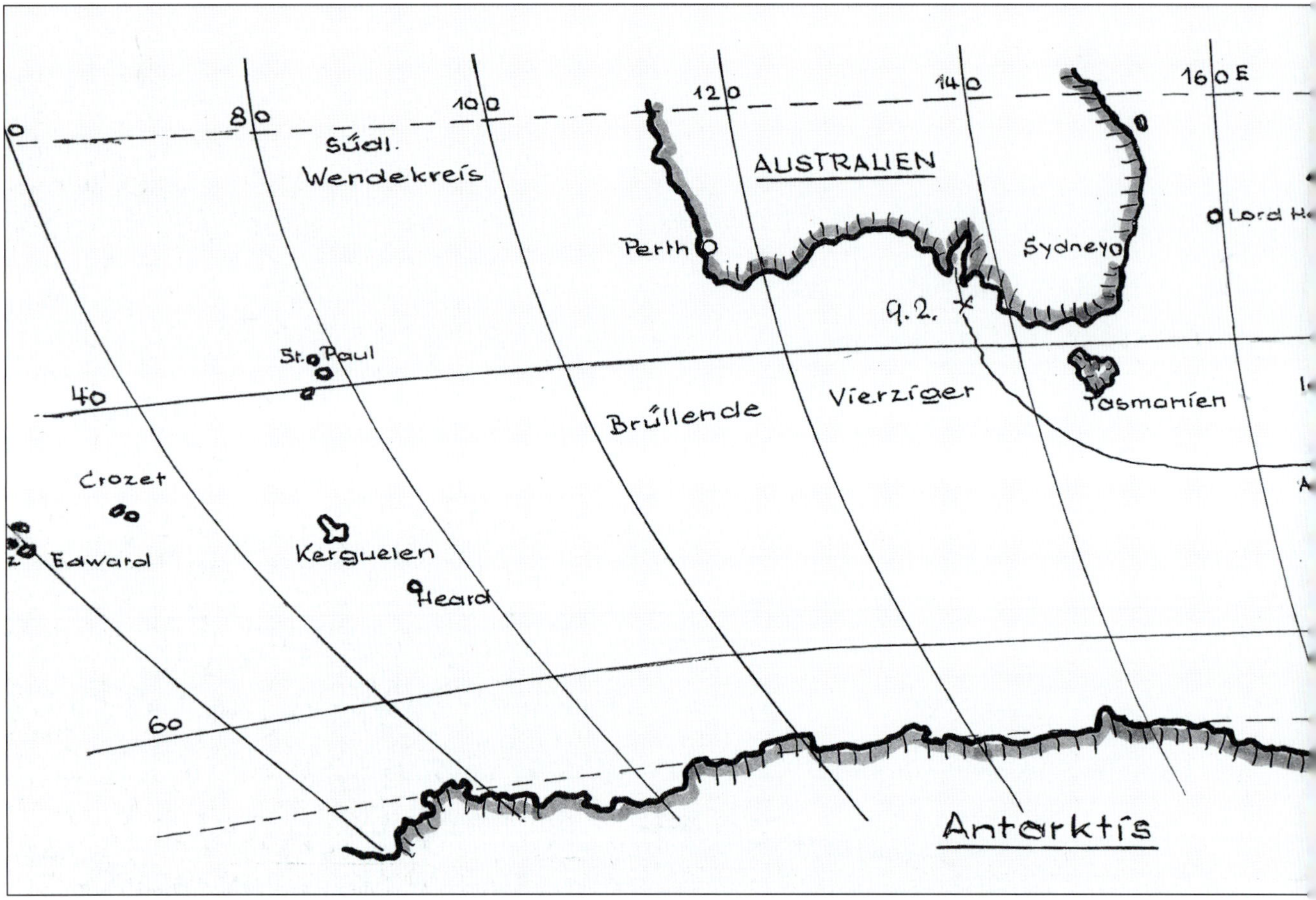

Der vermutliche Reiseweg der Viermastbark *Admiral Karpfanger* im Februar und März 1938 vom Spencer Golf in Richtung Kap Horn nach Hause.

sen war, dass das Seegebiet um Kap Hoorn den höchsten Tribut an Menschen und Schiffen fordert, gab es Gründe, warum die *Admiral Karpfanger* weniger gefährdet war, als die meisten gleichgroßen und vergleichbaren Frachtsegler. Als Schulschiff musste man Unterkunft für eine beachtliche Zahl von Kadetten schaffen. Das Poopdeck war daher sehr lang und die gefährdete Decksfläche daher geringer als üblich. Das Schiff hatte auch mehr Auftrieb, als die meisten Kap Hoorner. Es segelte daher auch trockener. Die Möglichkeit, dass das Schiff von einer Monstersee überwältigt worden war, war also nicht wahrscheinlich. Auch nicht, wenn man die Verhältnisse um das Kap kritisch einkalkuliert. Immerhin, außer dem Südpazifik um den 40. Breitengrad Süd, gibt es kein Seegebiet, das so häufig, stark und lange von Stürmen heimgesucht wird, wie Kap Hoorn. Dazu ist die Wirkstrecke der Stürme (Fetch) extrem lang, womit sich Monsterseen mit bis zu 18 Meter Höhe erklären. Es gibt noch weitere Gründe für die Gefährlichkeit dieser Gegend. Nicht nur die brechenden Wellenberge sind es, sondern auch die bis zu 30 Knoten Geschwindigkeit, mit der sie sich fortbewegen. Wohlgemerkt, gemeint ist die Wellen-, nicht die Strömungsgeschwindigkeit des Wassers. Als letztes Merkmal ist zu nennen, dass mit

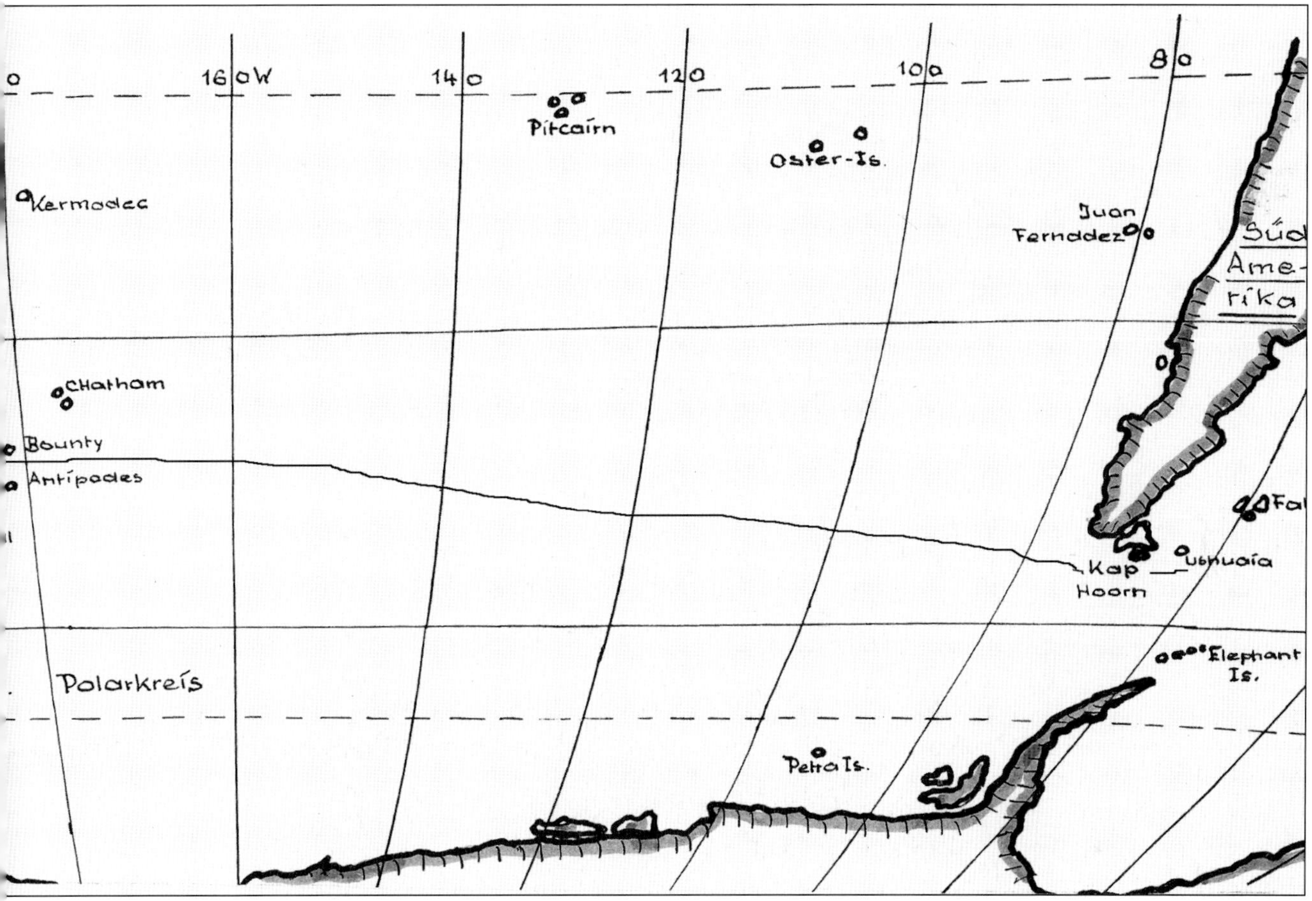

Annäherung an das Kap die Wassertiefe rasch von 4300 m auf knapp 100 m abnimmt, was steile, brechende und damit gefährliche Wellen zur Folge hat. Das alles bei oft miserabler Sicht, häufigen Niederschlägen, Kälte, ja Schnee, und zusätzlicher Gefahr durch Eisberge.

So wundert es nicht, dass man bald eine Kollision mit einem Eisberg für die wahrscheinlichste Vermutung hielt. Während die Schifffahrt heute auf den von Eisbergen gefährdeten Routen über viele Mittel verfügt, die Gefahr einer Kollision zu minimieren, etwa Radar, Eiswarndienste (basierend auf Satellitenbeobachtung), Stationsberichte, die Verständigung mit anderen Schiffen über Funk und letztlich auch hervorragende Nachtgläser, waren die Kapitäne der alten Rahsegler damals auf das Auge und die Wachsamkeit des Ausgucks angewiesen. Kein Wunder, wenn in der aufgewühlten See tief eingetauchte Eisberge zu spät erkannt wurden. Meist zu spät, um diesen noch ausweichen zu können.

Eine letzte Möglichkeit, die diskutiert wurde, war, dass der Kapitän versucht haben könnte, die vor Kap Hoorn verlorene Zeit wieder gut zu machen. Er könnte zu viel Segel gesetzt und das Schiff überfordert haben. In diese Richtung zielt auch die Überlegung, die *Admiral Karpfanger* könnte, wie manche Schiffe vor ihr, weiter nördlich, am

Das falsche Kap Hoorn wurde schon manchem Segler zum Verhängnis.

»falschen Kap Hoorn« gestrandet sein. Diese Annahme setzt aber ein sehr unsicheres Besteck voraus. Letztendlich ließ man diese Vermutung aber so gut wie fallen. Kapitän Walker war zu erfahren, um einer solchen Versuchung zu erliegen. Man ging davon aus, dass er das Kap angesichts seiner Verantwortung für 33 junge Kadetten, Mannschaft und Schiff in einem sicheren Abstand passieren wollte. Damit aber wuchs auch wieder die Gefahr einer Kollision mit einem Eisberg. Eine solche Kollision betrachtet man heute also als die wahrscheinlichste Ursache des Unglücks, zumal man von dem englischen Motorschiff *Durham* wusste, dass Eisberge in der Nähe der *Admiral Karpfanger* trieben. Davon aber konnte Kapitän Walker keine Kenntnis haben. Am 21. September 1938 erklärte Lloyd's die *Admiral Karpfanger* für verschollen. Die gesamte Besatzung von 60 Mann, darunter die 33 Kadetten im Alter von 15 bis 18 Jahren und ein voll seetüchtiges Schiff, besser gegen Stürme und tosende See gewappnet, als der Durchschnitt gleichgroßer Segler, hatte die See genommen.

Für viele Familien und auch für die Reederei war der Untergang der *Admiral Karpfanger* ein harter Schlag und ein schmerzlicher Verlust. An der Küste reagierte man mit Bestürzung auf den Tod so vieler guter Seeleute. Besonders beklagte man, dass für die 33 Kadetten an Bord, die geglaubt hatten, ihr Leben noch vor sich zu haben, die erste Reise auch die letzte war. Und die alten »Salzbuckel« hörte man fragen: »War das nicht das belgische Schiff, das umgetauft wurde«?

Das DGzRS-Motorrettungsboot *Hindenburg II*

Nicht nur auf den weiten Weltmeeren verschwinden Schiffe spurlos und werden als »verschollen« erklärt. Auch in Küstennähe ereignen sich ähnliche ungeklärte Vorgänge. Das betrifft nicht nur die Schiffe, die in Seenot geraten. Auch denen, die zur Rettung Schiffbrüchiger auslaufen, kann das Schicksal widerfahren, dass niemand weiß, wo sie verblieben sind. Dass diese Fälle viel seltener vorkommen, ist leicht verständlich.

Seit ihrer Gründung im Jahre 1865 war die Deutsche Gesellschaft zur Rettung Schiffbrüchiger (DGzRS) in steter konsequenter Entwicklung begriffen. Gute und erfahrene Seeleute hatte man, aber die Boote, besonders die offenen Ruderboote der Anfangszeit waren der wütenden See meist nicht gewachsen. Hier Abhilfe zu schaffen, war das vordringlichste Ziel der Gesellschaft nicht nur in den ersten Jahren ihres Bestehens.

Vom offenen Ruderboot, über Ruderboote mit Besegelung, Segelrettungsboote mit Benzinmotor, später mit dem unempfindlicheren Dieselmotor reichten die schrittweisen Verbesserungen. Das beste Bootsmaterial war gerade gut genug. Die *Hindenburg I*, die 1925 in Dienst gestellt wurde, war ein offenes Boot mit Segel und einem 25-PS-Motor. Ein deutlicher Fortschritt war die *Hindenburg II*. Sie war das erste Rettungsboot, das Unterkünfte für die Besatzung hatte. Außerdem war die Motorisierung mit 150 PS deutlich besser. In der *Hindenburg II* war die Besatzung während des Anmarsches zum Havaristen, der Stunden dauern konnte, nicht wie früher Wind und Wetter und überkommenden Seen schutzlos ausgeliefert. Das schonte die Kräfte und Einsatzfähigkeit der Besatzung und kam so auch den zu rettenden Seeleuten zugute. Der leistungsfähige Motor verkürzte auch die Zeit des Anmarsches spürbar und erhöhte die Chancen einer erfolgreichen Rettung. Am 24. März 1937 wurde die *Hindenburg II* in Dienst gestellt und bewährte sich schnell. Bei nicht allzu grober See lief das 16,6 Meter lange Boot 10 Knoten. Das war damals viel und die Konstrukteure der Lürssenwerft verstanden ihr Geschäft. Das MRB (Motorrettungsboot) *Hindenburg II* galt als außergewöhnlich seetüchtig.

Die *Hindenburg II* wurde dort stationiert, wo es am häufigsten zu Schiffbrüchen und Strandungen kam: auf der Insel Borkum, der westlichsten der deutschen Nordseeinseln. Das berüchtigte »Borkum-Riff« war schon vielen Schiffen zum Verhängnis geworden.

Die Wintermonate an der Nordsee mit ihren häufigen Stürmen und Orkanen waren und sind auch heute noch besonders gefürchtet. Kälte und lange Nächte taten damals ihr Übriges. So war es auch am 28. November im Kriegsjahr 1940. Wenn Windstärke 8 herrscht, dann heißt das nicht, dass es »heute ja noch einmal glimpflich abläuft«. Kaum ein Sturm verläuft ohne Böen und dann kann es schon mal mit 10 »blasen«. So war es auch an diesem stürmischen Novembertag. Die

Die offenen Ruderrettungsboote *Otto Hass* (gegenüberliegende Seite) und *Fürstin Bismarck*. Boote dieser Bauart (8–9 m lang; 2,5 m breit; 11 Mann Besatzung) waren bei der DGzRS bis zum Zweiten Weltkrieg im Einsatz.

Männer der Rettungsboote wissen, was das bedeutet. Sie wissen, dass jede Minute ein Anruf kommen kann, der sie in die tobende See zu ihrem gefährlichen und verantwortungsvollen Einsatz ruft. Der 28. war so ein Tag.

Ruderanlagen sind in wildbewegter See besonders beansprucht. Gegen den starken Druck der anrennenden Seen muss das Schiff auf Kurs gehalten werden. Bei dem Dampfer *Erika Fritzen* war die Beanspruchung des Ruders zu groß und die Ruderkette brach. Das geschah ausgerechnet in dem gefährlichen Fahrwasser um Borkum, nahe der Ansteuerungstonne »Hubert Gat«. Das Schiff war steuerlos dem Nordwest-Sturm ausgesetzt. Wie zerstörerisch die See war, beweisen auch weitere Schäden. Ein Arbeitsboot wurde aus seiner Verzurrung gerissen und über Bord gespült. Auch die Rettungsboote blieben nicht verschont. Zu all dem kam noch die schlechte Sicht, die ein Erkennen der Seezeichen bzw. Fahrwassertonnen nur aus nächster Entfernung zuließ. Eine äußerst gefährliche Situation. Der Kapitän der *Erika Fritzen* forderte über Funk zwar zunächst Schlepperhilfe an, dann aber schien die Lage zu

eskalieren, sodass er sich entschloss SOS zu funken. Unabhängig davon arbeiteten ein paar Matrosen fieberhaft an der Reparatur der Ruderkette.
Der Lotsendampfer *Emden* hatte die erbetene Schlepperhilfe empfangen und war zu dem Havaristen geeilt. Mehrfach versuchten die Besatzungen der beiden Schiffe eine Schleppverbindung herzustellen, aber vergebens. Die extremen Wetter- und Seeverhältnisse vereitelten jeden Versuch die Schlepptrosse zu übergeben.
Den Notruf der *Erika Fritzen* hatte auch der Funker der *Hindenburg II* gehört. Das Schiff war gerade dabei im Hafen von Borkum festzumachen, als der Ruf einging. Also keine Ruhe für die Männer auf dem Rettungsboot. Obwohl ihr Dienst zu Ende war und zu Hause die Familie wartete, entschlossen sich der Boots- und der Motormann mit hinaus zu fahren. Sie wussten, wie nötig man jede Hand bei einem Seenotfall braucht. Besonders bei einem »Sauwetter«, wie es an diesem Tag war.
Kaum festgemacht, wurden die Leinen wieder losgeworfen und das Rettungsboot verließ den Hafen. Das war um 12.30 Uhr. Knapp 20 sm waren in der aufgewühlten See zurückzulegen. Vier Stunden später, gegen 16.30 Uhr kam man bei dem Havaristen an. Die Mannschaft der *Erika*

Die am 24. März 1937 in Dienst gestellte *Hindenburg II* (Länge: 16,6 m; Breite: 4,53 m; Motor: 150-PS-Diesel; Geschwindigkeit: 10 Kn; Bauwerft: Lürssen, Bremen-Vegesack).

Fritzen hatte aber die Zeit genutzt und war mit der behelfsmäßigen Reparatur der Ruderkette gerade fertig geworden. Der Seenotfall war somit beendet. Die *Erika Fritzen* konnte mit eigener Kraft ihre Fahrt, vermutlich bis zum nächsten Hafen fortsetzen und sich vor den gefährlichen Sandbänken in ihrer Nähe in Sicherheit bringen. Der Lotsendampfer, der sich trotz zunehmender Böen und Hagelschauern bei dem Havaristen zur Sicherheit aufgehalten hatte, konnte wieder auf Station gehen. Die Männer der *Hindenburg II* machten sich ebenfalls auf den Heimweg. Trotz der einbrechenden Dunkelheit und der schlechten Sicht entdeckten sie noch eine Treibmine und machten die beiden Dampfer darauf aufmerksam, aber die war auch von denen bereits gesehen worden.

Gegen 22.00 Uhr hätte das Motorrettungsboot wieder im Heimathafen Borkum festmachen müssen, aber der Liegeplatz blieb leer. Zunächst war man noch nicht in Sorge. Die *Hindenburg II* war ein starkes Schiff, das schon manchen harten Sturm unbeschadet abgewettert hatte, das wusste man in Borkum. Die sechs Mann Besatzung, auch

Die 1944 gebaute *Hindenburg IV*, die heute im Freigelände des Kieler Schifffahrtsmuseums zu besichtigen ist.

das wusste man, waren Einheimische, kannten das Revier wie ihre Hosentaschen und waren langjährig erprobte Seeleute. Aber die Zeit verrann, es wurde 23.00 Uhr, immer noch keine *Hindenburg*. Nach Mitternacht war klar, dem Schiff muss etwas passiert sein. Aber was? Der Sturm konnte sicher nicht die alleinige Ursache sein und mit dem Seegang war das Boot noch immer zurecht gekommen. Ein Mann des Flugmeldedienstes und ein Zivilist wollten am Spätnachmittag den Lotsendampfer und in seiner Nähe ein kleineres Schiff mit dem Fernglas gesichtet haben. Das kleinere Boot sei aber nicht mit Sicherheit identifizierbar gewesen. Das brachte nicht weiter, denn zu dieser Zeit war der Seenotfall gerade beendet und später war es dunkel.

Im Jahre 1940 war Krieg und gegen 23.00 Uhr wurden Feindflieger gemeldet. Die Flakbatterien auf Borkum schossen Sperrfeuer. War es zu einer Beschädigung des Bootes durch herabfallende Teile gekommen? Um 23.00 Uhr hätte die *Hindenburg II* längst wieder im Hafen zurück sein müssen. Vom Lotsendampfer erfuhr man von der

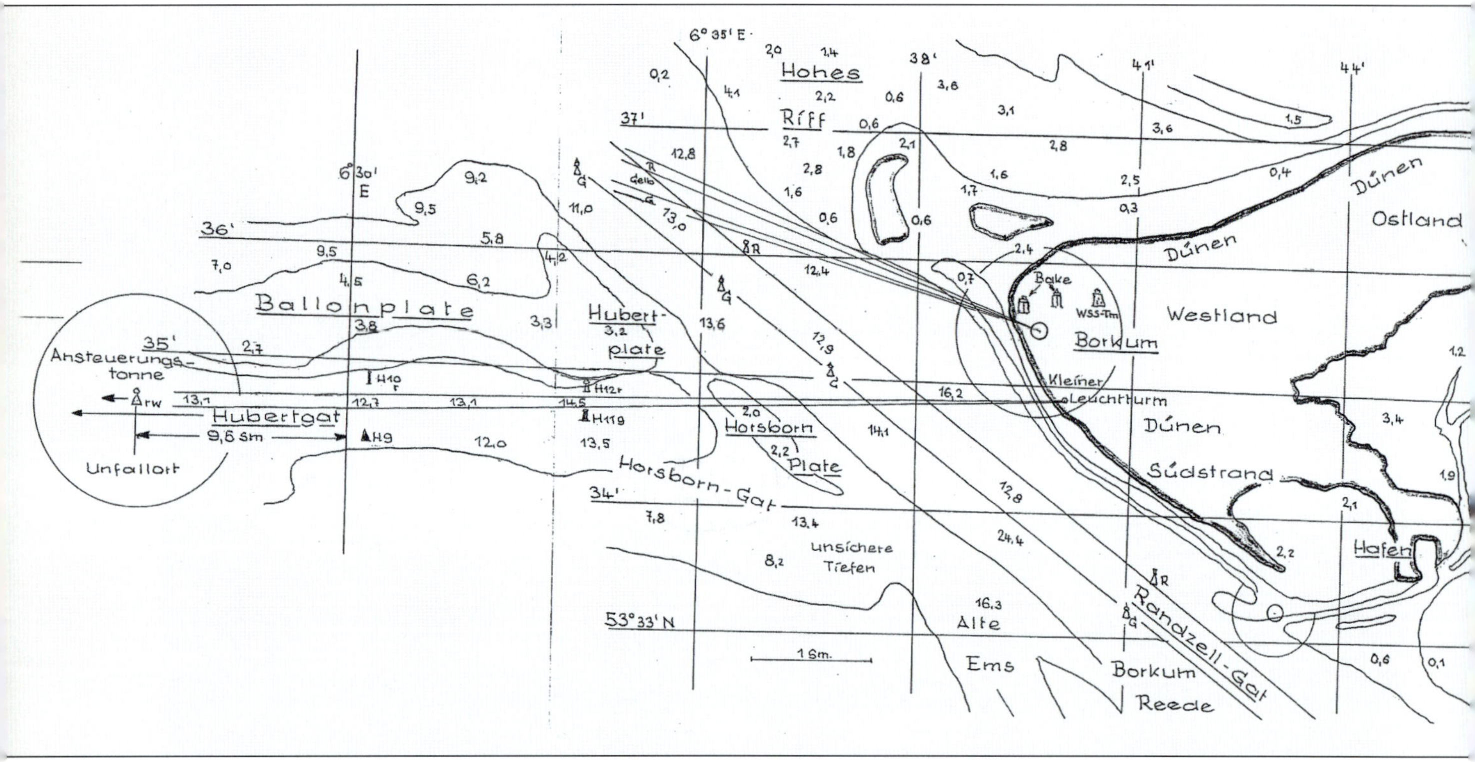

Nahe der Ansteuerungstonne »Hubert Gat« brach dem Dampfer *Erika Fritzen* im Sturm die Ruderkette. Der Notruf des Kapitäns erreichte auch die Rettungsstation bei Borkum, deren Männer sofort zu Hilfe eilten.

gesichteten Treibmine. Abgesehen von der Frage, warum man die Mine durch Beschuss nicht unschädlich gemacht hat, hörte man, dass die Mine auch von dem Seenotboot gesichtet worden war. Wäre die Mine letztlich doch der *Hindenburg II* zum Verhängnis geworden, was sehr unwahrscheinlich schien, hätte der Lotsendampfer trotz des Sturmes die Detonation hören müssen. Auch diese Möglichkeit schloss man bald aus. Eine rote Leuchtrakete wurde vom Lotsendampfer aus gesehen, aber das war während des Fliegeralarms und man glaubte, sie wäre von einem Feindflugzeug abgeschossen worden.

Die rabenschwarze Nacht ging zu Ende, langsam dämmerte es und ein grauverhangener kalter Novembertag begann. Der Liegeplatz der *Hindenburg II* war leer. Eine große Suchaktion nach dem verschollenen Schiff begann. Trotz Einsatz aller zur Verfügung stehenden Schiffe und Flugzeuge blieb die Suche erfolglos.

Später wurde auch noch der Strand der Insel abgesucht. Dabei sah man, wie ein offensichtlich lebloser Mann in einem Rettungsring auf das Land zutrieb. Man wollte den Mann bergen, aber dabei glitt er aus dem Ring und das zurükkströmende Wasser holte den Mann wieder in die See. Man war sicher, dass es der Rudergänger der *Hindenburg II* war, denn der hatte als Einziger einen Rettungsring in greifbarer Nähe hinter sich. Damit stand endgültig fest, dass das Rettungsboot in der vergangenen Sturmnacht ein Opfer der See geworden war. Aber wo war das

Unglück passiert, und was war ihm zum Verhängnis geworden? Beides konnte nie ermittelt werden. Das Schiff blieb verschollen. Nur einzelne Wrackstücke spülte die See noch an Land, aber die brachten keine weiteren Erkenntnisse. Nur eines glaubte man zu wissen, die rote Rakete war wohl doch vom Rettungsboot aus abgeschossen worden, und das Boot muss sehr rasch gesunken sein.

Die See hatte sechs erfahrene Seeleute im besten Alter genommen. In einem mutigen und gefährlichen Einsatz verloren sie ihr Leben, als sie anderen Seeleuten zu Hilfe kamen.

Bei der Verhandlung am 23. Dezember 1940 blieb dem Seeamt nur die nüchterne Feststellung, dass eine Klärung der Ursache nicht möglich sei. Die *Hindenburg II* wurde amtlich und offiziell als verschollen erklärt. Man schloss die Verhandlung mit einem würdigen Nachruf und einem Gedenken an die Toten.

In Borkum erinnert eine Gedenktafel mit den Namen der sechs Seeleute an ihren mutigen und selbstlosen Einsatz, den sie mit ihrem Leben bezahlen mussten.

1942, noch während des Krieges wurde eine dritte *Hindenburg* gebaut. Sie hatte mehr Glück, als ihre Vorgängerin und diente 18 Jahre in der Nordsee, bis sie außer Dienst gestellt wurde. Letzter Träger dieses Namens war die 1944 gebaute *Hindenburg IV*, die 25 Jahre lang im Einsatz war und heute im Freigelände des Kieler Schifffahrtsmuseums zu besichtigen ist.

Das Frachtschiff *Melanie Schulte*

Auch das Verschwinden des Tramp-Schiffes *Melanie Schulte* gab Rätsel auf. Lange Zeit war unverständlich, was passiert sein konnte. Erst umfangreiche, gezielte Ermittlungen erlaubten es, zwei möglichen Gründen für die Katastrophe auf die Spur zu kommen.

Die *Melanie Schulte* war ein anerkannt stabiles und seetüchtiges Schiff. Sie wurde 1952 gebaut und vom Germanischen Lloyd mit *100 A 4 E* klassifiziert. An der Ausrüstung hatte der Auftraggeber nicht gespart. Das Schiff hatte einen starken Sender, sowie einen Notsender, der vom Bordnetz unabhängig war. Die vier Schwesterschiffe der *Melanie Schulte* hatten sich alle bestens bewährt.

Die Jungfernreise des Frachters verlief in meist schlechtem Wetter. Dabei gab es nicht den geringsten Anlass, das Verhalten des Schiffes bei schwerem Wetter und starkem Seegang zu beanstanden. Der Lotse aber, ein alter erfahrener Seemann, der wegen zu rauer See erst in Ymuiden von Bord gehen konnte, wusste von einem bösen Omen: Die *Melanie Schulte* hatte sich beim Stapellauf geweigert in ihr Element abzulaufen. Das Schiff wollte nicht ins Wasser, und das schien ihm vielsagend. Der Grund seiner Weigerung war aber ein ganz simpler, die Ablaufbahn war zu wenig geschmiert gewesen. Wie es so ist bei alten Seebären, man wusste nicht, ob er es ernst meinte oder nicht. Aus der Luft gegriffen, meinen viele »Salzbuckel« immer noch, seien diese Bedenken nicht.

Trotzdem kehrte die *Melanie Schulte* wohlbehalten von Quebec zurück. Sie hatte sich bestens bewährt, und das bei üblem Seegang und Windstärke 9.

Auf ihrer zweiten Reise verschwand die *Melanie Schulte* dann ohne eine Spur zu hinterlassen mit der gesamten Mannschaft. Ohne Notruf und ohne Schwierigkeiten irgendwelcher Art gemeldet zu haben.

Das Schiff hatte in Narvik in Nordnorwegen 9300 Tonnen Eisenerz geladen, das für Mobile, im Norden des Golfs von Mexico, bestimmt war. Am 17. Dezember legte sie in Narvik ab. Vier Tage nach dem Verlassen des Hafens gab sie ihren genauen Standort durch, da stand sie etwa 100 sm westlich der Hebriden. Eine böse Ecke und das Wetter hatte sich verschlechtert. Dann hörte man nichts mehr von ihr, obwohl Kontaktaufnahmen in regelmäßigen Abständen, wie üblich, mit der Reederei vereinbart waren.

Zunächst wollte man an einen Totalverlust des Schiffes nicht glauben, weil man der *Melanie Schulte* zutraute, auch mit extremem Wetter fertig zu werden. Ein Rätsel! Am 7. Januar 1953 wurde das Schiff dann als »überfällig« und am 25. Februar als »verschollen« gemeldet.

Ein Rettungsring von ihr wurde gefunden, aber das sagt noch wenig. Er könnte bei Sturm aus der Halterung gerissen, und in die See gespült worden sein. Aussagefähiger war da schon ein zerbrochener Lukendeckel. Ebenso, und das war ein sicheres Zeichen für einen Unfall, ein Wrackteil aus dem Funkraum. Die *Melanie Schulte*, das war jetzt sicher, war gesunken. Aber warum? Was war diesem so stabilen, neuen Schiff zugestoßen?

Der Reiseweg und der vermutliche Untergangsort der *Melanie Schulte*.

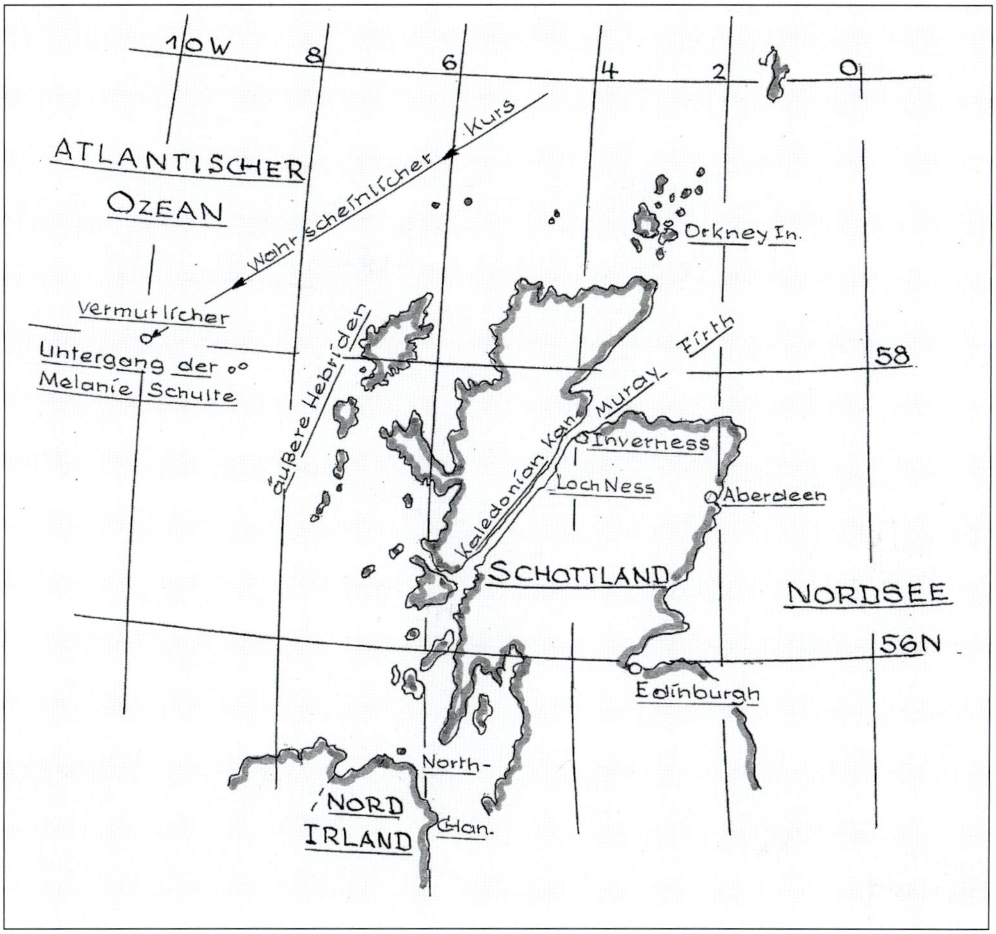

Im April fand die Seeamtsverhandlung statt. Das Seeamt, das sich bekanntlich aus erfahrenen Männern zusammensetzt, suchte nach vergleichbaren und aufgeklärten Fällen – und wurde fündig. Zwei Theorien schienen am Schluss wahrscheinlich:

Der Kapitän konnte mit dem neuen Schiff noch keine Erfahrung mit Erzladung gemacht haben. Die *Melanie Schulte* hatte in Narvik 9000 Tonnen schweres Eisenerz aufgenommen, in einen Laderaum, der aber 20.000 Tonnen fasste. Damit war das Schiff nicht einmal zur Hälfte ausgelastet. Aus Narvik erfuhr man, wie geladen worden war. Den größten Teil des Eisenerzes hatte man in der Schiffsmitte platziert, wenig im Bug und wenig im Heck. Das macht man, damit der Bug genügend Auftrieb hat und das Schiff die Nase nicht in eine anrollende See steckt. Ähnliches gilt für das Heck, das auch genügend Auftrieb haben soll, damit eine von achtern anrollende See unter dem Heck durchläuft, und nicht mit verheerender Gewalt über das Oberdeck rauscht.

Bei der *Melanie Schulte* war nun aber nicht nur der größte und damit auch schwerste Teil der Ladung genau in der Mitte platziert, sondern dort war auch die schwere Maschine eingebaut. Vor

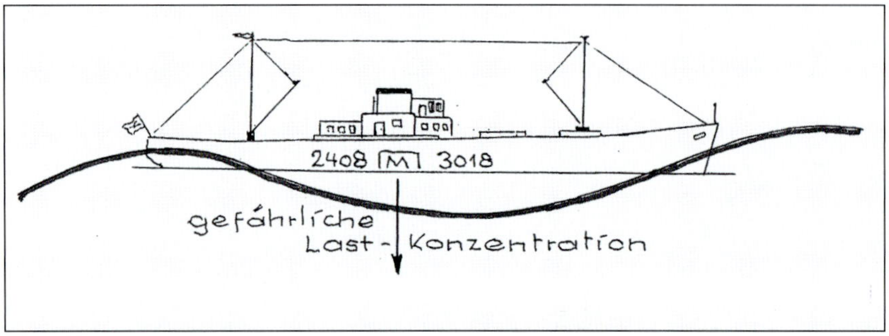

Schematische Darstellung der Beladung der *Melanie Schulte* auf ihrer letzten Fahrt.

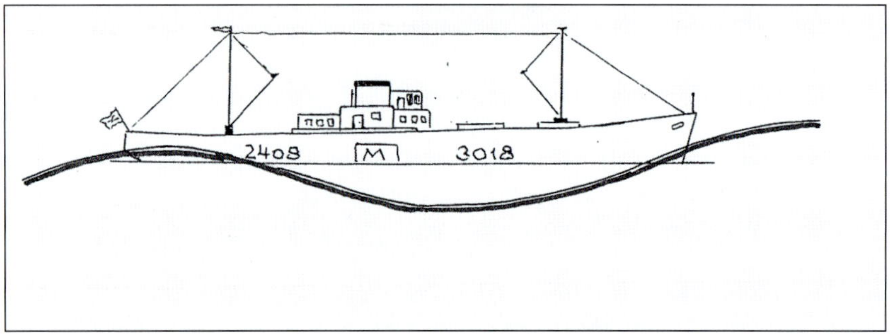

Ein Verschieben der Ladung zum Heck und zum Bug hin hätte die Gefahr, dass das Schiff zwischen zwei Wellenbergen in der Mitte durchbrechen könnte, entschärft.

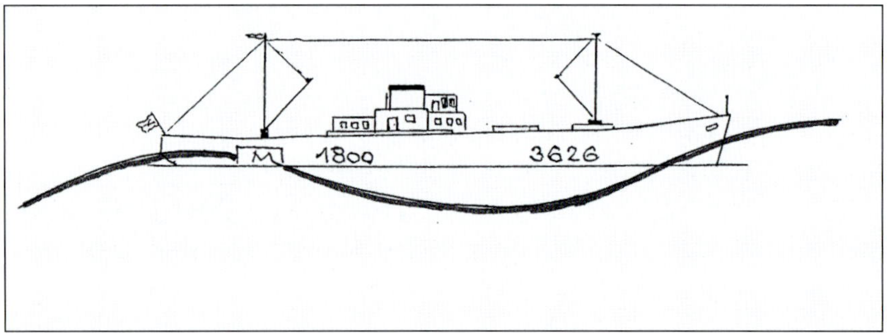

Ideal wäre die hier gezeigte Lastenverteilung gewesen. Meist setzt man die Maschine in die Nähe des Hecks, um eine lange Antriebswelle zu vermeiden. Bei der *Melanie Schulte* aber saß sie in der Mitte des Schiffs.

der Maschine waren nun 3018 Tonnen gelagert, hinter der Maschine 2408 Tonnen. Bei dem Kurs, den das Schiff gefahren war, hatte sie mit Sicherheit schweren Seegang von vorne. Gerät ein Schiff, das in der Mitte übermäßig beladen ist, zwischen zwei Wellenberge, und zwar so, dass es in der Mitte sozusagen in der Luft hängt, also nicht vom Wasser gestützt wird, kann es durchbrechen. Die ungleiche Belastung des Rumpfes ist zu groß. Das Schiff sinkt wie ein Stein und lässt dem Funker keine Chance, einen Notruf abzusetzen.

Das andere Erklärungsmodell für das Verschwinden der *Melanie Schulte* ist ebenso wahrscheinlich. Die schwere Ladung konnte im Seegang verrutscht sein, wozu auf der nicht voll beladenen *Melanie Schulte* genügend Raum vorhanden war. Das Schiff hätte dann starke Schlagseite bekommen, wäre manövrierunfähig geworden und wahrscheinlich gekentert.

Was genau mit der *Melanie Schulte* geschah, wird man nie ermitteln können.

Der Untergang des LASH-Carriers *München*

Wer glaubt, bei den modernen Möglichkeiten der Kommunikation auf See sei die Zeit des spurlosen Verschwindens von Schiffen vorbei, der irrt. Zwar weiß man meist noch einen letzten Standort, aber bei extremen Wetterlagen ist oft auch die Antenne des Schiffes beschädigt oder zerstört. Hilferufe kommen dann verzerrt oder unverständlich an. Bis zur Einführung des Satellitennavigationssystems Global Positioning System (GPS) 1991 konnte es für den Navigator je nach Wetterlage äußerst schwierig sein, den *exakten* Standort seines Schiffes zu ermitteln, und das GPS stand der *München* 1978 noch nicht zur Verfügung. Der Funker kann nur die Koordinaten durchgeben, die er von der Brücke erhält. Auf hoher See ist der genaue Standort sowieso eher zweitrangig. Bei der Suche nach einem Schiff in Seenot entscheidet das Kennen des letzten Standortes aber über Erfolg oder Misserfolg und damit über Leben oder Tod. Genau diese Schwierigkeiten dürften die Suche nach der *München* so zeitraubend und letztlich erfolglos gemacht haben.

Die *München* war ein LASH-Carrier. Das Schiff verschwand am 12. Dezember 1978 spurlos im Inferno des aufgewühlten Nordatlantiks.

LASH-Carrier sind Spezialschiffe zum Transport von Leichtern über See, die auf Binnenwasserstraßen als schwimmende Behälter im Schubverband transportiert werden. LASH ist die Abkürzung für »Lighter aboard ship«. Da der Aufenthalt an der Pier eines Hafens sehr teuer ist, suchte man nach Wegen, diese Zeit zu verkürzen. Die Lösung hieß, und heißt auch heute noch »Containerschiff«. Aber auch diese Schiffe müssen an eine Pier und werden von Kränen be- bzw. entladen. Das geht deutlich schneller, als das frühere Beladen mit Paletten oder Einzelstücken, obwohl jeder Container nach einem Stauplan an seinen vorbestimmten Platz muss. Aber Stillstand ist Rückschritt. Auch mit Containern konnten nicht alle Probleme optimal gelöst werden. Für Massengüter, wie Erz, Kohle und einige Halbfertigprodukte benötigte man große Behälter und so kam man zum LASH-Carrier-System. Man fertigte genormte Leichter, grob gesagt »schwimmende Kästen« (Schuten), die an das Heck des auf Reede liegenden Schiffes geschleppt werden. Dort werden sie vom Bordkran aufgenommen und an vorbestimmte Plätze gebracht. Der Vorteil: Kaianlagen und hafeneigene Krananlagen werden nicht benötigt. Die Leichter können von Binnenhäfen, also auf dem Wasserweg, direkt zum Schiff gebracht werden. Kein umständlicher Landtransport, kein kostspieliges Umladen, dazu Einsparung von Zeit. LASH-Carrier unterscheiden sich von den übrigen Frachtern nur durch das anders konstruierte Heck und durch die Verwendung eines speziellen Torkrans für die Aufnahme der Leichter. Die Reederei Hapag-Lloyd bestellte als erste deutsche Reederei ein solches Schiff. Vorher hatte sie sich eingehend informiert, welche

Im Dezember 1978 versank der LASH-Carrier *München* auf rätselhafte Weise.

Erfahrungen mit LASH-Carriern bereits vorlagen. Die Amerikaner hatten als Erste diesen Schiffstyp eingeführt und gute Erfahrungen damit gemacht. Außerdem hatte eine holländische Reederei ein Schiff dieses Typs in Betrieb mit sehr guten wirtschaftlichen Ergebnissen.

Die *München*, so taufte die Hapag-Lloyd ihr Schiff, wurde ein Schwesterschiff der holländischen *Bilderdyk*. Sie lief am 12. Mai 1972 vom Stapel in Hoboken bei Antwerpen. Vier Monate später erfolgte die Probefahrt, die zur vollen Zufriedenheit verlief. Lloyd's Register of Shipping stufte die *München* in die höchste Sicherheitsklasse ein. Der Rumpf war ein Doppelhüllenrumpf mit zehn wasserdichten Schotten.

Die wichtigsten Daten. Länge über Alles: 261,4 m. Breite: 32,2 m. Tiefgang: 11,25 m. Tragfähigkeit: 44.600 to. Maschine: 26.100 PS. Geschwindigkeit: 18 Knoten max. Kapazität: 83 Leichter. Das Schiff war zur Dämpfung des Schlingerns mit Flossenstabilisatoren ausgerüstet.

Nach der Probefahrt erfolgte die Übernahme des Schiffes durch die Reederei. Anschließend trat die *München* ihre erste Reise an. Sie führte von Rotterdam nach Bremerhaven und von dort aus zu den drei amerikanischen Häfen Charleston,

New Orleans und Houston. Nach 35 Tagen war die *München* wieder zurück. Der Kapitän war mit dem Schiff rundum zufrieden. Aber wie würde sich das Schiff in einem Orkan verhalten? Wie halb- und wie voll beladen? Darüber sollte bald Klarheit herrschen.

Auf ihrer 13. Reise traf die *München* außerordentlich schlechte Bedingungen an. Wellenhöhen von 12 Metern kannte man, aber Monsterseen von 22 Meter Höhe im Nordatlantik? Solche Seen wurden selbst auf den gefürchteten »Roaring Forties« im Südpazifik nur selten gemeldet und dort ist die Wirkstrecke des Windes (Fetch) erheblich länger. Die *München* musste beidrehen. Abgesehen von kleineren Schäden wie eingeschlagenen Bullaugen überstand das Schiff dieses extreme Wetter gut. Kapitän und Besatzung hatten zu keiner Zeit Anlass zur Sorge.

Erst auf der 34. Reise im Januar 1976 ergab sich wieder eine unfreiwillige Gelegenheit das Verhalten des Schiffes in Extremsituationen zu studieren. Es war ein Orkan, der in Nordeuropa schwere Verwüstungen anrichtete und auch zu vielen Deichbrüchen führte. Auch hier musste die *München* beidrehen. Sie war nur teilweise beladen und zu allem Unheil fiel auch die Hauptmaschine aus. Das Schiff legte sich quer zur See und begann zu rollen.

Zwei Kriterien sind für die Gefährlichkeit dieser Lage des Schiffes ausschlaggebend. Da ist einmal der Rollwinkel. Bei der *München* betrug er 25 Grad. Das ist viel, aber selten ist ein Schiff mit ausreichender Stabilität selbst bei einem Rollwinkel von 30 Grad gekentert. Das zweite Kriterium ist die Zeit, in der sich das Schiff wieder aufrichtet. Hat man den Eindruck, dass es sich nur mühsam und zögernd wieder aufrichtet, dann scheinen die Grenzen der Stabilität nahe oder bereits erreicht. Erfahrene Seeleute, Kapitäne, Offiziere und Mannschaften haben sehr bald ein sicheres Gefühl für das Verhalten ihres Schiffes in einem Orkan. Man merkt sehr deutlich, wenn das Schiff Schwierigkeiten mit Extremsituationen hat.

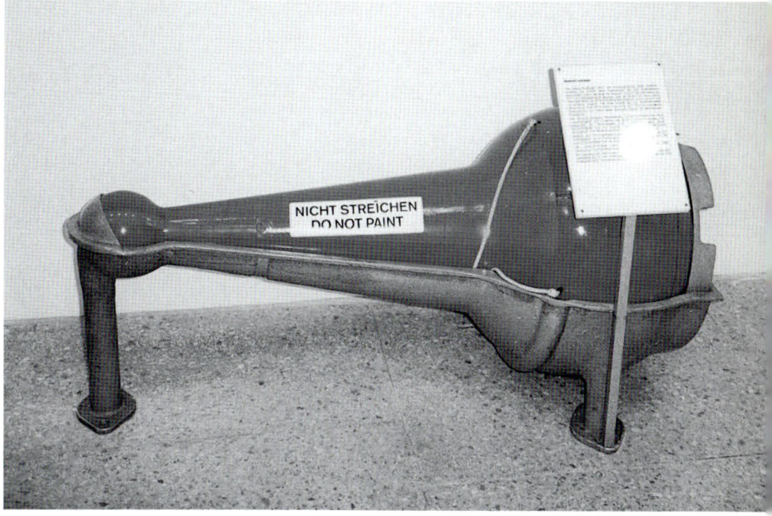

Die Seenot-Funkboje EPIRB ist ein wesentliches Hilfsmittel bei der Suche nach verunglückten Schiffen.

Auf der *München* hatte niemand ein unsicheres Gefühl. In 61 Reisen versah das Schiff zuverlässig seinen Dienst zwischen Europa und den amerikanischen Häfen. Die 62. Reise war also reine Routine. Warum sollte es anders sein?

Am 5. Dezember 1978 wurden in Rotterdam die Festmacher losgeworfen und am nächsten Morgen in Bremerhaven wieder fest gemacht. Kapitän des Schiffes war Hillard Smid, der schon auf 23 Reisen das Schiff geführt hatte. Er, der Erste Offizier und auch der Leitende Ingenieur wurden abgelöst und konnten die Feiertage zu Hause verbringen. Der neue Kapitän Johann Dänekamp hatte 11 Reisen mit der *München* hinter sich und galt daher als erfahrener Schiffsführer. Die Beladung begann. Nicht nur bei den alten Frachtseglern, die Weizen, Salpeter, Kohle und andere Güter beförderten, war das Stauen eine »Wissenschaft für sich«. Für Weizen und Salpeter gab es erfahrene Stauer, die genau wussten, wie wichtig und verantwortungsvoll ihre Tätigkeit war. Bei modernen Frachtschiffen ist das Stauen nicht minder kompliziert. Für die an Bord zu nehmenden

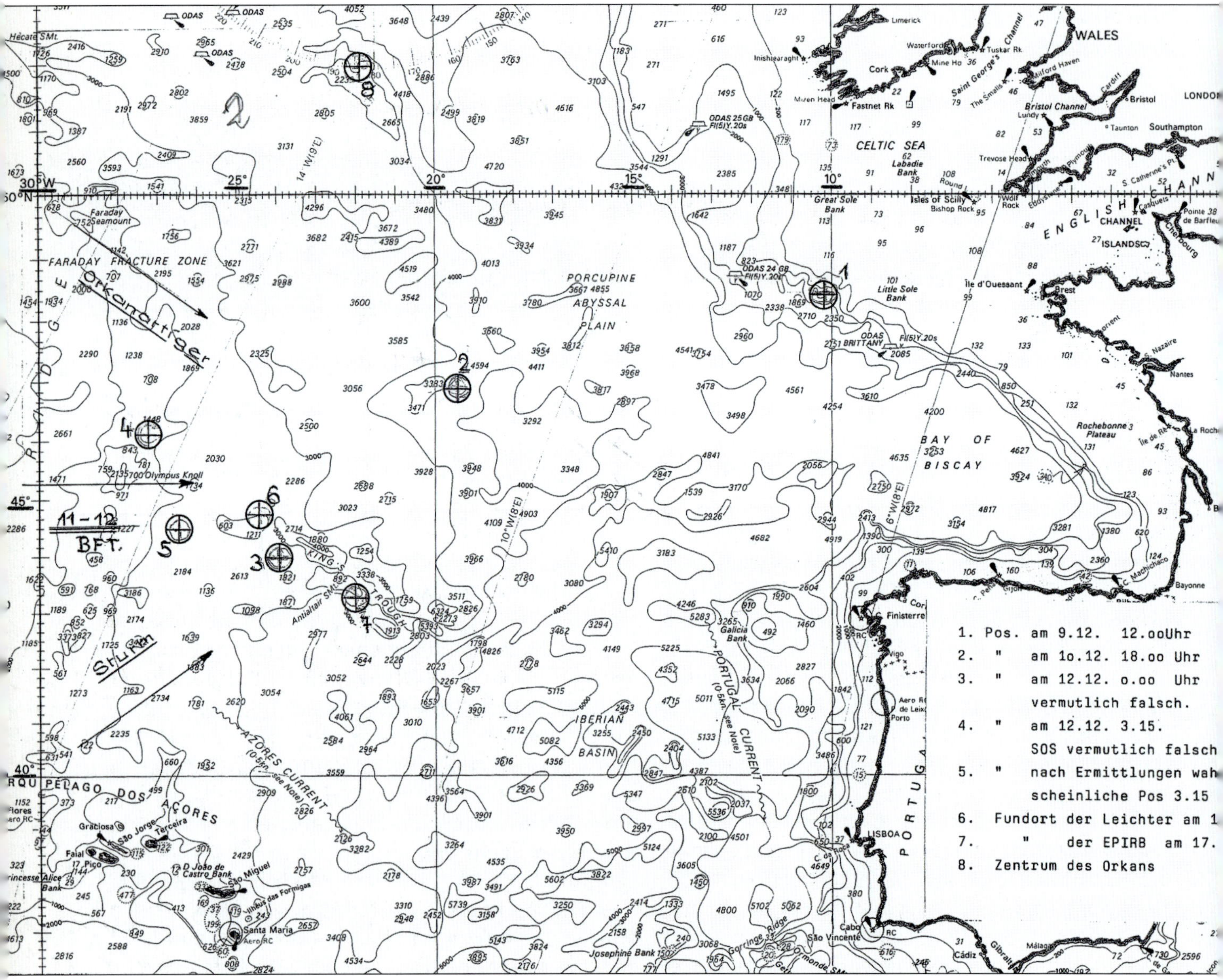

Das Seegebiet westlich von Spanien mit den letzten Positionen der *München* und den Fundorten der EPIRB und der Leichter.

Leichter sind eigens dafür ausgebildete Offiziere zuständig. Sie bedienen sich dabei spezieller Computer. Kriterium ist das Einhalten der zulässigen Belastung für das Schiff während des Ladevorganges und besonders auf See. Nicht minder wichtig ist die seefeste Sicherung der Ladung gegen Verrutschen. Man widmet ihr besondere Aufmerksamkeit und man weiß um die Gefahr des Schiffes, wenn man hier zu sorglos ist. Am Ende der Beladung waren 83 Leichter an Bord der

München mit insgesamt 25.558 Tonnen Gewicht. Die Tragfähigkeit der *München* war damit noch nicht voll ausgeschöpft.
Am 7. Dezember, früh um 4.00 Uhr, hieß es: »Leinen los«. Die letzte Fahrt der *München* begann. Zielhafen war Savannah, USA, im Staat Georgia, nördlich von Florida. Die *München* passierte den Kanal, dann setzte Kapitän Dänekamp den loxodromen Kurs 253 Grad auf Savanna ab. Das Wetter verschlechterte sich, aber das war noch kein Grund zur Sorge. Kapitän Dänekamp gab zunächst den jeweiligen Standort durch:

<u>9.12.78:</u>
12.00 Uhr 48,5 Grad Nord, 10,2 Grad West
20.00 Uhr 46,9 Grad Nord, 19,2 Grad West.

Kurz nach Mitternacht fand auf Kurzwelle ein Gespräch des Funkers der *München* mit *MS Caribe* statt. Der Funker der *München* berichtete, es sei sehr schlechtes Wetter, die Brücke sei beschädigt und Bullaugen seien eingeschlagen. Der Funker der *Caribe* empfahl, mehr scherzhaft, als ernst gemeint, nach Süden zu kommen, da sei das Wetter besser. Das ist nichts Neues, denn der Nordatlantik ist im Winter alles andere als ein Ententeich.
Erst drei Tage später, am 12. Dezember um 3.10 Uhr ertönt das Warngerät für Seenotfälle. Es macht alle Funker darauf aufmerksam, dass in Kürze ein Notruf ausgestrahlt wird. Nach den internationalen Bestimmungen muss jede Funkbude eines seegehenden Schiffes rund um die Uhr besetzt sein. Diese Vorschrift wurde nach dem tragischen Untergang der *Titanic* eingeführt. Viele Passagiere der *Titanic* hätten von einem in der Nähe befindlichen Schiff gerettet werden können, aber dessen Funkanlage war abgeschaltet und der Funker schlief. Der Warnton der *München* wurde u. a. von einem griechischen Frachter gehört. Es folgte schlecht hörbar der Ruf: »SOS-SOS-SOS DEAT DEAT, Position 46 Grad 15 min. Nord 27 Grad 30 Min West, Forward...« Was folgte, war unverständlich. Woher der Hilferuf kam, war rasch zu ermitteln. DEAT (*D*elta, *E*cho, *A*lpha, *T*ango) war das Erkennungszeichen der *München*. Das Schiff stand demnach nördlich der Azoren. Fünf Minuten später erfolgte der gleiche Notruf. Der griechische Frachter versuchte nun mit der *München* Kontakt aufzunehmen, aber er bekam keine Antwort. Von hier ab lief alles nach den internationalen Regeln. Das griechische Schiff *Marion*, jetzt Relaystation, gab einen Funkspruch »an Alle« ab und teilte mit, dass er um 3.15 Uhr einen Notruf des LASH-Carriers *München* empfangen habe. Dabei gab er auch den gemeldeten Standort der *München* durch. Dadurch konnten alle Schiffe, die den Notruf empfingen, prüfen, ob sie sich in der Nähe der *München* befanden und ob für sie eine Möglichkeit zu Hilfe zu eilen besteht.
Mit der Meldung der *Marion* wurde auch die Küstenfunkstation Bordeaux/Arcachon informiert, die ab sofort die Leitung des Seefunkverkehrs übernahm. Wenig später übernahm das Suchcenter der englischen Coast Guard in Land's End (im äußersten Südwesten Englands) die Leitung der Suche und ggf. der Rettung der *München*.
Die Coast Guard ist zuständig für das Gebiet, aus dem die SOS-Rufe kamen. Sie koordiniert und veranlasst alle weiteren Maßnahmen: Festlegung des Suchgebietes, Informationen und Anweisungen an die Suchschiffe gestützt auf AMVER, Zuweisung der Suchgebiete, Verständigung der betroffenen Reederei, Suche nach weiteren Dienststellen, die bei der Suche helfen könnten (im Fall *München* die US-amerikanischen Küstenfunkstationen) und Informierung der Royal Navy.
Am Morgen des 12. Dezember wurde der Krisenstab der Hapag-Lloyd zusammengerufen. Man holte Informationen ein über die Verfügbarkeit von Bergungsschleppern und Suchflugzeugen. Zusätzlich wurde die *München* auf allen Frequenzen, die von dem vermissten Schiff

Durch die schweren Schäden auf der Brücke könnte das Schiff manövrierunfähig geworden sein. (Modell der *München*. Links im Bild das Rettungsboot, das von einer Monstersee abgerissen und später gefunden wurde.)

gehört werden konnten, gerufen. Man informierte die Coast Guard über Art und Farbe aller Rettungsmittel, besonders der Boote. Auch dass die *München* eine EPIRB (Emergency Position Indicating Radio Beacon) an Bord hatte und mit welcher Frequenz (2182 kHz) sie sendet, war für die Suche außerordentlich wichtig.
Das Mögliche war getan, die Suche begann. Suchflugzeuge starteten, zwei starke Bergungsschlepper begaben sich auf den Weg zum vermutlichen Unfallort. Man musste damit rechnen, dass die Mannschaft der *München* in die Boote gegangen sein könnte. Daher wurden in aller Eile Berechnungen angestellt, in welche Richtung und mit welcher Geschwindigkeit Wind und ggf. Strom die Boote, eventuell auch das havarierte Schiff einschließlich der Seenotboje EPIRB, versetzt haben könnten. Telefone und Drähte liefen heiß, denn Gebiete wurden teilweise mehrfach abgesucht, neue Gebiete wurden errechnet und kamen dazu. Alles wurde erheblich durch den immer noch anhaltenden Orkan (150 km/Std. = 12 Bft.) mit schweren Hagelschauern und Gewittern erschwert.
13. Dezember. Immer noch Westwind mit knapp 130 km/Std. (= 12 Bft). Wellenhöhe 14 Meter. Eine Wetterlage, bei der die Suchschiffe auch auf ihre eigene Sicherheit achten und einige die Suche einstellen mussten.
Der erste Suchtag verlief ohne Ergebnis. Der zweite begann wie so oft mit einer Falschmeldung, die für zusätzliche Verwirrung sorgte. Sie besagte, dass man die *München* havariert gesehen habe. Das Wetter war nur wenig ermutigend. Immer noch 8–10 Bft. (stürmischer Wind bis schwerer Sturm), mäßige bis gute Sicht. Ein Lichtblick, sofern man das als Lichtblick auffassen kann: Die Funksignale der EPIRB wurden emp-

fangen, aber die Boje konnte nicht eingepeilt werden. Gegen Abend kam die Meldung, dass die Funkpeilstation Rota in Südspanien auf der Notfrequenz das Rufzeichen DEAT sowie einen Standort 46 Grad 27 min. Nord und 27 Grad 30 min. West empfangen habe. Kurz darauf starteten deutsche Fernaufklärer des Marinefliegergeschwaders in das Gebiet. Die Suche musste ohne Ergebnis abgebrochen werden.

Dritter Tag. Immer noch Sturm Stärke 8 Bft. und hoher Seegang. Endlich ein Hinweis. Ein deutsches Suchflugzeug entdeckte zwei Leichter der *München* auf 44 Grad 32 min. Nord und 24 Grad 20 min. West., also wesentlich südlicher, als die letzte Meldung angegeben hatte. Die Suchschiffe fanden später die Leichter. Einwandfrei stammten sie von der *München*. Eine beschädigte Rettungsinsel wurde leer geborgen. Auch ein dritter Leichter wurde gefunden.

Vierter Tag der Suche. Fünf bis sechs Flugzeuge und etwa 13 Schiffe sind im Einsatz. Das Suchgebiet wird ausgedehnt und umfasst jetzt eine Fläche von mehr als 200.000 qkm. Das Wetter wird etwas besser, 7 Bft. und nur noch ca. 7 Meter Wellenhöhe. Insgesamt hatte man drei Leichter, drei Rettungsinseln leer und zwei Schwimmwesten geborgen. Alle Fundstücke waren weit verstreut, so dass angenommen werden musste, dass sie schon länger im Wasser waren. Die Zahl der Suchflugzeuge und Schiffe wurde noch erhöht.

Fünfter Tag. Die EPIRB wurde geortet, weitere Gegenstände gefunden, aber von Überlebenden keine Spur. Nie zuvor wurde so lange und mit einem solchen Einsatz von Schiffen und Flugzeugen im Nordatlantik nach einem Schiff und eventuellen Überlebenden gesucht.

Am 22. Dezember abends, elf Tage nach dem Bekanntwerden des Seenotfalles der *München* wurde der Seenotverkehr aufgehoben und die Suche nach Überlebenden eingestellt. Alle Bemühungen, alle beachtliche internationale Solidarität und Hilfe waren umsonst gewesen.

Es war zu erwarten. Eine wahre Flut von Fragen, sachliche und unsachliche, wurden bei der Pressekonferenz an den Krisenstab der Hapag gerichtet. In vielen Fällen ließen die Fragen die Suche nach »Schwachstellen« und Versäumnissen durchblicken, aber, ob Funkausrüstung oder Rettungsmittel, die *München* war besser ausgerüstet, als die Vorschriften verlangten. Auch hinsichtlich der Qualifikation der Besatzung gab es keinerlei Bedenken. Das war aber kein Hindernis für die Gerüchteküche. Es gibt immer Schlaue, Superschlaue und ewige Besserwisser und es gibt Zeitschriften, die durch einseitige Informationen und »Schnellschüsse« nur zusätzliche und unnötige Verwirrung stiften. Der Unfall der *München* eignete sich hervorragend dazu. Von einer seriösen Presse sollte man erwarten können, dass sie sich über den aktuellen Stand der Wettersituation sorgfältig informiert, bevor sie mit überholten Fakten und technischen Gegebenheiten operiert, und damit nicht zu verantwortenden Unsinn verbreitet.

Zwangsläufig folgt auf jeden Unfall, der Menschenleben kostet, eine Seeamtsverhandlung. Vorher aber bemühte sich die Reederei den Ursachen des Verlustes von 28 Menschen und einem modernen großen Schiff auf die Spur zu kommen. Man erinnerte sich an die außerordentlich starken Stürme während der 13. und 34. Reise, bei denen das Schiff nur unwesentliche Schäden erlitten hatte. Warum stand es die Verhältnisse auf der 62. Reise nicht durch? War die Ladung unsachgemäß gestaut oder nachlässig gesichert gewesen? Alles wurde geprüft. Tiefgang, Stabilität, Rollzeit! Nirgends fand man einen Anhaltspunkt. Keine Grenzwerte wurden erreicht, geschweige denn überschritten. War der schwere Portalkran eventuell die Ursache? Konnte er sich losgelöst haben? Auch das schien so gut wie unmöglich. Die Reederei holte alle möglichen Informationen über das Wetter allgemein und speziell bei dem vermutlichen Standort der *München* zur Zeit des Untergangs ein.

Eine Reihe von Tiefs war über den Atlantik nach Osten gezogen. Das letzte Tief war der *München* zum Verhängnis geworden. Seine Bezeichnung: »Monster of the Month«, sagt viel aus, aber übertraf es die Verhältnisse auf der 13. und 34. Reise? Experten kamen zu dem Schluss, dass allein durch den Orkan und den Seegang die *München*« nicht in eine so ernste Lage geraten sein konnte, dass sie unterging. Es wurde errechnet, dass sie auf der Reise eine Auftriebsreserve von 60.000 Tonnen gehabt haben muss. Nur die enorme Menge von fast 60.000 Tonnen Wasser konnte sie also zum Sinken bringen.

Ein Punkt war kritisch. Auf der 13. Reise waren einige besonders hohe Seen bis in die Höhe des Peildecks gelangt. Bei Vorausfahrt könnten Monsterseen Schäden an der Kommandobrücke bewirkt haben. Aber dadurch sinkt das Schiff noch nicht. Ein später gefundenes Rettungsboot ließ den Schluss zu, dass die *München* an Steuerbord von einem »Kaventsmann« getroffen worden war. Die Wucht des Aufpralls war so groß, dass das immerhin ziemlich hoch angebrachte Beiboot aus den Davits gerissen und in die See geschleudert wurde. Das gibt Anlass zu Bedenken. Die Frage aber bleibt, war es nur eine gewaltige See, die die *München* traf, oder, was fast unwahrscheinlich ist, waren es mehrere?

Die Hapag kam zu dem Schluss, dass eine Aufklärung der Ursache des Unglücks nicht möglich sei. Der Verdacht konzentrierte sich aber auf zwei Möglichkeiten:

1. Auf die außergewöhnlich harten Seebedingungen, bei denen einzelne Monsterseen eine Höhe von 22 bis 32 Meter erreicht haben könnten.
2. Auf eine Kollision mit einem unbekannten Kriegsschiff besonders mit einem U-Boot.

Schiffsunfälle, an denen militärische Einheiten beteiligt sind, werden nicht veröffentlicht. Die Hapag hatte also keine Möglichkeit diese Variante zu überprüfen.

Wegen den umfangreichen Ermittlungen und Zeugenbefragungen fand die Seeamtsverhandlung erst im Juni 1980 statt. Aber, was konnte noch geklärt werden, und wie? Die Tragik der *München* wurde durch die Aussagen des abgelösten Kapitäns und dessen Ersten Offiziers nur noch unverständlicher. Beide bestätigten bei vergleichbaren Verhältnissen nie ernstliche Schwierigkeiten, geschweige denn Sorge um das Schiff gehabt zu haben. Zehn Tage lang wurde ermittelt, wurden Zeugen und Sachverständige befragt, dann erfolgte der Spruch: Die außergewöhnlich schlechten Wetterverhältnisse wurden bestätigt. Es wurde erklärt, dass Einigkeit darüber bestünde, dass der Seenotfall mit an Sicherheit grenzender Wahrscheinlichkeit durch einen ungewöhnlich heftigen Seeschlag erfolgt sein müsse. Dieser dürfte das Steuerbord-Rettungsboot aus den Davits gerissen und weitere Beschädigungen verursacht haben – u. a. auch auf der Brücke. Das öfter gesprochene Wort »Forward« deute darauf hin. Derselbe Seeschlag müsse auch den größten Teil der Antennen am Vormast und Peildeck beschädigt haben, was den Ausfall des Hauptsenders zur Folge gehabt haben könnte. Menschliches Versagen läge nicht vor. Die internationale Hilfe wurde besonders gelobt und hervorgehoben. Erschwerend für die Suche nach der *München* seien aber folgende Faktoren gewesen:

1. Die tatsächliche Position des Havaristen sei etwa 90 sm südöstlicher gelegen, als die Notmeldung angab.
2. Mehrere Schiffe, die sich an der Suchaktion beteiligten, hätten es unter Hinweis auf eine Selbstgefährdung abgelehnt, auf Gegenkurs zu gehen. Außerdem habe das britische Seewetteramt in Bracknell von einer »Jahrhundertwetterlage« und Einzelwellen von bis zu 30 Meter Höhe gesprochen.
3. Der Funkverkehr sei teilweise stark gestört gewesen. Man vermute magnetische Einflüsse durch Gewitter.

4. Die EPIRB der *München* hätte von Flugzeugen nicht geortet werden können, weil sie die internationale Seenotfrequenz 2182 Khz nicht empfangen konnten.
5. Die Funkstille sei während des Seenotverkehrs nur mangelhaft beachtet worden.

Weiter wurde als sicher angenommen, dass die *München* erst am 13. Dezember gegen 11.00 Uhr gesunken sein dürfte. Die Seenotboje begann erst zu diesem Zeitpunkt mit der Ausstrahlung der Notsendung.

Es wurden folgende Empfehlungen des Seeamtes ausgesprochen:

1. Der Funkverkehr und die Peilmöglichkeiten müssten verbessert werden.
2. Verbesserungsbedürftig sei ebenfalls das Aussetzen von Rettungsbooten. Sie hätten im Falle der *München* ihre Aufgabe nicht erfüllt.

Vom Seeamt wurde die aktive Mitarbeit der Reederei bei der Aufklärung der Havarie ausdrücklich gelobt. Weder sie noch den Kapitän träfe eine Schuld. Die Ladung sei sachgemäß verstaut gewesen.

Keine dieser Erkenntnisse kann uns aber verlässlich sagen, was auf der *München* wirklich passiert ist.

Alle Fakten deuten darauf hin, dass bei der letzten Reise der *München* empfindlichere Schäden auf der Kommandobrücke entstanden sind, als bei den Reisen 13 und 34. Bei allen drei Reisen wurde also die Kommandobrücke deutlich in Mitleidenschaft gezogen. Sie liegt zwar hoch über der Wasserlinie, aber relativ nahe am Bug. Ein Schwachpunkt? Auch damit kann der Untergang des Schiffes nicht erklärt werden, denn auf dem Weg über die Brücke werden wohl kaum 60.000 Tonnen Wasser ins Schiffsinnere gelaufen sein, und die wären nach einer glaubwürdigen Berechnung nötig gewesen, um das Schiff zum Sinken zu bringen.

Durch die Schäden auf der Brücke könnte das Schiff aber manövrierunfähig geworden sein. Dadurch wäre eine Lage des Schiffes quer zum

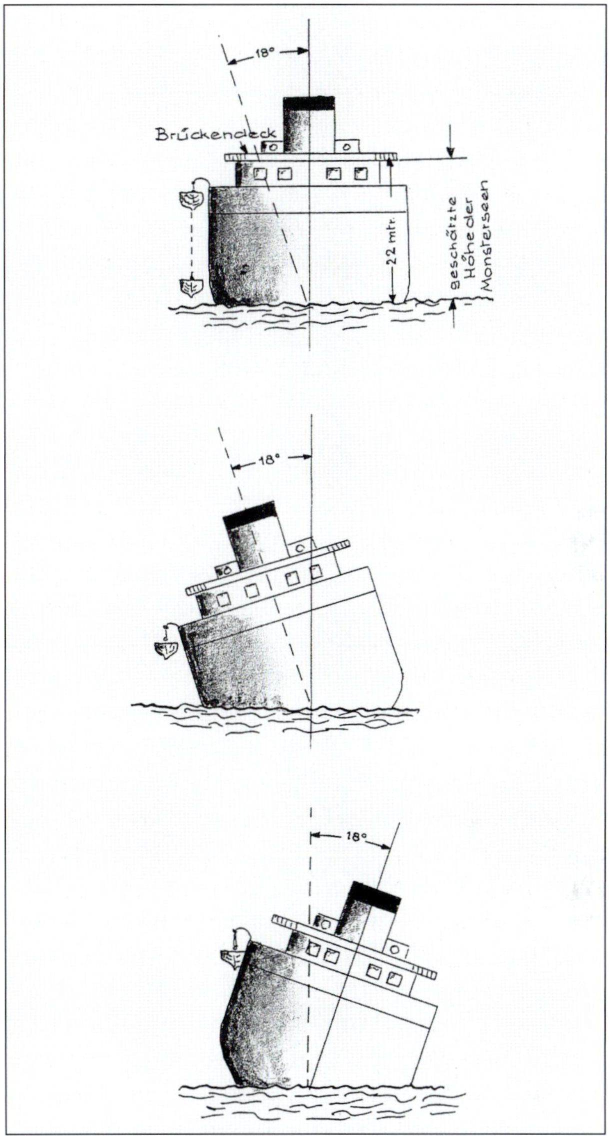

Der mögliche Rollwinkel der *München* war ein wichtiges Thema bei der Seeamtsverhandlung. Er dürfte aber, so die Experten, 18 Grad nicht überschritten und somit nicht zum Kentern des Carriers beigetragen haben.

Seegang möglich gewesen, die die erhöhte Gefahr einer Kenterung bedeutet hätte. Bei der Seeamtsverhandlung haben aber unabhängige Experten auch für diesen Fall ein Kentern der

München ausgeschlossen. Der in diesem Zusammenhang ermittelte maximale Rollwinkel dürfte 18 Grad nicht überschritten haben.
Im Gegensatz zu vielen anderen Schiffsuntergängen, die zunächst Rätsel aufgaben, die aber später weitgehend gelöst wurden, gibt es bei der *München* nur eine gesicherte Ursache: Ein außergewöhnlich starker, langanhaltender orkanartiger Sturm mit extrem hohem Seegang. Alles darüber hinaus ist ein Rätsel und wird es bleiben.
Welche Schlüsse wurden aus der *München*-Katastrophe gezogen? Im Mittelpunkt der Analysen stand zweifellos das Thema Rettungsboote. Der Untergang der *Pamir* 1957 hatte seinerzeit eine lebhafte Diskussion ausgelöst, weil sich die damals verwendeten Rettungsboote bei stürmischer See als absolut ungeeignet erwiesen. Sie waren Holzboote in Kraweelbauweise. Heute sind die Rettungsboote aus Kunststoff, aber sonst hat sich bei ihnen nicht viel geändert. Auch sie sind, ruhige See ausgenommen, ungeeignet: Beim Herablassen werden sie häufig an der Bordwand des Havaristen beschädigt. Besonders sobald sie aufschwimmen und damit der aufgewühlten See ausgesetzt sind. Wie groß die Beschädigung sein kann, zeigen die Überreste der *Pamir*-Boote, die im Deutschen Schiffahrtsmuseum Bremerhaven und in Lübeck ausgestellt sind. Der zweite Nachteil zeigt sich, wenn das havarierte Schiff Schlagseite hat. Dann bekommt man auf der Seite, nach der sich das Schiff neigt, Schwierigkeiten in die Boote zu kommen, weil sie zu weit weg hängen. Auf der anderen Seite hängen sie nicht frei, und können daher nicht weggefiert werden, fallen also als Rettungsmittel aus. Dieser Umstand trat beim Untergang der *Andrea Doria* ein. Zum Glück war in diesem Fall Hilfe in der Nähe.
Als Verbesserung wurden Schlauchboote und Rettungsinseln eingeführt. Die Gefahr, dass auch diese beim Zu-Wasser-lassen beschädigt werden, ist deutlich geringer, aber trotzdem sind noch viele Schiffe auf den Ozeanen mit den veralteten offenen Rettungsbooten anzutreffen. Schon vor dem Untergang der *München* war ein Rettungsboot auf dem Markt, das die Besatzung des LASH-Carriers hätte retten können: das von G. Kuhr angebotene »Freifall-Rettungsboot«. Die Zeit war offensichtlich für diese Neuerung noch nicht reif. Heute wird es von vielen Frachtern mitgeführt. Das Boot ist selbstaufrichtend und geschlossen, sodass die Insassen vor Nässe und Kälte weitgehend geschützt sind.
In diesem Zusammenhang muss in Bezug auf offene Rettungsboote noch die Frage gestellt werden, welche Chancen die Besatzung der *München* gehabt hätte, wenn es ihr gelungen wäre, in die Boote zu gehen. In den offenen Booten wären sie Bft. 12, extrem hohen Wellen, einer Lufttemperatur um 0 Grad sowie Schnee- und Hagelschauern ungeschützt ausgesetzt gewesen. Die hoffnungslose Unterkühlung hätte nicht lange auf sich warten lassen. Und nachdem die Standortdurchsage nicht stimmte, wie sich ja später herausstellte, wäre nach ihnen auch noch an der falschen Stelle gesucht worden, was ihre Chancen auf nahezu Null reduziert hätte.

Nach dem Unglück übernahm zunächst das holländische Schwesterschiff der *München* deren Aufgaben. Es stellte sich für Hapag-Lloyd allerdings bald heraus, dass das LASH-Carrier-System zunehmend an Attraktivität verlor. Die Zulieferung von Fracht über Straßen und Schienen wurde billiger, als die Lieferung über eine Wasserstraße. Das lag auch daran, dass viele Absender und Empfänger nicht an einer Wasserstraße lagen und somit ihre Ware zuerst über Straße oder Schiene an einen Binnenhafen transportieren mussten, wo ein zusätzliches Umladen nötig wurde, was den Transport verteuerte. Ein weiterer Kostenfaktor war, dass die an Bord eines LASH-Carriers angelieferten Container aufwändig gegen Verrutschen gesichert werden mussten. All das ließ immer mehr Reedereien Containerschiffe bevorzugen.

Aberglaube, Rätsel, Unerklärliches

In unserem Sprachverständnis bedeutet Aberglaube so viel wie »falscher« oder »verkehrter Glaube«. Die Völker der Welt aber sind verschieden in ihren Anschauungen und Vorstellungen von unerklärlichen Vorgängen, »magischen Kräften« oder wundersam anmutenden Synchronizitäten. Kein Wunder, wenn das, was wir Europäer als Aberglauben bezeichnen, bei Naturvölkern fester Glaubensbestandteil sein kann. Doch auch in unserem angeblich so aufgeklärten Europa gehört Aberglauben keineswegs der Vergangenheit an. Welcher Segler kennt nicht die Sitte, zu Beginn eines Seetörns das erste Gläschen »Hochprozentigen« über Bord zu kippen, um Rasmus um gutes Wetter und einen angenehmen Törn zu bitten. Man tut es, aber sollte man gefragt werden, ob man abergläubisch sei, verneint man entschieden und verweist auf die Tradition. Damit sagt man im Grunde gar nichts, denn das Gläschen Schnaps für Rasmus ist ebenso Tradition wie Aberglaube. Und im Übrigen: Man kann ja nie wissen und schaden tut es auch nicht. Schließlich war es ja schon einmal vorgekommen, dass man Rasmus vergessen hatte und prompt war der Törn total verregnet gewesen. Na also! Genau genommen wird mit »Rasmus« zwar eine brechende See bezeichnet, aber viele verbinden mit diesem Namen fälschlicherweise den Verursacher der brechenden See und das ist der Wind.
Gerade bei Schiffen spielt der Aberglaube ein bedeutende Rolle. Das beginnt schon bevor es Wasser unter den Kiel bekommt. Das Schiff ist erst einmal auf der Helling, oder wie man noch sagt: »Auf dem Helgen«. Solange das Schiff im Bau ist, rankt sich noch kein seemännischer Aberglaube darum. Es ist ja noch an Land. Mit der Taufe aber geht es los. Der Seemann rümpft schon die Nase, wenn hohe Taufgäste sich verspäten und das Schiff warten muss. Dann treffen sie endlich ein und schöne Reden werden gehalten. Man schreitet zur eigentlichen Taufe mit der Sektflasche. Das ist noch Tradition. Wenn aber die Taufe mit zu zarter Hand vollzogen wird, und die Flasche am Rumpf nur anbumst, statt in tausend Scherben zu zerschellen, dann ist das für alte »Salzbuckel« schon ein böses Omen. Man kann den Taufakt zwar wiederholen, und man tut das auch so schnell wie möglich, aber das schafft das böse Vorzeichen nicht mehr aus der Welt.
Den Beweis lieferte die Taufe des deutschen Passagierschiffes *Bismarck* im August 1914. Die Flasche zerbarst beim ersten Versuch nicht. Zwar hat der damalige Kaiser Wilhelm II. den Lapsus schnell und entschieden korrigiert, aber das Schiff war gezeichnet und es blieb wegen des Krieges bei der Taufe, während viele andere Schiffe fertig gebaut wurden. Nach Kriegsende musste das Schiff bzw. der Rumpf als Reparationsleistung an die Siegermächte abgeliefert werden, und fuhr anschließend nicht unter dem Namen »Bismarck«, sondern unter dem Namen »Majestic«. Selbst im Jahre 1989 wurde noch ein Beweis geliefert, wie wichtig eine Taufe ist. Janmaat meint, wenn man seinen Namen bekommen hat, soll man ihn nicht ändern. Das brächte Unglück. In Hamburg wurde eine Fähre für die England-Route auf den Namen *Hamburg* umgetauft. Das war an sich schon sehr bedenklich. Als aber die Flasche beim ersten Versuch zu allem Übel nicht kaputt ging, war für die anwesenden Seeleute die Sache klar. Und es kam, wie es kommen musste: Die *Hamburg* kollidierte in der Elbmündung mit einem Frachter.
Es sei hier noch an einen gravierenden Fall erinnert, der aber so tragisch verlief, dass die alten Seebären ihre Kritik aus Pietätsgründen nur hinter vorgehaltener Hand tuschelten. Gemeint ist die in diesem Buch weiter vorne ausführlicher beschriebene Havarie des deutschen Schulschiffes *Admiral Karpfanger*. Das Schiff wurde im März 1938 mit 60 Mann Besatzung als verschollen erklärt. Es war als belgisches Schulschiff vom Stapel gelaufen und auf den Namen *L'Avenier* getauft worden. Als es dann in deutschen Besitz kam, war es aber undenkbar, dass ein deutsches Schulschiff unter dem französischen Namen

Galionsfiguren zierten häufig den Bug von Segelschiffen. In ihnen sah der Seemann einen Glücksbringer und dementsprechend waren sie seiner Sorge und Pflege sicher. Links die Galionsfigur der Fregatte *Jylland* in Ebeltoft, Dänemark, rechts der Bug der *Sente Deern* im Deutschen Schiffahrtsmuseum Bremerhaven.

»*L'Avenir*« die Ozeane durchpflügte und so wurde es, man kann sagen nolens volens umgetauft in *Admiral Karpfanger*. Das Schicksal nahm aber auf die Gründe für diese »Zwangsumtaufe« keine Rücksicht. Haben die alten Seeleute vielleicht doch…?

Auch Schiffsnamen, die mit einem »A« enden, sollte man meiden. Zum Beweis wird in neuerer Zeit immer wieder auf das Schicksal des italienischen Luxusschiffes *Andrea Doria* verwiesen. Hier endeten sogar gleich zwei Namen mit »A«. Das konnte nicht gut gehen. Und, wie erwartet, die *Andrea Doria* kollidierte im Juli 1956 bei Neufundland im Nebel mit dem schwedischen Fahrgastschiff *Stockholm* und sank. Dabei war das schöne Schiff erst vier Jahre auf Reisen gewesen.

Unser Schiff ist nun also glücklich getauft. Die Hemmklötze werden weggeschlagen, aber es passiert nichts. Jetzt ist das wirklich ein Menetekel. Das Schiff will nicht ins Wasser und muss mit Gewalt in sein Element gebracht werden. Jetzt ziehen für manchen altgedienten Seemann schon dunkle Wolken am Horizont auf.

Schließlich schwimmt es doch, kommt an den Ausrüstungskai und wird danach in Dienst gestellt. Dabei sollten die Reederei oder der Kapitän darauf achten, dass niemand unfreiwillig an Bord ist. Auch das bringt Unglück.

Was Janmaat früher gar nicht gerne sah, waren Frauen an Bord. Im Hafen waren sie geduldet, manchmal sogar gerne gesehen, aber auf See brachten sie Unglück. Damit hatte man noch nicht einmal so Unrecht. Das Mindeste, was Frauen auf See herbeiführten, war Streit und im Streit war Janmaat keineswegs zimperlich. Auf See gab es nur eine Ausnahme. Der Kapitän konnte seine Frau auf Reisen mitnehmen, ohne dass die Mannschaft murrte. Es gab Fälle, wo die Kapitänsgattinnen in der Krankenpflege wahre Engel waren. Und auch sonst stand sie nicht selten »ihren Mann«. Da war zum Beispiel im Juni des Jahres 1851 der amerikanische Klipper *Flying Cloud* unter Kapitän Creesy von New York nach San Francisco unterwegs. Das Schiff machte trotz Havarien am Rigg mit nur 89 Tagen eine Rekordreise. An diesem Erfolg hatte die Frau des Kapitäns als Navigator (oder Navigatorin?) maßgebenden Anteil.

Zurück zu unserem Schiff. Die Mannschaft ist an Bord. Der Erste Offizier meldet dem Kapitän das Schiff seeklar. Jedoch, es ist Freitag der 13. Was tun? Mit den Matrosen auf den alten Frachtseglern war nicht zu spaßen. Passiver Widerstand? Dienst nach Vorschrift? Das wäre das Mindeste gewesen, hätte der Kapitän die Leinen loswerfen lassen. Nicht nur der 13., auch schon ein Freitag allein war kein Tag, an dem man auslaufen sollte. Das könnte sich auf See denkbar schlecht auswirken. Harte Stürme, Mastbrüche und lange Flauten wären sicher die Folge gewesen. Sagt man nicht heute noch: »Mast- und Schotbruch«, wenn man gute Fahrt wünscht?

Es wimmelt in der Seefahrt geradezu von aus Aberglauben resultierenden »Vorschriften«. Die früheren reinen Segelschiffe waren auf Gedeih und Verderb auf den Wind angewiesen. Zusätzlich musste er auch aus der gewünschten Richtung kommen, denn das Aufkreuzen war nicht die Stärke der Windjammer, weil es mit viel harter Arbeit an den Segeln verbunden war. Der Kapitän war daher daran interessiert, sich mit »Rasmus« bei Beginn der Fahrt gut zu stellen. Nicht selten konnte man daher beobachten, dass der Kapitän beim Auslaufen zu einer großen Reise seine Mütze vom Kopf nahm und sie über Bord warf, um günstigen Wind zu bekommen. Sicher hatte er noch eine zweite Mütze in seiner Kajüte, und es war gewiss die Schlechtere, die er dem Wasser überließ. Bei den heutigen Kapitänen ist dieser Brauch verständlicherweise in Vergessenheit geraten.

Unser Schiff ist nun auf dem Atlantik und gerät in eine Flaute, wie sie in den Kalmengürteln anzutreffen sind. Was tun? In den früheren Jahrhunderten konnte das zu einer lebensgefährlichen Situation werden. Das Wasser faulte und die Verpflegung wurde knapp. Krankheiten wie Skorbut und Fieber breiteten sich aus. Gegen Flauten gab es kein Mittel, man musste warten.

Es gibt aber auch Flauten, deren Ende abzusehen ist. Vergnügungs- und Sportsegler haben da ganz gute Chancen sich zu helfen. Der Wind frischt nämlich auf, wenn eine Jungfrau an Bord ist, und am Mast kratzt. Das hat aber seine Tücken. Peinlich, wenn die »Jungfrau« am Mast kratzt und kein Wind kommt. Da hat schon manche einen roten Kopf bekommen und sich in die Kajüte verkrochen. Was aber tun, wenn nur Männer an Bord sind? Wie half man sich auf den alten Windjammern? Ein Schuldiger musste gefunden werden. Hatte einer der Mannschaft oder gar der Moses vom Wind gesprochen, dann hatte man den Übeltäter schon und er hatte Glück, wenn er nicht an den Mast gebunden wurde. In älteren Zeiten war man noch weniger zimperlich und suchte ein wirkliches Opfer. Das war dann entweder die Bordkatze oder der Bordhund, der über die Reling flog. Selbst gegen Menschen, unbeliebte Mitglieder der Mannschaft, konnte sich die

Schweres Wetter. Am Klüverbaum des Seglers ist eine Haifischflosse befestigt. Sie soll Kraft und Schnelligkeit des Hais auf das Schiff übertragen.

Wut der Matrosen richten, wenn Flauten lebensbedrohlich wurden.
Janmaat weiß aber nicht nur von Gefahren zu berichten, die ihm drohen. Er hat auch viele Rezepte, wie man sich dagegen schützen kann. Schon im frühen Mittelalter soll man beim Bau eines Schiffes eine goldene Münze unter den Mast gelegt haben. Wurden es mehrere Masten, dann legte man die Münze unter den Großmast. Das war eine gute Geste gegenüber unbekannten Mächten und sollte vor Unheil schützen.
Wir machen einen Sprung in die Gegenwart. Auch Yachten und Jollen zeigen dem erfahrenen Rudergänger an der Pinne, wenn etwa zu viel Tuch gefahren wird. Das Schiff bzw. das Boot reagiert schlecht auf das Ruder, der Ruderdruck wird zu stark. Kurz: Das Schiff sagt etwas. Das lässt darauf schließen, dass man früher das Schiff nicht als ein Stück totes Holz angesehen, sondern es in gewissem Sinne als ein »lebendiges Wesen« behandelt hat. Dafür spricht, und jetzt kommen wir wieder zum Aberglauben, dass man dem Schiff Augen an den Bug gemalt hat, damit es sehen, und Hindernissen rechtzeitig aus dem Weg gehen kann. In Fernost und im Mittelmeer findet man solche Boote (meist Fischerboote) heute noch.
Besonders sorgsam wurde und wird die Galionsfigur gehütet und gepflegt. Kein Wunder, sie war meist weiblich und von wohl gerundeten Formen. Bei Kriegsschiffen sah man aber auch wilde, drohende Köpfe, die den Feind, sofern er zu nahe kam, einschüchtern sollten. Auch Drachen (Wikinger) oder Löwenköpfe waren zu diesem Zweck beliebt. Zwangsläufig war die Galionsfigur mit dem Schiff auf Gedeih und Verderb verbunden. Ob Mensch oder Tier, in der Galionsfigur sah der Seemann einen Glücksbringer und dementsprechend war sie seiner Sorge und Pflege sicher.
Nicht selten zierte eine Haifischflosse den Bug, oder besser gesagt den Klüverbaum eines Windjammers. Janmaat glaubte, dass sich die Kraft und die Schnelligkeit eines Haies auf das eigene Schiff übertragen würden. Während Delphine, die oft in Scharen die Schiffe begleiteten, gerne gesehen wurden und tabu, in manchen Seemannsaugen sogar fast heilig waren, war der Hai der erbittertste Feind des Matrosen. Sahen sie einen Hai, wurde sofort ein starker Haken mit einem Köder ausgebracht. Biss der Hai an, was fast sicher war und meist nicht lange dauerte, wurde er an Deck gehieft und gnadenlos getötet. Dabei musste man vorsichtig sein. Auch an Deck konnte der Räuber noch gefährlich werden. Nicht ganz verständlich, die Zähne des Haies galten bei den Seeleuten allerdings als Glücksbringer.
Streng verboten war es, auf einem Schiff zu pfeifen. An Bord, das war ein eisernes Gesetz, durfte nur der Wind pfeifen und das tat er manchmal auch recht kräftig. Pfeift aber jemand an Bord, so sieht sich der Wind in seiner ausschließlichen Kompetenz beeinträchtigt. Er bläst dann entweder aus Wut was das Zeug hält, oder er schläft beleidigt ein, was für ein Schiff oft schlimmer als ein Sturm ist. Der Moses, oder wer auch immer unbedarft an Bord zu pfeifen wagte, konnte froh sein, wenn er mit einer spürbar kräftigen »Verwarnung«davon kam.
Facettenreich ist das Verhältnis der Seefahrt zum Albatros. Dieser, an Land nicht gerade überzeugend, ist in der Luft von bewundernswerter Eleganz. Oft hat er tagelang die Windjammer auf ihren einsamen Kursen begleitet. Nicht ohne Grund haben die »Cap Horniers« ihn zu ihrem Wappenvogel gemacht. Wer sich das Wappen aber genauer ansieht, erkennt, dass es sich dabei um einen gefangenen Vogel handelt, denn sein Schnabel hat schon das Fangdreieck erfasst, aus dem es für ihn kein Entrinnen gibt. Man ist von dieser Darstellung merkwürdig berührt, wenn man weiß, dass bei den Matrosen der Glaube verbreitet war, dass die Seelen ertrunkener Seeleute in den Albatrossen weiterleben würden. Man durfte also diese Vögel nicht töten, weil man glaubte, sonst Unheil auf das Schiff zu ziehen.

Albatrosse begleiteten die Windjammer oft über weite Strecken. Einerseits glaubte Janmaat, dass in ihnen die Seelen ertrunkener Seeleute weiterlebten, andererseits fing und peinigte man sie.

Andererseits aber wurden Albatrosse mit eben diesem nachgeschleppten dreieckigen Gerät gefangen und brutal an Deck gezogen. Stolz stellte man die Flügelspannweite (bis mehr als 3 Meter) des unglücklichen Vogels zur Schau, wie Fotos aus dem frühen 20. Jahrhundert zeigen. Offensichtlich ist die Einstellung des Seemanns zum Albatros nicht einheitlich.

Das gilt auch für das Elmsfeuer. Das Elmsfeuer ist ein rötlich-violettes Büschellicht, das sich meist an Rahnocken oder Mastspitzen zeigt. Bei hohen elektrischen Feldstärken in der Luft, also bei gewittrigem Wetter sind günstige Voraussetzungen dafür gegeben. Man neigt dazu, Angst vor Dingen und Vorgängen zu haben, die man nicht kennt, und die man sich nicht erklären kann. So war es sicher anfangs, und das erste Elmsfeuer, das ein Seemann an einer Rahnock sah, flößte ihm Furcht ein. Das muss aber nicht allzu lange gedauert haben, denn bald hatte die unerklärliche Erscheinung einen Namen: Elmsfeuer, oder auch Eliasfeuer. Pate stand hier der Schutzheilige St. Elmo, und Schutzheilige sind immer gut und hilfreich. Vorwiegend Seeleute des europäischen Mittelmeeres, also des romanischen Sprachraumes, glaubten an ihn.

Den Albatros wählten sich die Cap Horniers zum Wappenvogel. Im Schnabel hält das Tier das Fangdreieck.

Die Deutung des Elmsfeuers war unterschiedlich. Meist vermutete man, dass sich die Seelen verstorbener oder ertrunkener Seeleute auf ihrem Schiff wieder in Erinnerung bringen wollten. Die Mannschaft sollte, so wurde es ausgelegt, im Himmel ein gutes Wort für sie einlegen. Mit der Namensgebung hatte das Elmsfeuer allerdings seinen Schrecken verloren, es war kein schlechtes unheilverkündendes Menetekel mehr.

Heilige, auch unsichtbare wie St. Elmo, waren nützlich und gut. Um so erstaunter ist man, wenn man hört, dass leibhaftige Priester an Bord Unglück bringen sollten. Wie lebendig dieser Glaube noch im 20. Jahrhundert war, zeigt ein Beispiel aus dem Jahre 1931. An der französischen Küste strandete ein Vergnügungsdampfer. Für diese Havarie musste ein Verantwortlicher gefunden werden. Man fand ihn in einem mitreisenden Priester, den man unschwer an seinem schwarzen Talar erkannte. Es hätte nicht viel gefehlt und er wäre von der aufgebrachten Menge über Bord geworfen worden. In diesem Fall vermutlich weil man von ihm als Gottesmann erwartete, dass er dieses Unheil verhindern hätte können.

Die Aversion gegen Priester hat eine lange Tradition und geht auf die Geschichte über den biblischen Prediger Jonas zurück. Als das Schiff, auf dem er fuhr, in einem Sturm zu sinken drohte, warfen ihn die Matrosen über Bord, worauf sich der Sturm rasch legte. Damit war »erwiesen«, dass nur dieser Prediger Jonas der Schuldige für das Unwetter gewesen sein konnte.

Schon früh suchten sich die Seeleute einen Schutzheiligen. Den hatten sie bei ihrem gefährlichen Beruf auch nötig, denn St. Elmo war zwar ein Heiliger, schützte aber die Seeleute nicht. Nur das Elmsfeuer war nach ihm benannt. Auch der Klabautermann kam nicht in Frage. Er war zwar ein guter Geist, aber beileibe kein Heiliger. Wenn es ihm zu langweilig war, trieb er oft recht handfesten, aber im Grunde meist harmlosen Schabernack.

Im 16. und 17. Jahrhundert war der Schutzheilige der Seeleute Antonius von Padua. Er behielt den Job aber nicht lange, denn der Verlust von Schiffen war gerade in diesen Jahrhunderten leider alles andere als selten. Der heilige Antonius schien den Seeleuten mit seiner Aufgabe aber bald als überfordert. Also musste ein anderer her. Die Seeleute waren da nicht zimperlich. Man entzog ihm kurzerhand das Vertrauen und wählte ihn ab. Sein Nachfolger wurde der »heilige Nikolaus von Myra«. Das scheint uns Nordeuropäern zunächst ein Irrtum zu sein, denn für uns ist der Nikolaus ein pelzvermummter Mann, der auf einem Schlitten durchs tief verschneite Land fährt und Weihnachtspakete verteilt. Wo ist da der Bezug zur Seefahrt? Nikolaus von Myra ist jedoch eine historische Figur, die zu Beginn des 4. Jahrhunderts lebte. Er wurde in der ehemaligen Hafenstadt Patara an der südlichen Küste Kleinasiens geboren und soll sich als Knabe viel im Hafen aufgehalten haben. Nikolaus soll sehr fromm gewesen sein und wurde später Bischof. Nach seinem Tode wurde er zu einem der meist verehrten Heiligen und zählte bald zu den 14 Nothelfern. Bekannt wurde Nikolaus durch zahlreiche Wundertaten (z. B. Getreidevermehrung). Auch drei Studenten, die ermordet und zerstückelt im Keller eines Wirtshauses lagen, soll er wieder zum Leben erweckt haben. Angesichts

Das Elmsfeuer an der Rahnock
eines Großseglers.

solcher Geschichten ist es verständlich, wenn die Seeleute diesem Schutzpatron treu blieben. Daran änderte auch seine Vielseitigkeit nichts. Er wurde nämlich auch von Flößern, Bäckern, Fischern, Brückenbauern, Kaufleuten, Händlern, Apothekern, Tuchmachern, sogar von Bierbrauern und Schnapsbrennern in Anspruch genommen, wodurch zusätzlich eine, wenn auch entfernte Verbindung zu Janmaat und der Seefahrt entsteht. Ob der heilige Nikolaus, wie in einem Lied behauptet wird, im engeren Sinn ein Seemann war, ist der Literatur nicht zu entnehmen.

Die Tradition kennt aber noch einen dritten Schutzpatron der Seeleute. Es ist Erasmus, ein legendärer Märtyrer, der um das Jahr 300 gelebt haben soll. Auch er zählte zu den 14 Nothelfern, was ihn zweifellos zum Schutzpatron der Seeleute prädestinierte. Sein Wirken mussten sich die Seeleute allerdings mit den Drechslern teilen, die ihn ebenfalls als Schutzheiligen in Anspruch nahmen.

Für Seeleute – vor allem in früheren Jahrhunderten – bergen Stürme immer auch die Gefahr des Schiffsunterganges und des Todes der gesamten Mannschaft. Das galt auch für die Fischer in der rauen, unberechenbaren Nordsee, die ihren Beruf auf sogenannten Ewern (kleinen Küstenseglern) ausübten. Die Wintermonate waren die gefährlichsten und oft standen Frauen an der Küste, angestrengt nach der See schauend, ob sich nicht doch noch das langerwartete Segel am Horizont zeigte.

Es soll, so erzählen Geschichten von der »Waterkant«, Anzeichen gegeben haben, die den Angehörigen der Seeleute Gewissheit über deren Schicksal gaben. Etwa ohne ersichtlichen Grund stehen bleibende Wanduhren. Da wusste man zu Hause, dass und auch wann die wütende See Schiff und Besatzung überwältigt hatte. Erzählt wird auch, dass der Tote in manchen Fällen plötzlich für Sekunden unter der Tür gestanden sei, so wie er das Haus verlassen habe. Das Ölzeug habe er noch angehabt, aber triefend nass sei er gewesen, mit einem ernsten Gesicht und mit wirr ins Gesicht hängenden Haaren. Dabei soll die rätselhafte Erscheinung genau den Zeitpunkt des Todes angezeigt haben.

Ein anderes Beispiel. Jedes Kind an der Nordseeküste kennt die Novelle »Der Schimmelreiter« von Theodor Storm. Eindringlich schildert der Autor darin den Kampf der Küstenbewohner mit der unberechenbaren, stürmischen Nordsee. Im Mittelpunkt stehen die Deiche, von deren Widerstand gegen die anrennenden Brecher der See das Leben und Gut der an den Küsten lebenden Menschen abhängt. Eine einzige schwache Stelle am Deich kann bei einer Sturmflut in wenigen Stunden zur Katastrophe führen. »Wer nicht will deichen, der muss weichen«, lautet ein ehernes Gesetz am Deich. Das bedeutet, wer seine Pflicht verletzt und seinen Deichabschnitt vernachlässigt, dem wird das Land hinter dem Deich genommen.

Bis zum 17. Jahrhundert hielt sich bei den Deichbauern ein böser Aberglaube. Bevor der Neubau eines Deiches fertiggestellt und die letzte Lücke geschlossen werden kann, müsse man die unbekannten Mächte, die den Deich bedrohen, besänftigen. Das ginge, so glaubte man, nur durch ein Opfer. Je nach Bedeutung des Deiches sei ein Hund, ein Schaf oder ein Pferd zu bestimmen. Das Opfer müsse aber lebend in dem letzten Deichstück eingegraben werden.

Wehe dem, der aus Rache einen Deich beschädigt hat. Er hat nach Deichrecht sein Leben verwirkt. In dem historischen Roman »Das Deichopfer« von Kari Köster-Lösche ist davon die Rede. Es darf bezweifelt werden, ob das Unglaubliche jemals geschehen ist, aber man kann daraus erkennen, welche Bedeutung den Deichen beigemessen wird und welche ständige Bedrohung von einem zu schwachen Deich ausgeht.

Vor allem das schon erwähnte Aufheben, das um den 13ten eines Monats und um die Freitage gemacht wird, sitzt unausrottbar fest bei vielen

Matrosen. Auch heute noch. Nicht nur auf See, auch an Land glauben viele an die Bedeutung dieser Tage, schließen keine größeren Geschäfte ab, unterschreiben kein wichtiges Papier und behaupten dennoch nicht abergläubisch zu sein. Alte Seeleute sind nicht verlegen, wenn sie Beispiele bringen sollen, die belegen, dass eben doch etwas dran ist an ihren Befürchtungen. Vor allem Schiffszimmerleute und Segelmacher, also Besatzungsmitglieder, die meist lange auf einem Schiff dienen, sind hier recht rege und müssen auch gar nicht weit in vergangene Zeiten zurückdenken, um ein entsprechendes Beispiel anführen zu können. Anfang Dezember 1911 warf das Vollschiff *Walküre*, ein stattlicher Frachtsegler, an einem Freitag in Hamburg die Leinen los. Der Kapitän ignorierte den erheblichen Unmut der Besatzung. Bei Cuxhaven wurde der Schlepper entlassen, die *Walküre* setzte die Segel. Die Ladung bestand aus Schreibmaschinen, Glaswaren und Porzellan. Auch 600 Kisten Dynamit waren im Laderaum. Der Bestimmungshafen lag vermutlich in England, denn das Schiff steuerte südwestlichen Kurs. Zunächst verlief alles nach Wunsch. Das berüchtigte Borkum-Riff passierte man noch bei mäßigem Wind, aber das Barometer fiel. Gegen Abend musste gerefft werden, denn der Wind hatte erheblich aufgefrischt. Es regnete kräftig und die Sicht wurde miserabel. Es ist eben Freitag, sagten die Matrosen, aber das dicke Ende kam erst noch. Auch der zweite Tag der Reise brachte noch keine Wetterbesserung, was für die Nordsee in den Wintermonaten nicht selten ist. Das Besteck ist unsicher, was nicht verwunderlich ist. Am dritten Tag passierte es. Ein heftiger Stoß erschütterte das Schiff. Es lief auf eine Sandbank östlich von Great Yarmouth auf. Sandbänke sind tückisch, das weiß man auch von der Elbmündung zu berichten. Die Mannschaft versuchte durch das Überbordwerfen der Ladung das Schiff zu leichtern, aber das Gewicht, das sie über Bord warfen, kam von unten wieder in das Schiff. Es machte Wasser. Es kam, wie es kommen

Der wegen Wirkungslosigkeit schon bald wieder »ausgemusterte« Schutzheilige der Seeleute Antonius von Padua.

musste, das Schiff sackte immer tiefer in den Mahlsand. Ein Freikommen wurde zunehmend aussichtsloser. Schließlich musste das Schiff aufgegeben werden. Brecher überschütteten die *Walküre*. Der Kapitän ließ Rot schießen, aber nichts rührte sich, kein Helfer kam in Sicht. Die Mannschaft konnte froh sein, dass der Rumpf die Belastung aushielt. Viele Schiffe schon sind im Mahlsand auseinander gebrochen. Wieder und wieder gab man Notsignale, aber erst am siebenten Tag wurde die völlig erschöpfte Besatzung von ihrem Schiff abgeborgen.

Nikolaus von Myra, einer der 14 Nothelfer
und Schutzpatron der Seefahrt.

Na also, es stimmt also doch! Kein Schiff, das an einem Freitag die Leinen loswirft, sieht die Heimat wieder. Dass wenigstens die Mannschaft der *Walküre* die Heimat wiedersah, war ein Glücksfall.

Tatsächlich hat es einige Schiffe gegeben, die an einem Freitag oder an einem 13ten oder gar an einem Freitag den 13. den Hafen verließen und nie wiederkamen. Man kann diesen Unglücksfällen aber auch leicht die vielen Beispiele von Schiffen gegenüberstellen, deren Kapitäne den Aberglauben missachteten und trotzdem eine gute Reise hatten. Aber wer tut das schon, wenn er abergläubisch ist!

Abschließend sei hier noch ein maritimer Aberglaube angesprochen, der sprichwörtlich geworden ist. In vergangenen Zeiten gab es kaum einen Frachtsegler, der nicht von bestimmten ungebetenen und lästigen Gästen heimgesucht worden wäre: Ratten. Vor ihnen war kein Getreidesack sicher. Ratten zernagten außerdem alles, was ihnen vor die Zähne kam. Selbst konsequentes Ausräuchern vernichtete sie nicht; sie fanden immer einen Ort, wo sie überleben konnten. Allerdings musste man diesen blinden Passagieren einen sicheren Instinkt zubilligen, und genau da begann der Aberglaube. Wenn Ratten das Schiff verlassen, wird es untergehen. Davon sind viele Seeleute felsenfest überzeugt. Zahllose Berichte scheinen ihnen Recht zu geben. Die folgende Geschichte hat sich tatsächlich zugetragen.

Ein Frachtsegler lag vor einem fernöstlichen Hafen auf Reede. Nun ist es auf jedem Schiff üblich und auch erforderlich, dass auf See ein oder auch zwei Mann Ausguck halten und alles melden, was für die Schiffsführung zu wissen wichtig ist. Auch wenn ein Schiff auf Reede liegt, gibt es solche Wachen. Als eines Tages eine dieser Wachen nach ihrer Ablösung beim Ersten Offizier vorspricht und meldet, dass jede Menge Ratten während seiner Wache über die ausgebrachten Fender das Schiff verlassen hätten, misst man seiner Nachricht zunächst keine Bedeutung bei. Im Grunde ist es ja nur gut, wenn im Schiff weniger Ratten sind. Aber der Seemann weiß: Ratten verlassen eben nur dann ein Schiff, wenn es sinkt, oder sinken wird. Der Erste Offizier nimmt die Nachricht gelassen entgegen, aber der Matrose lässt sich nicht abschütteln: »Ich habe die Ratten eine hinter der anderen gesehen. Und das Schlimmste: Keine kam während meiner Wache zurück.« Fast beschwörend setzt er hinzu: »Ich habe aufgepasst, keine kam zurück.« Der Erste beendet die Diskussion, den Matrosen kann er aber nicht beruhigen. Es dauerte nicht lange, da weiß die ganze Besatzung die Geschichte vom Auszug der Ratten.

Selbst geködert und gebunden ist der Hai, der zu allen Zeiten von den Seeleuten gefürchtet wurde, noch ein gefährlicher Gegner.

Das Schiff verholt zu einem anderen Hafen, nimmt dort weitere Ladung an Bord und geht ausgerechnet an einem Freitag Anker auf zur Rückreise. Wieder wird der Erste Offizier angesprochen. Er gilt als das Sprachrohr zum Kapitän: »Warum geht das Schiff ausgerechnet an einem Freitag in See? Sie wissen doch, dass das unüblich ist und Unheil heraufbeschwört! Im letzten Hafen die Ratten und heute an einem Freitag den Anker lichten, das bringt Unglück.« Wieder geht der Erste auf die Sorgen der Matrosen nicht ein. Zunächst läuft alles glatt, aber im Kanal strandet das Schiff. Es kommt niemand zu Schaden. Voller Überzeugung tritt schließlich der Schiffszimmermann zum Ersten: »Glauben sie jetzt immer noch nicht an meine Mahnung?« Was sollte dieser darauf sagen? Nichts! Er war nie abergläubig gewesen, aber nachdenklich wurde er jetzt doch.

Noch ein letztes Wort: Aberglaube und seemännische Tradition werden oft in einen Topf geworfen, sind aber zwei ganz verschiedene Begriffe – auch wenn sie in manchen Fällen ganz nahe beieinander liegen, wie wir gesehen haben.

Warum sind Schiffe weiblich?

Es ist lange her, als man damit begann, Schiffen Namen zu geben. Das war im 13. Jahrhundert, also vor den großen Entdeckungen in Übersee. Dass man nicht einfach einen Namen auf den Bug aufpinselte, ist naheliegend. Mit der Namensgebung verband man, der Bedeutung dieses Vorgangs entsprechend, eine Taufe. Das war somit ein christlicher Vorgang, denn außer Schiffen werden nur Menschen getauft. Auch die begleitenden Worte sind zumindest sinngemäß ähnlich, wenngleich man Neugeborenen nicht unbedingt Wasser unterm Kiel wünscht. Was veranlasste Schiffsbauer und Reeder aber ihren Schiffen weibliche Namen zu geben? Diese Frage ist bis heute nicht eindeutig geklärt. Schwierigkeiten bereitet dabei die Tatsache, dass Schiffe im Grunde genommen sächlich sind und man aus diesem Grund auch »das Schiff« zu sagen pflegt.

Ein Seemann hat unbestritten ein besonderes Verhältnis zu seinem Schiff. Er verbringt die überwiegende Zeit seines Lebens auf See und damit auf seinem Schiff. In der Chile- oder Salpeterfahrt etwa waren pro Jahr im Allgemeinen zwei Reisen möglich, die hin und zurück zwischen 120 und 160 Tage in Anspruch nahmen. Im Durchschnitt war also der Seemann der damaligen Zeit etwa 280 Tage pro Jahr auf See. Mit seinem Schiff war er auf Gedeih und Verderb verbunden. Das Schicksal des Schiffes, war auch sein Schicksal. Kein Geringerer als Joseph Conrad befasste sich eingehend und einfühlend mit der Beziehung des Seemanns zu seinem Schiff in seinen lesenswerten Büchern. Aus dieser Schicksalsgemeinschaft heraus, so schreibt er, empfinde der Seemann eine gewisse »Liebe zu seinem Schiff«, und es ist verständlich, wenn er dabei an eine Frau denkt. Man spricht von Kapitänen, die mit ihrem Schiff "verheiratet" gewesen seien und viele sind ihrem Schiff ein Leben lang treu geblieben. Aus dieser Gedankenwelt heraus könnte der Wunsch entstanden sein, den Schiffen weibliche Namen zu geben.

Ein alter Seemann soll sich zu diesem Problem so geäußert haben: Schiffe seien wie Frauen – empfindsam und launisch. Außerdem sei es wie bei einer Heirat. Erst danach lerne man seine Frau wirklich kennen und erst nach der Jungfernfahrt wisse man, was man von einem Schiff zu halten habe. So ganz Unrecht scheint der Mann nicht zu haben.

Später, um das 16. Jahrhundert herum, gab es in Deutschland Abweichungen. Es kamen Namen auf wie »Der große Kurfürst« oder »Der rothe Löw«. Die Marine kam später mit der Namensgebung auch etwas ins Rutschen. Man wollte die Namen berühmter Heer- und Flottenführer vergeben. Ein Schiff aber »Der Bismarck« zu taufen, wurde verständlicherweise abgelehnt. Erstens wäre die Anrede ohne Titel zu despektierlich und zweitens: Wer wäre gemeint? Der eiserne Kanzler oder das Schiff? Es wurde dann klar entschieden: Es hieß »die« *Bismarck* und »die« *Scharnhorst*. Noch klarer wurde es, wenn man den Schiffstyp voransetzen konnte. Dann hieß es: Die Brigg sowieso, oder die Bark sowieso. Bei der Marine war es dann: die Fregatte oder die Korvette, die dem Namen vorgestellt wurde. Bei Linien- und Schlachtschiffen sagte man aber: das Schlachtschiff *Bismarck,* oder schlicht die *Bismarck.* Damit war alle Eindeutigkeit endgültig beseitigt.

England tat sich da schon immer leichter. Da es im Englischen bekanntlich keine Differenzierung beim bestimmten Artikel gibt, tauchte das Problem erst gar nicht auf.

Eigentlich wäre das Thema damit durch, aber es ist interessant, dass man gemäß deutscher Gründlichkeit nicht systemlos taufte, sondern dazu überging, für bestimmte Schiffsgruppen und auch Reedereien bestimmte Namensgruppen zu wählen. Damit wollte man einen Hinweis geben, wie das Schiff einzuordnen war, oder, wie in einigen Fällen, zu welcher Reederei das Schiff gehörte. Bei der bekannten Reederei Laeisz zum Beispiel war nur ein Buchstabe nötig. Deren Schiffsnamen begannen alle mit »P«. Zwar hieß das erste Schiff noch *Carl,* aber schon im Jahr 1856 begann mit dem Neubau *Pudel* die Tradition, die sich über die *Potosi,* die *Preußen* bis zur *Padua* fortsetzte. Konsequent wurde bei Laeisz allen Schiffen der weibliche Artikel vorangestellt. Es hieß also »die« *Pudel* und nicht »der« *Pudel.* Pudel, das war, nebenbei gesagt, der Spitzname der Frau von Carl Laeisz, die wegen ihrer krausen Haare so genannt wurde.

Andere Reedereien bezogen ihre Schiffsnamen aus den vornehmlich bedienten Häfen und Ländern. Erwähnt seien hier die damals beliebten und berühmten »Kap-Schiffe«. Auch hier blieb man traditionsgemäß bei weiblichen Schiffsnamen.

War ein Schiff einmal getauft, dann verlangten die alten »Salzbuckel«, dass es bei diesem Namen auch blieb. Taufe ist Taufe. Wenn ein Schiff einmal einen Namen hat, soll man ihn nicht ändern. Auch hier vergleicht man seit alters her Schiffe mit Menschen. Wer nun mal seinen Namen hat, Friedrich oder Hans, oder Cäcilie oder Luise, dessen oder deren Namen ändert sich nicht mehr. Eine Umbenennung, so wurden und werden Seeleute nicht müde zu mahnen, brächte Unglück. Dabei verweisen die Alten auf den berühmten Fall der amerikanischen Schonerbrigg *Amazon,* die bekanntlich in *Mary Celeste* umgetauft wurde, was das Unheil, das über das Schiff und seine Besatzung kam, bewirkt haben soll. Man vergaß aber dabei, dass das Schiff, als es noch *Amazon* hieß, bereits nicht sehr glückhaft war.

Auch ein ehemaliges deutsches Schulschiff schien die Skeptiker zu bestätigen, die *Niobe.* Sie kenterte und sank am 26.Juli 1932 im Fehmarn Belt und riss 69 junge Seeleute mit sich in die Tiefe. Sie hatte, und das ist absolut rekordverdächtig, nicht weniger als fünf verschiedene Namen: *Morton Jensen, Tyholm, Aldebaran, Niobe, Schwan* und, wahrscheinlich ohne offizielle Taufe, auch noch den Namen *Schwalbe.* Schließlich bis zu ihrem Untergang wieder den Namen *Niobe.* Der war ohnedies nicht verheißungsvoll, soll der Sage nach die Niobe doch aus Kummer, weil Apoll und Artemis ihre Kinder mit Pfeilen getötet hatten, zu Stein erstarrt sein.

Ein Rest von Scheu vor dem Umtaufen eines Schiffes hat sich auch heute noch erhalten und wird sich so schnell auch nicht ausrotten lassen. Und wenn Schiffe sich launisch weigern, ins Wasser zu rutschen, dann scheint es doch nicht so weit hergeholt, sie sich als weiblich vorzustellen, oder?

Der Fliegende Holländer

Die wohl bekannteste Seemannssage ist die vom »Fliegenden Holländer«. Dank Richard Wagners gleichnamiger Oper hat sie Zutritt auf den Bühnen der Welt erhalten. Lange Zeit wurde sie nur mündlich überliefert. Irgendwann muss sie in einem phantasievollen Kopf entstanden sein, weit entfernt von etwaigen Geschehnissen auf See, denn ein konkreter historischer Hintergrund ist nicht bekannt. Wer sich aber mit der Mentalität der Seeleute in den vergangenen Jahrhunderten beschäftigt hat, weiß, wie gutgläubig damals die Seefahrer Erzählungen von überirdischen und übersinnlichen Vorgängen gegenüberstanden. Tagtäglich konfrontierte ihr Beruf sie mit Naturkräften, deren Gesetze und Zusammenhänge sie sich nicht erklären konnten. In finsteren Nächten inmitten stürmischer See sind Dämonen, Hexen und Geister leicht vorgestellt. Später, mit dem Christentum, kamen noch die Hölle und der Teufel dazu. Letzterer spielt in der Geschichte vom Fliegenden Holländer seine Rolle als listenreicher Peiniger des Menschen.
Ein Mann namens Vanderdecken soll im 17. Jahrhundert Kapitän eines großen Seglers der Niederländischen Ostindien Compagnie gewesen sein. Ein Tyrann, der keinen Widerspruch auf seinem Schiff duldete. Bei seinen häufigen Wutausbrüchen soll es an Bord nach »Verbranntem« gerochen haben. Für die Mannschaft ein sicheres Zeichen, dass Vanderdecken mit dem Teufel im Bunde war. Nur hinter vorgehaltener Hand erzählte man sich, dass der Kapitän es an Land, in seiner großzügigen Villa, mit Frauen so hemmungslos und toll triebe, dass er seine Bettgenossinnen, wenn er ihrer überdrüssig wurde, kurzerhand umbrächte, damit sein lasterhaftes Leben nicht ans Tageslicht käme. Lange soll ihn der Teufel mit gefügigen Frauen versorgt haben, bis er eines Tages an die Unrechte kam. Wie das zustande kam, sagt die Geschichte nicht, aber der Teufel schickte Vanderdecken – vielleicht absichtlich, man weiß es nicht – eine fromme, sittenreine Jungfrau, die eher zu sterben bereit war, als ihm gefügig zu sein. Vanderdecken nahm das wörtlich, tötete das widerspenstige Mädchen, packte die Leiche in einen Sack und versenkte sie im Meer. Damit schien die Angelegenheit für ihn erledigt. Womit er aber nicht gerechnet hatte, war die göttliche Strafe. Seit dieser Untat glaubte Vanderdecken stets, wenn er auf See war, das Mädchen als stumme Anklage vor sich stehen zu sehen. Auf dem besten Wege daran irre zu werden, soll er zum Kap der guten Hoffnung gesegelt sein. Er wollte mit seinem Schiff in den Indischen Ozean. Aber um das Kap kam er nicht herum. Immer wieder warfen ihn Strom und widrige Winde zurück. Wochenlang versuchte er verzweifelt das Kap zu runden, bis ihn endlich die kalte Wut packte und er, den Namen Gottes missbrauchend, ausrief: »Bei Gott, ich will um dieses verdammte Kap herumsegeln und wenn ich bis zum Ende aller Tage segeln muss und der Schrecken aller Schiffe werde, die mein Kielwasser kreuzen.« Dieser Ausspruch fiel als Fluch auf ihn zurück. Er wurde verdammt, bis in alle Ewigkeit mit seinem Schiff die Meere durchkreuzen zu müssen. Aber auch die zweite Drohung wurde für ihn zur bitteren Wahrheit. Jedem Schiff,

Jedem Schiff, so die Sage, das das Kielwasser des »Fliegenden Holländers« kreuzt, droht Unheil bis zu Schiffbruch und Untergang.

das sein Kielwasser kreuzte, drohte Unheil bis zu Schiffbruch und Untergang. Nur alle sieben Jahre, so die Verwünschung, dürfe Vanderdecken an Land gehen, um zu versuchen, eine Frau zu finden, die ihm wissentlich und aus Liebe »getreu bis in den Tod war«. Ihr Opfer sei der einzige Weg, den Bann zu brechen.
Beim Besuch eines Kaufmanns wurde Vanderdecken auf dessen Tochter aufmerksam, die sich einer außergewöhnlichen Schönheit erfreute. Sie wurde ihm versprochen. Just in diesem Haus hing an der Wand ein Bild, das schon ein beachtliches Alter zu haben schien. Das Bild zeigte einen stattlichen Mann in niederländischer Tracht. Von ihrer Großmutter wusste die Kaufmannstochter, dass es eben diesen Kapitän Vanderdecken darstellte. Vor ihm aber, dem berüchtigten Fliegende Holländer, hatte die Großmutter ihre Enkelin immer gewarnt. Trotzdem fand die Hochzeit statt. Ob die Kaufmannstochter ahnte oder wusste, welcher Fluch auf ihrem Mann ruhte, ist nicht erwähnt. In jedem Fall, als Vanderdecken schließlich wieder hinaus auf die See musste, stürzte sich seine junge Frau angesichts ihres Mannes, der ihr von See aus zuwinkte, verzweifelt, aber voll Mut in die tosende Brandung und damit in den sicheren Tod. Als die Fluten über ihr zusammenschlugen, fiel der Fluch von Mann und Schiff ab.
Das ist aber nicht die einzige Version der Geschichte vom Fliegenden Holländer, die Verbreitung gefunden hat. Der Dichter Heinrich Heine gab 1831 ein Büchlein mit dem Titel »Memoiren des Herrn von Schnabelewopski« heraus, in dem er in Kapitel VII ebenfalls die Geschichte vom Fliegenden Holländer erzählt. Augenzwinkernd gibt Heine dem Leser darin auch einen sicheren Tipp mit auf den Weg, wie er dem Unheil, das bei der Begegnung mit dem Geisterschiff drohe, wirksam begegnen könne. Der Kapitän des Geisterschiffes lasse, so berichtet er, wenn das Wetter es erlaube, ein Boot zu Wasser. Darin säße ein Matrose, der Post überbringe mit der Bitte, diese nach Holland mitzunehmen. Man solle diese Briefe, wenn auch widerwillig, entgegennehmen, sie aber baldigst an den Mast nageln. Auch wenn man eine geweihte Bibel an Bord habe, sei der Fluch für das betroffene Schiff unwirksam und gebannt.
Eine andere Quelle weiß folgende Geschichte von einem holländischen Kapitän namens Claas van Belem zu erzählen, der das Kommando auf dem Segler *Gelderland* hatte. Er soll mürrisch und ungeduldig gewesen sein und niemand konnte es ihm Recht machen. Immer hatte er an Bord etwas zu beanstanden. Was ihn umtrieb war sein schlechtes Gewissen. Er war mit einer außerordentlich hübschen Frau verheiratet gewesen. Als er einmal, nach Monaten auf See, nach Hause kam, fand er seine Frau im Garten eng umschlungen mit einem fremden Mann. In blinder Wut zog er seinen Degen und tötete die beiden. Zu spät erkannte er, dass der Fremde in Wahrheit der Vater seiner Frau gewesen war. Vor Gericht wurden dem eifersüchtigen Mann aber mildernde Umstände zugebilligt, was allgemein Verwunderung auslöste und zu allerlei Vermutungen führte. Straffrei konnte van Belem als freier Mann wieder auf sein Schiff gehen. Die nächste Reise sollte die *Gelderland* nach Ostindien führen. Vor dem Kap der guten Hoffnung aber ließ die gute Hoffnung auf sich warten. Die *Gelderland* lag in einer Flaute fest. Es herrschte schlechte Sicht und ein diffuses Licht umgeisterte das Schiff, als der Ausguck meldete, ein Segel sei in Sicht. Die Matrosen steckten die Köpfe zusammen. Hier bei dieser Sicht! Ein merkwürdiger Segler! Ein böser Verdacht kam auf, als das fremde Schiff näher kam. In der Zwischenzeit war es dunkel geworden und mit Entsetzen sahen die Offiziere und Mannschaften, wie dieses Geisterschiff lautlos vor ihrem Bug vorbeizog. Es hatte trotz der Flaute vollstehende Segel. Ein todsicherer Beweis: Sie waren dem Fliegenden Holländer begegnet. Eine lange Nacht verging und am nächsten Morgen war das Geisterschiff noch in Sicht. Dann setzte es sogar ein Boot aus und ein

Mann, der nicht gerade einen vertrauenerweckenden Eindruck machte, pullte zielstrebig auf die *Gelderland* zu. Statt, wie alle erwartet hatten, wütend zu werden, befahl der Kapitän mit versteinertem aschfahlen Gesicht, den Mann an Bord zu lassen. Ängstlich und voller Misstrauen sah die Mannschaft, wie diese merkwürdige Gestalt auf Kapitän Claas van Belem zuging und ihn bat, die Briefe, die er in der Hand hielt, nach Holland zu bringen. Dem Einwand des Kapitäns, er fahre nicht nach Holland, sondern nach Batavia (das heutige Djakarta in Indonesien) begegnete er, dass er immer noch früher nach Holland käme, als er mit seinem Schiff. Das Blut wich aus dem Gesicht des Kapitäns, als er die Briefe entgegen nahm. Sie waren an einen holländischen Kaufmann gerichtet. Der fremde Mann verließ wort- und grußlos das Schiff. Kopfschüttelnd las der Erste Offizier die Anschrift. Es war die Anschrift eines holländischen Kaufmanns, der schon vor über hundert Jahren gestorben war. Nicht lange nach diesem Ereignis kam ein außergewöhnlich starker Sturm auf. Die *Gelderland* wurde nie wieder gesehen.
Noch ein anderer Vorfall wird erwähnt, bei dem man glaubte, den Fliegenden Holländer gesehen zu haben. Im Logbuch des englischen Seglers *Bachante*, die am 11. Juli 1881 in der Tasmansee unterwegs war, ist vermerkt, dass man gegen Morgen ein rotes Licht bemerkt habe. In einer Entfernung von etwa 100 Faden (das sind ca. 180 Meter) wollte man eine Brigg gesehen haben, deren Masten und Segel deutlich zu erkennen gewesen seien. Bevor der Kapitän aber an Deck kommen konnte, sei das Licht und das Schiff wie von Zauberhand verschwunden gewesen.
Die Geschichte vom Fliegenden Holländer wäre heute sicherlich so gut wie vergessen, hätte Richard Wagner nicht seine schaurig-schöne Oper geschrieben und damit Erfolg gehabt. Dieser Teil der Geschichte wenigstens ist in jedem Fall wahr.

Der Klabautermann

Wann genau sein Geburtstag ist, kann heute nicht mehr festgestellt werden. Aber schon in frühen Zeiten erzählte man sich auf den Schiffen von einem meist unsichtbaren Mitreisenden: dem Klabautermann. Auf den heutigen Stahlschiffen hört man kaum noch von ihm, aber in verschiedenen Lokalen an einigen Küsten und im Lied ist er noch gegenwärtig.

Es gibt verschiedene Namen für den Klabautermann und das deutet darauf hin, dass er international war, wie auch der Großteil der Besatzungen auf den alten Rahseglern. Unklar ist, woher der deutsche Name »Klabautermann« kommt. Selbst Sprachwissenschaftler sind sich da nicht einig. Vielleicht könnte das deutsche Wort »Kobold« der Ursprung gewesen sein; aber wie soll aus »Kobold« »Klabautermann« geworden sein? Er klettere viel im Rigg herum, meinen andere, dabei könnte aus »Klettermann« »Klabautermann« geworden sein. Das hört sich besser an und wäre sinngemäß richtig. Beweisen aber lässt sich auch diese Theorie nicht.

Der Klabautermann war an Bord, davon war man überzeugt, aber man sah ihn nicht, und das war gut so. Für Janmaat war er folgerichtig ein Geist, aber ein guter Geist. Was machte ein Geist an Bord eines Schiffes? Darüber weiß der Seemann Bescheid. Der Klabautermann kümmerte sich, man kann fast sagen ausschließlich, um das Schiff, um seinen guten Zustand und um die Ladung. Er ging mit dem Hammer durch das Schiff und klopfte die Planken nach faulen und schadhaften Stellen ab. Damit mahnte er den Zimmermann und zeigte ihm, wo er tätig werden

Keine Schönheit, aber ein meist segensreich tätiger Gast an Bord: der Klabautermann. Denkmal in Bremerhaven vor dem Schifffahrtsmuseum.

Das Kalfatern, also das Abdichten von Decks- und Außenhautnähten mit Teer-getränktem Werg, war keine beliebte Arbeit bei den Matrosen. Vor allem da sie laut einer alten Seemannssage davon ausgehen mussten, dass in der Nacht der Klabautermann peinlich genau die Dichtigkeit jeder Naht prüfen und gegebenenfalls den Zimmermann informieren würde.

musste. Auch hinsichtlich der Kalfaterung machte er sich nützlich, wenn er feststellte, dass Nähte undicht waren und Wasser in das Schiffsinnere gelangte. Polterte es bei rauer See im Laderaum, dann wusste der Seemann, dass der Klabautermann dabei war, die schlecht gestaute Ladung zu sichern oder umzustauen.

Niemand konnte den Klabautermann eindeutig beschreiben, was bei einem Geist auch nicht verwundert. Neugierig darauf, ihn von Angesicht zu

Angesicht zu sehen, war man auch nicht, denn der Seemann war überzeugt, dass demjenigen sicheres Unheil drohte, dem er sich leibhaftig zeigte. Und Unfälle waren auf den alten Windjammern häufig. Was lag also näher, als beim plötzlichen Tode eines Kameraden dem Klabautermann die Schuld zu geben – natürlich nur leise, damit dieser nichts hörte. Hatte er sich vielleicht aus Schabernack dem Verunglückten gezeigt? War dieser dann unkonzentriert, weil völlig verunsichert, ins Rigg geklettert, dabei stets an einen Unfall oder an sein Ende denkend, bis er schließlich oben im Mast den Halt verlor und in die See oder auf Deck stürzte? In den meisten Fällen bedeuteten solche Stürze den sicheren Tod, auch wenn der Matrose nicht aufs Deck, sondern ins Wasser fiel, denn die meisten Seeleute konnten nicht schwimmen und Rettungswesten gab es früher noch nicht.
Trotzdem glaubten viele zu wissen, wie der Klabautermann aussieht. Er soll ein kleines Männchen mit einem weißen Vollbart und fast durchsichtig gewesen sein. Andere meinten, er sähe wie schwärzlicher Dunst oder Nebel aus, und sei mit einer roten Jacke und einem roten Südwester bekleidet. Als quirlig und quicklebendig wird der Klabautermann beschrieben. Stets sei er munter gewesen und im Rigg herumgeturnt. Dabei soll er sich auch immer nach eventuellen Schäden umgesehen haben. Sein Lieblingsplatz auf den alten Windjammern aber soll eine Rahnock gewesen sein, von der aus er guten Überblick über das Schiff hatte.
Wir können das heute fast nicht glauben, aber überliefert ist, dass auf manchen Schiffen auf der Back ein Essbesteck für ihn auflag, und auf dem Teller wenig, aber das Beste aus der Kombüse angerichtet war.
Wehe aber, wenn der Klabautermann ein Schiff verließ. Dann drohte Unheil. Oft soll er sich aber noch dem Kapitän gezeigt haben, bevor er lautlos verschwand. Dieser wusste gemeinhin, was das für das Schiff und für ihn bedeutete. Aber, und darin sind sich alle Seeleute einig, Schiffen, die gut geführt wurden, deren Kapitän ein guter Vorgesetzter für die Mannschaft war, und deren Mannschaft das Schiff pflegte und in Ordnung hielt, hat der Klabautermann stets die Treue gehalten. Immer sei er dann ein guter und hilfreicher Geist gewesen.
Nach allem, was man weiß, muss der Klabautermann arbeitslos geworden sein, als die alten Rahsegler von den Dampfern abgelöst wurden und bald von den Weltmeeren verschwanden. Moderne Frachter haben keine hölzernen Planken, keine Decksnähte zum Kalfatern und kein Rigg auf dem er rumturnen konnte. Im Lied und in Büchern lebt der Klabautermann aber noch fort. Auch ein Denkmal wurde ihm gesetzt. In Bremerhaven sieht man ihn als kleines Männchen mit einem Hammer in der Hand zum Abklopfen der Bordwand und zum Kalfatern der Decksnähte bereit.

Meeresungeheuer

Geschichten von Fabelwesen der Meere sind seit der Antike überliefert. Wir kennen Erzählungen aus Japan, China, Indien, dem Vorderen Orient und dem gesamten Mittelmeerraum. Auch west- und nordeuropäische Seefahrer haben zur Legendenbildung fleißig beigetragen. Da tauchen Meeresgeschöpfe mit menschlichem Antlitz auf und solche mit dem Aussehen von Landtieren. Bei anderen Schilderungen oder Bildern sind reale Meerestiere als Vorlage leicht zu erkennen: Rochen, Wale, Seehunde, Schildkröten, Schlangen, Kraken oder Walrösser. Wieder andere sind reine Phantasiegebilde.

Drei Arten von Meeresungeheuern beschäftigten die Phantasie am häufigsten: Schlangen, Kraken und Fische. Allen gemein ist immer die gigantische Größe, die ihnen nachgesagt wird. Auf diesen Punkt wird in allen Schilderungen Wert gelegt. Insbesondere Vorstellungen von Riesenkragen beflügelten die Phantasie. Mit Tentakeln von mehr als 30 Meter Länge sollen Männer aus ihrem Ausguck gepflückt und ganze Schiffsdecks leer gefegt worden sein.

Ein Fall aus dem Jahre 1848 erlaubt einen interessanten Einblick in das Entstehen von Geschichten über Meeresungeheuer:

Ozeane sind selten spiegelglatt. Wenn Windstille herrscht, dann sorgt trotzdem meist eine leichte, manchmal nur schwer erkennbare Dünung für Bewegung. Bei ruhiger See sah der Kapitän der Brigg *Pegin* im Golf von Martaban im Südosten von Birma in einiger Entfernung etwas auf der Oberfläche schwimmen. Durch sein Fernglas blickend glaubte er eine Seeschlange zu erkennen, die außergewöhnlich lang zu sein schien. Manchmal hob sie den hässlichen Kopf, der stark behaart war. Aufgeregt diskutierten die an der Reling stehenden Offiziere und Mannschaften über diese Erscheinung. Man war sich sicher, eine Seeschlange von außerordentlicher Größe entdeckt zu haben. Könnte man sie fangen, wäre das zu Hause eine Sensation. Der Kapitän ließ beidrehen und schickte ein Beiboot zu dem Ungetüm. Die Jäger waren mit Gewehren und Seilen bewaffnet. Merkwürdigerweise ließ sich das Ungetüm aber von dem sich nähernden Boot in keiner Weise stören. Es tauchte vielmehr immer wieder seelenruhig mit dem Kopf unter und wieder auf. Als die Jäger in Schussweite kamen, fiel ihre Anspannung in sich zusammen. Das Untier entpuppte sich als Riesenalge. Als sie die Alge an Bord gezogen hatten, maß sie mehr als 30 Meter in der Länge und 1,20 Meter im Durchmesser. Vermutlich hatte sie sich vom Meeresgrund losgerissen und war an die Oberfläche getrieben. Alle an Bord waren fest davon überzeugt gewesen, ein Monstrum von Seeschlange entdeckt zu haben. Die Neugierde des Kapitäns bewahrte sie vor einem Irrtum. Hätte er weitersegeln lassen, hätten die Matrosen in der Heimat von einem gewaltigen Untier erzählt, in der festen Überzeugung, nichts als die Wahrheit zu sagen.

Sicher hat es in der Vergangenheit eine Reihe ähnlicher Ereignisse gegeben, bei denen in der Ferne beobachtete »Ungeheuer« von unter Termindruck stehenden Kapitänen oder auch nur aus blanker Furcht nicht näher untersucht worden sind.

Die Äquatortaufe war ein »Muss« auf jedem Segler. Für die Täuflinge und besonders für den Schiffsjungen war es aber alles andere als ein Festakt. Neptun, der die Taufe überwachte, war zwar kein Fabeltier, aber den Täuflingen trotzdem nicht geheuer – und das mit Recht.

Ungenaue Beobachtungen sind also ein möglicher Auslöser für Ungeheuer-Geschichten; der Versuch, andere Menschen bewusst zu täuschen, ist ein anderer. Wie leichtgläubig Schilderungen von Fabelwesen auch heute noch aufgenommen werden, beweist die Diskussion um »Nessie«, ein schlangenartiges Untier, das im Jahre 1934 im schottischen Loch Ness gesehen worden sein soll. Ein wahrer Pilgerstrom ergoss sich nach Loch Ness, das zur Touristenattraktion wurde. Als dann noch im gleichen Jahr ein Foto als Beweis für die Existenz von »Nessie« geliefert wurde, nahm sich die Weltpresse der Sache an, was »Nessie« natürlich noch berühmter machte. Gutachter wurden bemüht und meinten, das Foto könnte möglicherweise echt sein. Für die Boulevardpresse und viele ihrer Leser schien die Existenz von »Nessie« damit so gut wie bewiesen. Geflissentlich überlas man das Wörtchen »möglicherweise« in den Untersuchungen, mit dem die Gutachter sich einen ehrenhaften Rückzug offen gelassen hatten. Das war auch klug gewesen, wie sich bald herausstellen sollte. Das Foto war zwar echt, nicht aber »Nessie«. Neun Jahre nach dem erstmaligen Erscheinen von »Nessie« wurde das Geheimnis gelüftet. Das Foto war ein raffinierter Scherz. »Nessies« Kopf, der auf dem Bild etwas aus dem Wasser ragt, war aus Knetmasse modelliert und täuschend echt bemalt worden. Die Witzbolde, deren Namen aus gutem Grund nicht veröffentlicht wurden, wussten genau, warum das Foto unscharf sein musste. Genaues Hinsehen mit einer Lupe hätte ihnen den Scherz verdorben. So konnten sie glaubhaft argumentieren: Das Bild hätten sie in der verständlichen Aufregung, das Untier vor die Kamera zu bekommen, leider verwackelt.

Obwohl das Geheimnis von Loch Ness längst gelüftet ist, lassen sich bis heute Tausende von Menschen nicht davon abhalten, an »Nessie« zu glauben.

Auch aus militärischen oder wirtschaftlichen Gründen wurde mit Fabelwesen bewusst Desinformation betrieben, beispielsweise um neu entdeckte Schifffahrtswege wenigstens eine Zeit lang vor Seefahrern aus konkurrierenden Nationen zu schützen. Der Wettbewerb sollte davon abgehalten werden, diese Route zu befahren. Das war in der Zeit der großen Entdeckungen im 14. und 15. Jahrhundert nicht selten der Fall. Damals ging es um den besten Seeweg nach Indien und zu den Gewürzinseln im Fernen Osten.

Auch pure Aufschneiderei wird so manches Fabelwesen in die Welt gesetzt haben. Von Seeleuten, die nach monate-, manchmal auch jahrelangen Fahrten nach Hause kamen, erwartete man aufregende Geschichten zu hören. Wenn der Bordalltag und die Reise nicht viel her gaben, oder wenn der Bierkrug im Wirtshaus zu oft geleert war, konnten dem einen oder anderen beobachteten Wal auch schon Mal Flügel, Panzerschuppen, Hörner oder Köpfe wachsen. Manch ein Vogel wurde zum Flugsaurier und Wasserschlangen zu Lindwürmern. Hauptsache, die Zuhörer unterhielten sich. Gegruselt haben sich Menschen ja zu allen Zeiten gerne. Dass sich die eine oder andere Geschichte dabei vielleicht sogar verselbstständigt hat und weiter ausgeschmückt in die Literatur einging, ist auch nicht auszuschließen.

In der Frühzeit der Seefahrt erschreckten die gewaltigen Leiber der Blauwale und Pottwale die Schiffsbesatzungen. Bald wurden die Tiere jedoch ihres Tranes wegen zu Gejagten.

Beliebt waren abstruse Tiergestalten auch bei Kartographen zur Ausschmückung ihrer Seekarten. Wahre Meisterwerke phantastischer Malerei zieren Karten aus dem 14., 15. und 16. Jahrhundert. Nicht selten waren in diesen Tierbildern aber auch Informationen verschlüsselt, oder sie dienten zur Markierung von Gefahrenstellen, wie Riffen, Strömungen oder Untiefen.

Mit dem Beginn der wissenschaftlichen Erforschung der Meere im 19. Jahrhundert begann auch die Fabulierlust hinsichtlich der Meeresungeheuer auszusterben. Skepsis verträgt sich eben schlecht mit Phantasie. Außerdem hielt erwartungsgemäß keiner der Berichte über Meeresungeheuer einer späteren wissenschaftlichen Untersuchung stand. So wollte beispielsweise im Jahre 1817 die Linnäus-Gesellschaft handfeste Beweise für die phantasievollen Berichte über Seeungeheuer sammeln. Sie verschickte zahlreiche Fragebögen an Kapitäne und gebildete Seereisende, erhielt aber nur lächerliche vier Bögen ausgefüllt zurück, von denen keiner auch nur irgendwie weiter half.

Erwiesen ist heute, dass es Kraken von beachtlicher Größe gibt. Das haben Wissenschaftler ver-

Menschen verschlingender Wal (S. Münster, 1572).

Eine riesige Seeschlange greift ein Schiff an (O. Magnus, 1555).

schiedener Fakultäten und Meeresbiologen in neuerer Zeit bestätigt. Wale tauchen häufig auf der Suche nach Kraken und Tintenfischen in Tiefen bis etwa 900 Meter. Im Magen harpunierter Wale wurden daher schon öfter Teile von Kraken gefunden, die auf beachtliche Exemplare schließen lassen. Tentakel von über 20 Meter Länge seien aber wenig wahrscheinlich, so Clyde Roper, ein anerkannter Experte. Tentakel, so schreibt er, seien dehnbar, wie ein Gummiseil.

Im März 1990 wurde mit einem Tiefseetauchboot der Versuch unternommen, den »Riesenkraken« (Architenthis) auf die Spur zu kommen. Bis zu einer Tiefe von 670 Meter tauchte das Boot. Man fand seltsame, noch nie gesehene Meeresbewohner, auch größere Kraken, als bisher bekannt, aber keine Krake, die man mit Recht als »Riesenkrake« hätte einstufen können. Man schließt aber aus den gewonnenen Erkenntnissen, dass es in vorgeschichtlicher Zeit sehr wohl Riesenkraken gegeben haben könnte.

Wenn von Fabeltieren die Rede ist, dürfen die Wale nicht vergessen werden. Auch deren Größe wurde in der Frühzeit der Seefahrt, bevor der Walfang gewerbsmäßig betrieben wurde, überschätzt. Auf dem Höhepunkt des Walfangs, der nicht nur für die beteiligten Reeder und Kapitäne, sondern auch gemeinwirtschaftlich nützlich war, schied der Wal aus der Riege der Schiffe verschlingenden Monster dann endgültig aus. Der Respekt, ja die Furcht vor dem gigantischen und gefährlichen Meeresbewohner aber blieb. Es wurden Wale mit einer Länge von 34,60 Meter und 135 Tonnen Gewicht gefangen. Die Verluste an Menschenleben und auch an Schiffen waren beträchtlich. Nicht mit einer Harpune vom sicheren Vorschiff eines Dampfers aus, sondern mit einem kleinen Ruderboot musste der Wal gejagt werden. Dabei ging so manches Boot und viele Besatzungen durch einen einzigen Schlag des Wals mit der Schwanzflosse verloren. Es gab viele Stimmen, die dem Walfang wegen der hohen Verluste ablehnend gegenüberstanden; aber der hohe Ertrag reizte. Die ca. 25 bis 40 Zentimeter dicke Fettschicht eines ausgewachsenen Grönlandwals liefert im Durchschnitt nicht weniger als fast unglaubliche 17.000 Liter Tran. Erst als der Tran seine wirtschaftliche Bedeutung als Lampenöl verlor, wurde der Walfang eingeschränkt.

Eine besonders unheimliche Erscheinung beschäftigte in alten Zeiten den Seemann nachts und gab jeder Form von Aberglauben Nahrung. In seiner Koje liegend und bei ruhiger See konnte er immer mal wieder »melodische Töne« hören, die ihm rätselhaft waren. Sollten in den Tiefen des

Meeres Seejungfrauen Trauerlieder singen? Waren es gar Sirenensänge, die den Matrosen in die Tiefe locken sollten? Heute wissen wir, dass die Seeleute der Unterhaltung von Walen lauschten. Die sind durch die hölzerne Bordwand eines Schiffes deutlich zu hören.

Heute wissen heimkehrende Seeleute nichts mehr von monströsen Meeresmonstern zu erzählen, die Schiff und Leben bedrohten. Die moderne, rationalistische Grundhaltung lässt Vorstellungen von Meeresungeheuern keine Lebenschance. Zum Glück sind Hollywood und zahlreiche Romanautoren aber bemüht, immer wieder neue, künstliche Biotope in unserer Phantasie zu schaffen, die verhindern, dass diese Tierart vollends ausstirbt. Zumindest so lange wir, das Publikum, uns für sie begeistern können.

Ausschnitt einer Seekarte von O. Magnus aus dem Jahre 1555.

Treibt die Natur Schabernack? Optische Täuschungen und verschwindende Inseln

Im Jahr 1818 wird der erfahrene Kapitän John Ross von der britischen Admiralität ausersehen, einen nordwestlichen Seeweg in den Pazifik zu suchen. Es gilt einen Weg zu finden, der die lange und gefährliche Route um Kap Hoorn erspart. (Der Panama-Kanal ist zu dieser Zeit ja noch nicht geplant.)

Kapitän Ross macht sich mit zwei Schiffen auf den Weg: seinem Flaggschiff *Isabella* und der *Alexander*. Ross kommt aber nicht weiter als William Baffin schon vor 200 Jahren gekommen ist. Er gelangt zwar bis an den Smith-Sund, aber nicht nördlicher als 78° 46′. Dann kehrt er, vermutlich wegen Packeis um, und segelt in den zu dieser Zeit eisfreien Lancaster-Sund. Damit wäre er, wie sich später herausstellte, auf dem richtigen Weg gewesen, der ihn in den Pazifik geführt hätte. Ross aber wendet und segelt nach Hause, weil er – wie er der Admiralität nach seiner Heimkehr berichtet – vor sich deutlich ein Gebirge gesehen habe, das ihm den Weg versperrte. Er gab diesem Gebirge sogar einen Namen: Croker Mountains. Für Ross ist die Sache klar, der Lancaster-Sund ist kein Sund, sondern eine Bucht. Er ist der festen Überzeugung, im Einklang mit der Admiralität gehandelt zu haben.

Ganz anderer Meinung ist der Kapitän des zweiten Schiffes, William E. Parry. Er und auch seine Offiziere haben kein Gebirge gesehen. Die Admiralität will Klarheit und schickt Parry ein Jahr später wieder in den Lancaster-Sund. Das Ergebnis ist eindeutig: Von einem Gebirge ist weit und breit nichts zu sehen.

Was war geschehen? Zwei Gründe sind denkbar. Es gibt Wolkenbildungen, die auf den ersten Blick tatsächlich wie Gebirge aussehen. Ross hätte aber bei genauerer und längerer Betrachtung feststellen müssen, dass sich das vermeintliche Gebirge veränderte und wanderte. Da eine so flüchtige Beobachtungsweise bei einem erfahrenen Kapitän wie John Ross unwahrscheinlich ist, dürfte es sich bei dem »Gebirge« um eine Luftspiegelung gehandelt haben. Luftspiegelungen sind atmosphärische Erscheinungen, bei denen infolge einer starken Brechung von Lichtstrahlen entfernte Gegenstände verzerrt oder auf den Kopf gestellt gesehen werden. Voraussetzung für dieses Phänomen sind Luftschichten von unterschiedlicher Temperatur und Dichte.

War dem so, dann ist nicht verwunderlich, wenn Kapitän Parry kein Gebirge sah. Es ist anzunehmen, dass er mit seinem Schiff eine gewisse Strecke hinter dem Expeditionsleiter Ross segelte. Diese zeitliche Verzögerung kann für ein Verschwinden der Spiegelung ausgereicht haben. Kapitän Ross' Ansehen bei der Admiralität war durch diesen peinlichen Vorfall verständlicherweise deutlich geschmälert.

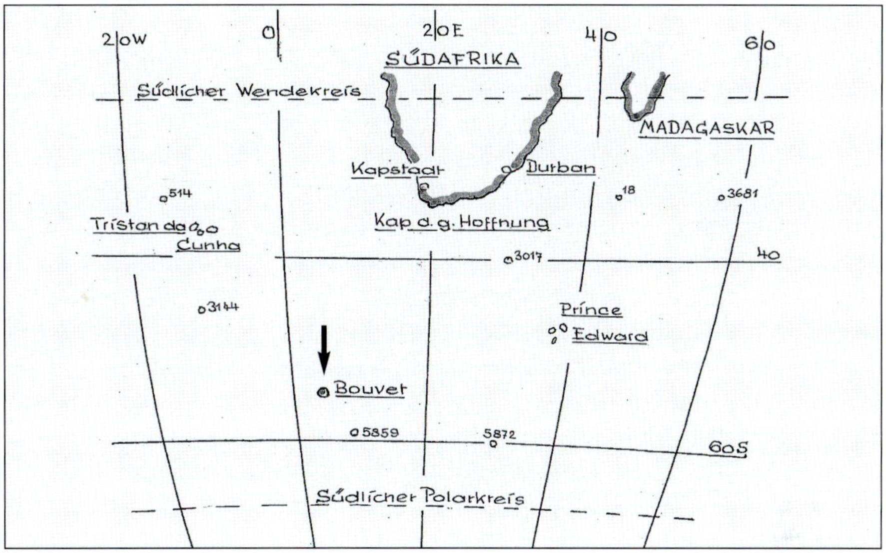

1739 meldete der Seefahrer Bouvet de Lozier die Entdeckung einer Insel. Aber erst 1898 konnte die Existenz der Insel Bouvet von dem deutschen Forschungsschiff *Valdivia* endgültig bestätigt werden.

Leicht wurden Seeleute früherer Zeiten durch Luftspiegelungen getäuscht. Städte, Küsten und Schiffe waren deutlich zu sehen, obwohl es sie dort gar nicht gab. Manchmal erschienen Schiffe vergrößert, oder auf den Kopf gestellt, die in Wirklichkeit viele Meilen entfernt friedlich auf dem Wasser schwammen. Ganze Inseln sind auf diese Weise aufgetaucht und wieder verschwunden. Eine ganz andere Ursache als Luftspiegelungen dürfte aber das Versteckspiel um die Insel Bouvet gehabt haben, die in den heutigen Atlanten etwa 1500 Seemeilen südwestlich des Kaps der guten Hoffnung eingezeichnet ist. Sie wurde im Jahre 1739 von dem Seefahrer Bouvet de Lozier entdeckt. Die Insel ist unbewohnt, fast ganz von Gletschern überzogen und 939 Meter hoch. Ein »Stecknadelkopf« im Südatlantik also, aber mit etwa 58 qkm Fläche kaum zu übersehen. Auf ihrer zweiten Reise suchten der bekannte und erfahrene Kapitän James Cook auf der *Resolution* und sein Begleiter Kapitän Furneaux auf der *Adventure* nach dieser Insel. Aber vergeblich, sie fanden nur Wasser, obwohl sie ein beachtliches Seegebiet absuchten. Das ist noch nicht verwunderlich, denn im Jahre 1739, als von der Insel erstmals berichtet wurde, war eine genaue Bestimmung der Längengrade nur umständlich und zeitraubend nach Monddistanzen zu berechnen. Während James Cook im Besitz eines zuverlässigen Chronometers mit genauen Ortsbestimmungen weniger Schwierigkeiten hatte, waren Berechnungen nach Monddistanzen nicht selten fehlerhaft und ungenau. Cook und Furneaux suchten vermutlich an einer falschen Stelle. In diesem Fall dürfte also eine fehlerhafte Ortsangabe die Ursache für das erste bekannt gewordene »Verschwinden« der Insel gewesen sein.

Im Jahre 1808 war die Insel wieder da. Der Kapitän eines Robbenfängers will auf ihr gelandet sein. Drei Jahre später aber bekommt die Insel »Besuch«. Eine weitere Insel wird plötzlich in ihrer Nähe gefunden. Auch die »Neue« bekam einen Namen: Tompson-Insel. Warum hat Bouvet de Lozier aber von dieser Insel nichts berichtet? War sie zu seiner Zeit noch gar nicht da? Die britische Admiralität beschloss, die Inseln kartographieren zu lassen, um die veralteten Seekarten

auf den neuesten Stand zu bringen. Hier begegnet uns Kapitän John Ross erneut. Er machte sich im Jahr 1843 auf die Suche. Zwei Inseln sollte man bei sorgfältiger Navigation, und die war zu dieser Zeit möglich, wohl kaum verfehlen können. Ross fand aber (wieder) nichts und segelte abermals unverrichteter Dinge nach Hause. Bestimmt erinnerte sich die britische Admiralität seines früheren Misserfolges und ließ seine Angaben überprüfen. Sie schickte eine zweite Expedition auf die Reise in der Überzeugung, dass man die Inseln doch finden müsse. Doch auch diese Expedition fand keine Inseln. Nichts als Wasser.
Nun wurde die Sache langsam unheimlich. Um sich mit einer dritten, möglicherweise ebenfalls erfolglosen Expedition, die es ja auch zu finanzieren galt, nicht zu blamieren, beschloss man, die Sache auf sich beruhen zu lassen. Wenn zwei Expeditionen trotz eingehender und gründlicher Suche die Inseln nicht finden konnten, dann gab es sie eben nicht. Punkt! Eine, wie sich herausstellen sollte, verständliche, aber trotzdem voreilige Entscheidung.
30 Jahre vergingen, da wurde von einem Schiff gemeldet, man habe beide Inseln gesehen. Was hatte das jetzt wieder zu bedeuten? Auf dem Schiff hatte man sogar Skizzen von den Inseln angefertigt. Trotzdem traute man bei der Admiralität dieser Meldung nicht.
Wieder verging einige Zeit, bis im Jahre 1898 das deutsche ozeanographische Forschungsschiff *Valdivia* der Sache auf den Grund ging. Ausgerüstet mit den präzisesten Navigationsmitteln ihrer Zeit und dank systematischer Suche hatten die Männer auf der *Valdivia* Erfolg. Sie fanden die Insel Bouvet. Von der Tompson-Insel aber war weit und breit keine Spur. Rund um Bouvet nichts als Wasser. Dabei ist es bis heute geblieben. Die Tompson-Insel ist nicht wieder aufgetaucht. Optische Täuschung? Unbekannte Kräfte? Heute neigt man dazu, das Verschwinden und wiederholte Auftauchen der Insel Tompson eher auf vulkanische Tätigkeit am Grunde des Ozeans zurückzuführen. Sowohl die Tompson-Insel als auch Insel Bouvet liegen nahe einer Stelle, wo sich drei tektonische Platten berühren. Es sind dies die antarktische, die afrikanische und die südamerikanische Platte. Alle drei Platten driften auseinander. Zwar nur wenige Zentimeter pro Jahr, aber das scheint, wie auch an anderen Stellen für »Unruhe« am Meeresboden zu sorgen. Die beiden Inseln Bouvet und Tompson sind nämlich nicht die einzigen Inseln, die »Verstecken spielen«. So tauchte in dem vulkanisch höchst aktiven Gebiet vor der japanischen Küste im Jahre 1952 ein Vulkan aus der Tiefe des Meeres auf, dessen Aktivitäten das Leben vieler Meeresbewohner in weitem Umkreis auslöschte. Auch in dem Gebiet um die Hawaii-Inseln sind viel aktive und erloschene Vulkane entdeckt worden. Einige wuchsen über den Meeresspiegel hinaus, um irgendwann wieder bei einer Absenkung des Meeresbodens zu verschwinden.
Der Grund der Ozeane, so konnten Forschungsschiffe feststellen, ist deutlich »unebener« als das Festland. Die Gebirge sind höher als die höchsten europäischen Gipfel, und die Schluchten (z. B. der Marianengraben mit seinen ca. 11.000 Meter) tiefer, als die höchsten Berge. Zudem wurde, besonders an den Nahtstellen der tektonischen Platten, rege vulkanische Tätigkeit entdeckt, die auch in unseren Tagen noch anhält.
In diesem Sinne kann also davon ausgegangen werden, dass die Natur mit uns noch manchen Schabernack treiben und für Überraschungen sorgen wird.

Der »Grüne Blitz«

Um den »Grünen Blitz« ranken sich keine Mythen. Mit ihm sind keine mysteriösen Schiffsuntergänge und kein Gespensterglaube verbunden. Das Geheimnisvolle an ihm ist eher, dass man zwar immer wieder einmal von ihm hört, aber kaum jemand ihn bisher beobachtet hat. Obwohl er etwas mit einer Naturerscheinung zu tun hat, der wir uns alle gerne zuwenden: dem Sonnenuntergang. Der wird, romantisch betrachtet, meist als »blutrot« geschildert. Von Grün keine Spur. Das wiederum ist ein Hinweis darauf, wie sehr uns Sonnenuntergänge seelisch berühren. Wir entspannen, unsere Gedanken schweifen ab, oder wir konzentrieren uns auf den Augenblick in dem sehnlichen Wunsch, ihn festhalten zu können. Die Wenigsten aber, und wer will es ihnen verdenken, achten auf das, was am Horizont wirklich passiert und verpassen damit den entscheidenden Moment. Denn der »Grüne Blitz« ist ein kurzes grünes Aufleuchten unmittelbar bevor die Sonne hinter dem Horizont verschwindet.

Der »Grüne Blitz« hat etwas mit Lichtbrechung zu tun. Das weiße Licht, das durch die Überlagerung aller beteiligten Wellenlängen entsteht, wird in verschiedene Wellenlängen und damit Farben zerlegt. Beim Sonnenuntergang legt das Sonnenlicht einen besonders langen Weg durch die Atmosphäre zurück. Deswegen dominiert das langwellige Rot. Der kurzwellige Teil des Lichts erfährt hingegen eine stärkere Brechung und erscheint dem menschlichen Auge als grün bzw. blaugrün.

Voraussetzungen für das Erkennen des grünen Blitzes sind eine klare, scharf gezeichnete Kimm, wie sie meist nur auf See gegeben ist, und eine entsprechende Aufmerksamkeit beim Beobachter.

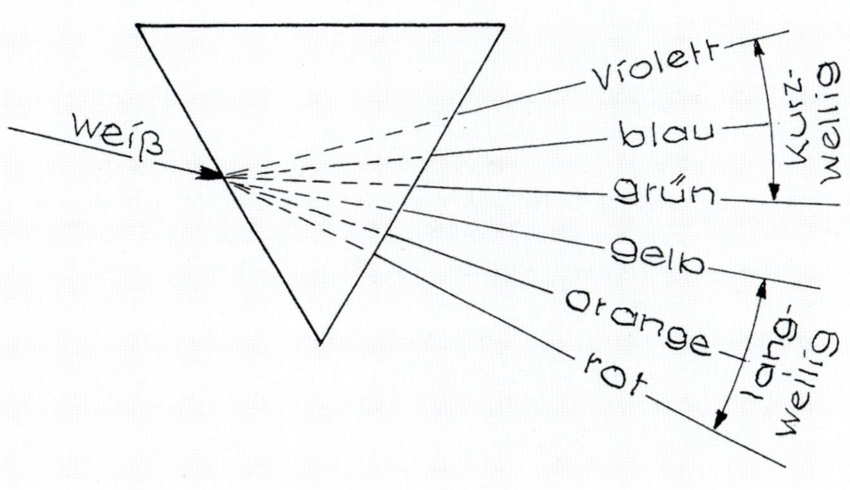

Schematische Darstellung der Lichtbrechung (Dispersion).

Rätselhafte Brandungsberuhigung

Neugierde ist eine ausgeprägte Eigenschaft aller Geheimdienste – besonders im Krieg. Und da Gegner untereinander gewöhnlich nicht sehr auskunftsfreudig sind, muss man Spione zum Feind schicken, wenn man etwas über ihn erfahren will. Ungern lassen die Dienste sich dabei in die Karten sehen, auch nicht im Nachhinein. Also bemüht man sich, über seine Operationen möglichst wenig Schriftliches anzufertigen, geschweige denn es zu archivieren, und nur so viele Personen wie unbedingt nötig einzuweihen. Manchmal aber werden solche Operationen aufgedeckt, obwohl sie gelingen. So kam es, dass folgende Geschichte bekannt wurde.

Auf deutscher Seite war im Zweiten Weltkrieg Admiral Wilhelm Canaris Leiter des Amtes Ausland/Abwehr im Oberkommando der Wehrmacht. Dieses Amt war auch für die Beschaffung von Informationen im Ausland zuständig. Da die Atlantikhäfen der neutralen südamerikanischen Staaten Argentinien und Brasilien für die deutsche Kriegsmarine von großer Bedeutung waren, musste sichergestellt sein, dass man über alle Aktivitäten der alliierten Kriegsgegner dort immer auf dem Laufenden war. Natürlich waren die Häfen in Südamerika nur ein Zielobjekt der deutschen Abwehr unter vielen anderen überall auf der Welt.

Wie aber sollte der deutsche Geheimdienst seine Leute unerkannt vor die Küste eines derart entfernt liegenden Landes bringen? Sich eines U-Bootes zu bedienen wäre naheliegend gewesen, aber die benötigte man anderweitig dringender. Dampfer oder Großsegler schieden auch aus, die wären von der Royal Navy mit Sicherheit entdeckt, möglicherweise gekapert oder versenkt worden. Also blieben als Transportmittel nur unauffällige kleine Segler übrig, oder Fischkutter. Da solche Seereisen aber mindestens zweieinhalb Monate dauerten und über den rauen Atlantik führten, benötigte man für die Führung und Bedienung der Kutter geeignete Leute. Zu diesem Zweck hatte die deutsche Abwehr den erfahrenen Hochseesegler Christian Nissen rekrutiert, der diese Aufträge übernahm, da er so nach Herzenslust segeln konnte. Das war sicher besser, als auf einem Vorpostenboot der Marine Dienst zu tun – wenn auch nicht weniger gefährlich.

Nissen hatte der Abwehr auch seinen Freund Hein Garbers empfohlen, der ebenfalls über reichlich Erfahrung als Hochseesegler verfügte. Mit der Yacht *Kyloe* waren sie gemeinsam schon in Südafrika gewesen, um einen Agenten abzusetzen. Als dann – vermutlich im April 1944 – der Auftrag kam, zwei Agenten irgendwo an der südamerikanischen Atlantikküste abzusetzen, war Nissen verhindert und Hein Garbers übernahm die Aufgabe.

In Arcachon, einem kleinen Fischerhafen bei Bordeaux wird die *Passim*, ein Thunfischfänger, gerade 16 Meter lang mit einem 16 PS starken Motor, der noch nicht einmal für den Notfall und gerade zum Einlaufen in den Hafen taugt, für die lange Reise vorbereitet. Argwöhnisch beobachten einheimische Fischer die ungewohnten Aktivitäten auf der *Passim*. Sie registrieren, dass das Schiff neue weiße Segel bekommt, Ausrüstung bunkert und einen neuen Anstrich erhält. Als das

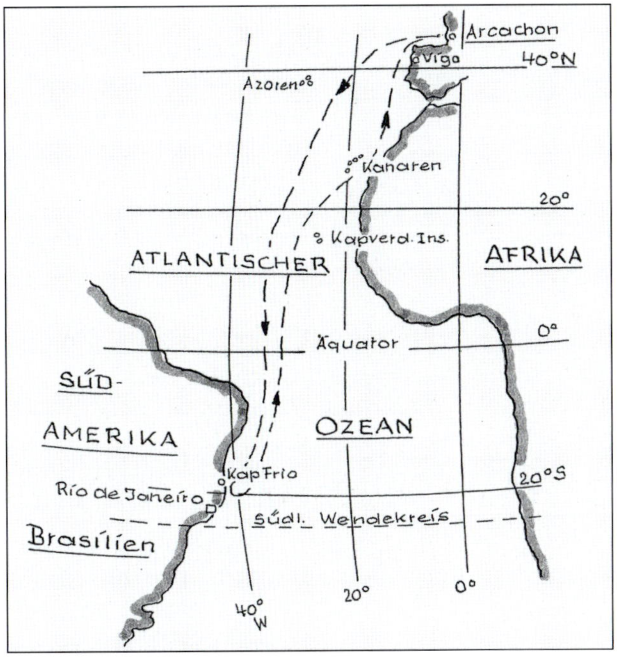

Die Reiseroute der *Maria Luisa*.

Schiff dann auch noch auf den Namen *Maria Luisa* umgetauft wird, der nun mit großen glänzenden Buchstaben am Heck leuchtet, und einen Tag später den Hafen verlässt, ist klar, dass hier irgend eine verdeckte Operation vorbereitet wird. Wenig später ist der britische Geheimdienst informiert. Dieser schickt eine Sunderland nach dem Boot aus, die aber lediglich einen blau angestrichenen spanischen Thunfischfänger mit gelohten Segeln sichtet, der nicht weiter verdächtig scheint. Das Flugboot fliegt so dicht über das Schiff, dass Garbers und seine Leute den Kopf einziehen müssen. Dann dreht die Sunderland noch einen Bogen um das Schiff und fliegt abermals von achtern kommend knapp über den vermeintlichen spanischen Thunfischfänger hinweg. Dann dreht sie ab.

Hein Garbers ist den Briten entkommen. Seine Männer haben ganze Arbeit geleistet. Nun sind sie allein auf dem weiten Atlantik.

Nach knapp 50 Tagen nähern sie sich ihrem Ziel. In der Nacht ankert die *Maria Luisa* vor der Küste. Sofort, um nicht unnötige Zeit zu verlieren, die zur Entdeckung führen könnte, werden die beiden Agenten in zwei getrennten Schlauchbooten von jeweils zwei Mann an Land gebracht. In einem der beiden sitzt auch Hein Garbers. Die Anlandung erfolgt sicherheitshalber an zwei verschiedenen Stellen. Sollte ein Agent geschnappt werden, ist der andere davon nicht betroffen. Als der Auftrag erfüllt ist, will das kleine Landekommando, dem auch Garbers angehört, schnellstmöglich wieder zurück an Bord des Thunfischfängers. Der zeichnet sich auf der ruhigen See nämlich allzu deutlich im Mondlicht ab.

Die beiden Männer paddeln los, aber bereits die erste Brandungswelle packt das leichte Boot. Es steigt hoch und kippt nach hinten um. Die Männer stehen pudelnass am Strand in der nächtlichen Kälte. Die Zeit drängt, zumal sie Hufspuren im Sand entdecken, die befürchten lassen, dass in diesem Abschnitt berittene Patrouillen unterwegs sind. Südamerikanische Gefängnisse sind keine Erholungsheime, das wissen die Männer. Also versuchen sie es ein zweites Mal. Doch auch dieser Versuch endet genauso wie der erste, nur dass die beiden nun auch noch Sand in Mund und Ohren haben. Man wird nachdenklich. Der Skipper überlegt. Vielleicht könnte es mit vier Mann im Boot klappen. Das ist dann schwerer und kippt nicht so leicht. Außerdem wird man dann schneller sein, denn vier Paddel schaffen mehr als zwei. Der Skipper geht den Strand entlang und findet auch die zweite Gruppe, die das gleiche Problem hat. Das zweite Schlauchboot wird am Strand versteckt.

Vor ihnen im Mondlicht schäumt hell die Brandung, dahinter liegt völlig friedlich unter einem wolkenlosen Nachthimmel das wartende Schiff. Mit aller Kraft paddeln sie los, aber wieder ist die Brandung stärker. Wie ein Spielzeug wird das Boot steil hochgehoben und kippt nach hinten um.

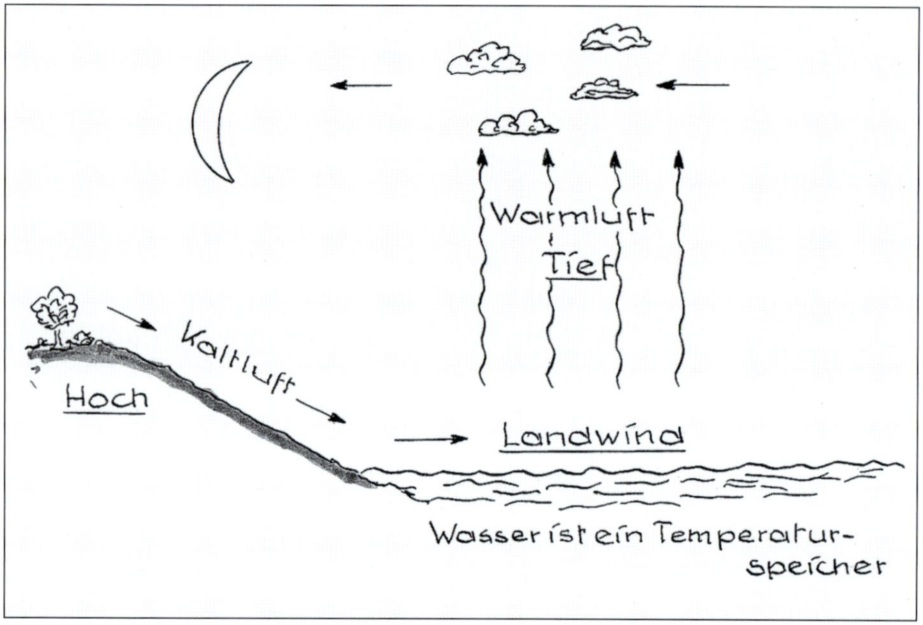

Nachts kühlt die Luft über dem Land schneller ab, als die Luft über der See. Die noch warme Seeluft steigt auf und die kältere Luft über dem Land streicht über das Wasser: Landwind entsteht.

Langsam, viel zu langsam für die zum Zerreißen gespannten Nerven beginnt der Himmel im Osten fahl und anfangs, fast unmerklich, rot zu werden. Die vier Männer stehen startbereit am Strand neben dem Boot und warten. Es ist kalt, sie frösteln. Immer kräftiger wird das Rot am Horizont. Endlich die ersten Strahlen. »Los Männer«, befiehlt Grabers, »legt euch ins Zeug! Es ist unsere letzte Chance«.

Die erste Brandungswelle hebt das Boot gefährlich hoch, aber nicht so steil, wie bei den ersten Versuchen. Das Boot kippt nicht. Mit aller Kraft paddeln sie vorwärts. Noch einmal wird das Boot bedenklich angehoben, dann aber sind sie durch. Sie sind gerettet, noch Mal davon gekommen. Sie klettern an Bord, werfen die Maschine an und steuern in die offene See hinaus.

So hat der Skipper später das Unternehmen geschildert. Was aber hat die Brandung mit dem Sonnenaufgang zu tun? Der Seemann und auch der Binnensegler kennen die Begriffe »Land-« bzw. »Seewind«. Es handelt sich dabei um thermische Erscheinungen. Nachts kühlt die Luft über dem Land rascher ab, als die Luft über dem Wasser. Die noch warme Luft über dem Wasser steigt auf, und die kalte Luft über dem Land streicht über das Wasser. Der Wind kommt von

Jetzt wird es kritisch: »So kommen wir nie an Bord«. Das wird dem Skipper und auch seinen Männern klar. Echte Sorge kommt auf. Wenn sie nicht bald auf ihr Schiff kommen, wird es Tag und das ganze Unternehmen könnte entdeckt werden.

Not schärft den Verstand! Der Skipper grübelt nach. Leuchttürme, so kommt ihm der Gedanke, stehen oft außerhalb der Brandung, müssen aber versorgt werden. Wie geht das? Wann versorgt man die Wärter? Bei diesem Gedanken hält er inne. Er erinnert sich, einmal gehört zu haben, dass einige Leuchttürme nur bei Sonnenauf- bzw. Sonnenuntergang angesteuert werden können. Was aber ist der Grund dafür? Ist zu diesen Zeitpunkten die Brandung besser zu überwinden? Muss wohl so sein. Warum das so ist, interessiert jetzt nicht. Ist das die Möglichkeit vom Strand weg zu kommen? Also müssen er und seine Männer warten, bis die ersten Strahlen der aufgehenden Sonne über den Horizont blitzen. Dann ist es zwar schon hell, aber das kann er nicht ändern.

Im Laufe des Tages erwärmt sich die Luft über dem Land schneller als die über dem Wasser. Die Luft über dem Land steigt hoch und die kältere Luft über dem Wasser strömt nach: Seewind entsteht.

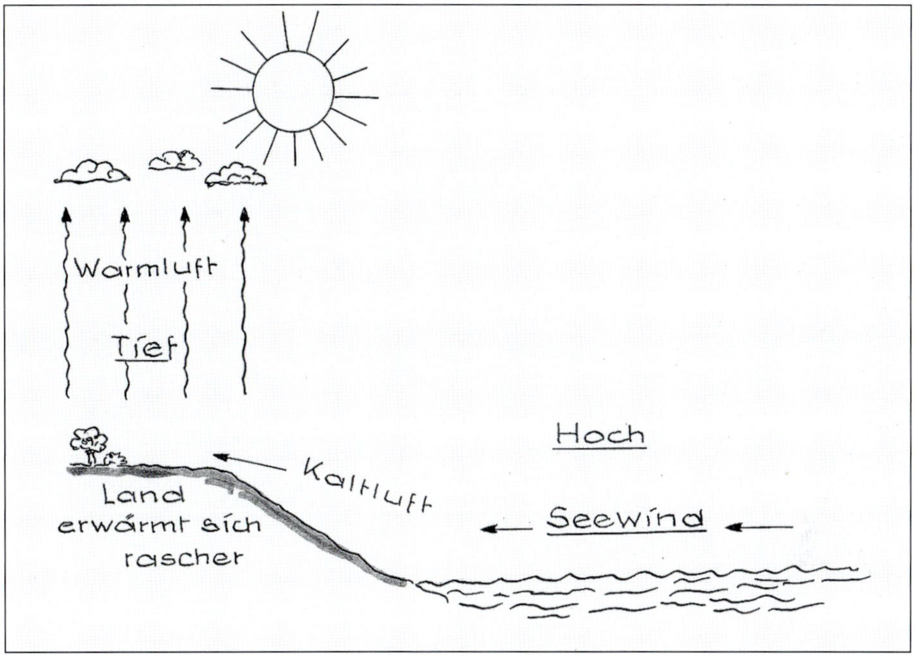

Land her, heißt also Landwind. Der meist nur schwache Landwind dauert nur so lange, bis ein Temperaturausgleich stattgefunden hat. Dann stirbt der Wind und die See beruhigt sich. Im Laufe des Tages dreht sich der Vorgang um. Das Land erwärmt sich schneller als die Luft über dem Wasser. Die Luft über dem Land steigt hoch und die kältere Luft über dem Wasser fließt nach. Das ist der Seewind. Wenn er auch meist länger weht, als der Landwind, stirbt auch der Seewind, wenn der Temperaturausgleich in der Luft hergestellt ist. Beide Winde können in ihrer Stärke, örtlich bedingt, deutlich differieren. Sie sind stark in Gegenden, die eine hohe Temperaturdifferenz zwischen Tag und Nacht aufweisen, etwa dort, wo eine Wüste bis an die Küste reicht. Dementsprechend ist der Seegang und damit auch die Stärke der Brandung. Voraussetzung für den geschilderten Vorgang ist eine möglichst uneingeschränkte Sonneneinstrahlung. Je intensiver sie ist, desto deutlicher sind die Temperaturunterschiede.

Das Aufsteigen der Luft kann man im Sommer bei windarmem Wetter und viel Sonne gut beobachten. Seesegler kennen den Begriff »Inselwolke«. Erwärmt sich die Insel, und das ist bei Inseln schnell der Fall, dann steigt die Luft über ihr auf. In der Höhe kühlt sie ab und bildet eine weithin sichtbare Wolke am ansonsten klaren Himmel der Umgebung. Auch über dem Festland vollzieht sich derselbe Vorgang, aber selten so rasch und so deutlich.

Land- und Seewind sind lokale Winde, unabhängig von der übrigen Wetterlage und dem damit verbundenen Wind. Trotzdem besteht ein Zusammenhang. Die beiden Windsysteme können sich sowohl verstärken, als auch behindern oder sogar aufheben. Das geschieht keinesfalls selten. Seewinde können Geschwindigkeiten bis zu 6 Bft. erreichen. Die nächtlichen Landwinde sind erheblich schwächer. Ihr Wirkungsbereich reicht selten weiter, als drei Meilen nach See zu.

Der Zyklus der See- und Landwinde ist nach Dauer und Stärke naturgemäß verschieden. Der Landwind hat seine maximale Stärke etwa zwischen 1.00 Uhr nachts und 3.00 Uhr morgens. Dann lässt er nach. Der Seewind aber hat sein Maximum erst nach dem Höchststand der Sonne,

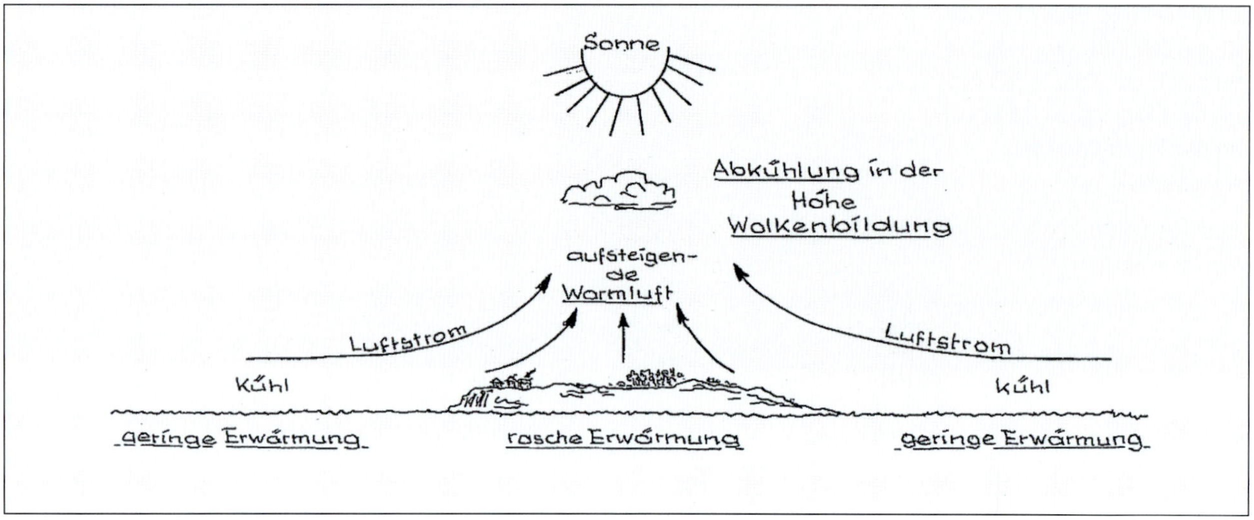

So entsteht eine Inselwolke.

also am frühen Nachmittag. Die Zeit zwischen dem Abflauen des Landwindes und dem Beginn des Seewindes, die windarme oder Flautenzeit, kann sich also nicht nur auf wenige Minuten beschränken. Nach Sonnenaufgang vergeht noch einige Zeit, bis sich das Land spürbar erwärmt und die Thermik einsetzt. Vor Sonnenaufgang aber ist der Landwind bereits eingeschlafen, zumal seine Stärke nur zwischen 1 und 3 Bft. liegt.

Wenn der Skipper also sofort bei Sonnenaufgang gestartet ist, war Eile vermutlich sein Grund. Etwas später hätte er sicher eine noch schwächere Brandung angetroffen.

Nun noch einmal zurück zu Hein Garbers und seiner *Maria Luisa*. Während Garbers Seereise nach Südamerika war an der Küste der Normandie die Landung der Alliierten erfolgt. Garbers läuft auf seiner Rückreise daher den spanischen Hafen Vigo an. Nach langem diplomatischem Hin und Her kommt Garbers nach Berlin, um anschließend in Urlaub zu gehen. In Rendsburg soll er dann einen Lotsenkutter ausrüsten, aber das in diesem Zusammenhang geplante Unternehmen wird abgeblasen. Zwei Tage nach der Kapitulation wird er von den Briten unter höchst unwürdigen Umständen verhaftet und verhört.

Garbers muss feststellen, dass die Briten alles über seine Unternehmungen einschließlich der Namen der angelandeten Agenten wissen, aber sie können einfach nicht glauben, dass er und seine Leute mit einem 16 Meter langen Kutter diese Reise nach Südamerika unternommen haben. Immer wieder wollen sie von ihm die Nummer des U-Bootes wissen, das sie transportiert hat. Wochen später wird er nach London gebracht und auch dort verhört. Auch hier wird ihm immer wieder die Frage nach dem U-Boot gestellt. Ein so kleines Schiff mit Besatzung könne nicht sechs Monate auf See sein, ohne einen Hafen anzulaufen, meinen die Briten. Fast ein halbes Jahr lang wird Garbers festgehalten und verhört, dann schickt man ihn nach Hause. Die Seefahrernation Nummer eins hat mit ihren Verhören ungewollt die einmalige seglerische und nautische Leistung von Hein Garbers gewürdigt. Größere Anerkennung hätte Garbers nicht finden können.

»Gottes Freund und aller Welt Feind«: Der Fall Klaus Störtebeker

Hamburg 1401, wenige Tage nach Feliciani. Schon seit Tagen spricht man in Hamburg über nichts anderes mehr. Heute also ereilt die Piraten ihre gerechte Strafe, allen voran ihren Anführer Klaus Störtebeker. Endlich hat man sie gefangen. Die Hamburger Flotte unter dem Kommando der beiden Englandfahrer Hermann Lange und Nikolaus Schocke auf ihrem Flaggschiff *Bunte Kuh* hat sie vor Helgoland aufgestöbert und überwältigt. 73 Piraten wurden gefangen genommen und in die Stadt gebracht. Der Rest wurde im Kampf erschlagen oder gleich über Bord geworfen.

Zahllose Menschen sind zusammengeeilt, um den Zug zum Großen Grasbrook, eine Wiese vor den Toren der Stadt, mitzuerleben. Die in der Geschichte der Stadt einmalige Massenexekution bereitet besondere Umstände. Eigens wurde dort am Tage zuvor ein Areal abgesteckt, um Raum zu schaffen für die Aufreihung der 73 Delinquenten. Darum herum bietet die Wiese genügend Platz für die vielen Schaulustigen.

Schließlich öffnen sich die Keller des Rathauses, wo die Seeräuber eingekerkert waren. Angeführt von Trommlern und Pfeifern, gefolgt vom Scharfrichter und den Ratsherren, werden die Piraten ans Elbufer geführt. Als die Prozession die Hinrichtungsstätte erreicht, werden die Todesurteile verlesen und die Vollstreckung befohlen.

So weit ist der Vorgang historisch belegt. Doch die Sage flocht hier noch eine typische Störtebeker-Geschichte ein: Dem Piraten sei nämlich vor seiner Hinrichtung noch ein letzter Coup gelungen. Nach der Verlesung der Todesurteile habe er in die Stille hinein plötzlich seine Stimme erhoben und um die Gewährung eines letzten Wunsches gebeten: »Wenn ihr mir den Kopf abgeschlagen habt, lasst mich aufstehen und mich frei bewegen. Jedem meiner Männer, an dem ich vorbeigehe, sollt ihr die Freiheit geben.« Da man aber noch nie gehört hatte – so die Legende weiter –, dass ein Gerichteter eine solche Tat vollbracht hatte, glaubten die anwesenden Ratsherren, kein Risiko einzugehen und gewährten die Bitte öffentlich. Doch nachdem Störtebekers Kopf gefallen war, erhob sich zum allgemeinen Entsetzen der Rumpf und begann an seinen Kameraden vorbeizuwanken. Bestürzung machte sich breit. Kurz bevor er den Zwölften erreichte, warf ihm der Henker einen Klotz zwischen die Beine, sodass der wandelnde Leichnam stürzte. Gezwungenermaßen ließ man die elf von Störtebeker erreichten Piraten frei und verjagte sie aus der Stadt. Der Rest starb über dem Richtblock.

Wahr ist – wie so oft im Fall Störtebeker – rein gar nichts an dieser Legende. In den Archiven der Stadt Hamburg findet sich kein Hinweis darauf, dass auch nur ein Pirat begnadigt worden sei. Im Gegenteil, nach der Enthauptung wurden die abgeschlagenen Köpfe aufgespießt und zur Abschreckung am Ufer aufgestellt.

Die Hinrichtung Klaus Störtebekers und seiner Kumpanen auf dem Großen Grasbrook vor den Toren Hamburgs. Holzschnitt aus dem Jahre 1870.

Piraterie scheint zur Seefahrt zu gehören, wie der Sturm zum Meer. Schon um das Jahr 1000 v. Chr. gab es bei den Griechen das Wort *peirates* für Seeräuber. Sie gibt es, seit auf Schiffen Waren über die Meere transportiert werden. Von ihren Raubzügen und Bluttaten wird in allen Kulturen und zu allen Zeiten berichtet. Auch auf Nord- und Ostsee trieben Seeräuber immer wieder ihr Unwesen. Doch Ende des 14. Jahrhunderts taten sie es im Auftrag zweier Hansestädte. Damit wurden aus Seeräubern Kaperer. In der Geschichte kein ungewöhnlicher Vorgang.

Aufgrund einer schweren innenpolitischen Krise in Schweden sieht 1388 die dänisch-norwegische Königin Margarete die Gelegenheit gekommen, ihrem vereinigten Königreiche auch noch Schweden einzuverleiben. Sie lässt ihre Truppen in das Nachbarland einfallen. 1389 wird der schwedische König Albrecht von Mecklenburg gefangen genommen. Der größte Teil Schwedens wird von den Dänen besetzt. Allein Stockholm wehrt sich erbittert und erfolgreich. Die Versorgung der Stadt aber muss nun von See her erfolgen.

Die Hanse ist zu dieser Zeit ein gewichtiger politischer und wirtschaftlicher Machtfaktor. Obwohl sie offiziell mit Dänemark verbündet ist, hindert das die Hansestädte Rostock und Wismar nicht, Partei für den gefangenen König Albrecht zu ergreifen. Sie geben Kaperbriefe an Freibeuter aus und »berechtigen« diese damit, dänische Häfen zu überfallen und jedes dänische Schiff zu kapern. Als Gegenleistung müssen sich die Freibeuter verpflichten, Stockholm mit Waffen und Lebensmitteln (Viktualien) zu versorgen. Das schwedische Wort dafür ist Vitalien. Der Aufgabe

entsprechend nennen sich die Kaperer bald »Vitalienbrüder«. Sie eröffnen den Seekrieg gegen Dänemark.
Als im Jahre 1395 König Albrecht dann gegen ein hohes Lösegeld freikommt, benötigt man die Vitalienbrüder nicht mehr. Rostock und Wismar stellen keine Kaperbriefe mehr aus. Die Piraten aber lassen sich nicht einfach abmustern. Da viele der Vitalienbrüder von der Seeräuberei besser gelebt haben, als je zuvor, beschließen einige, künftig auf eigene Faust die Ostsee unsicher zu machen. Schließlich ist die Beute reichlich und mit relativ geringem Risiko zu bekommen.
Ihre schnellen Schiffe, ihre exzellente Bewaffnung und ihr Kampfesmut bescheren ihnen immer größere Erfolge. Sie ändern ihren Namen. Da sie ihre Beute teilen, nennen sie sich jetzt »Likedeeler« (Beuteteiler). Und auch ein Motto geben sie sich, das an den Küsten schnell Furore macht: »Gottes Freund und aller Welt Feind«. Die Effektivität der Piraten macht einen friedlichen Handel auf der Ostsee bald nahezu unmöglich.
Als die Likedeeler dann im Jahr 1396 die Niederlassung der Hanse in der norwegischen Stadt Bergen überfallen und die Stadt gleich mitplündern, haben sie den Bogen überspannt. Im Jahr 1398 schickt der Deutsche Orden seinen Ordensmeister Konrad von Jungingen mit 84 Kriegsschiffen und 4000 Mann nach Visby auf die Insel Gotland, wo das Hauptquartier der Piraten liegt, und bereitet dem Treiben ein blutiges Ende.

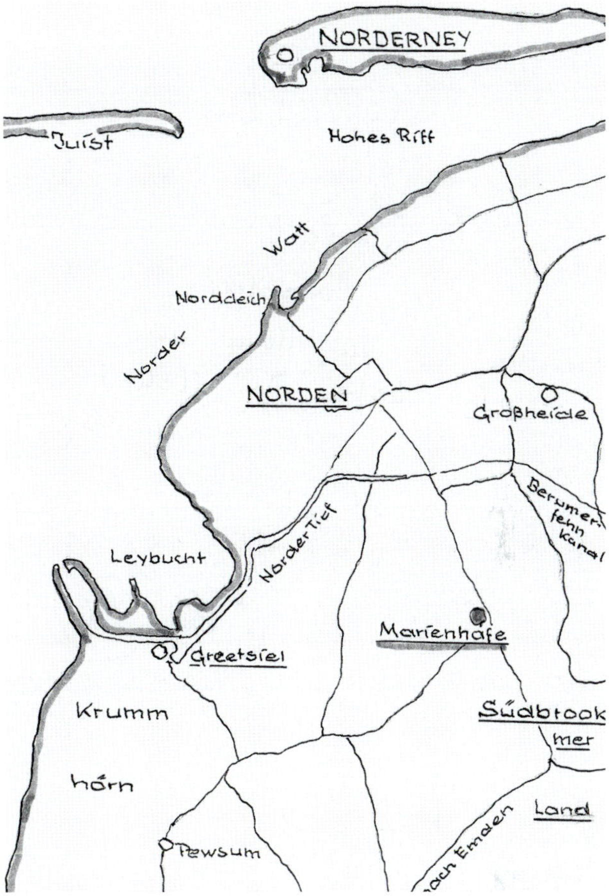

Marienhafe im Brokmerland bauten die »Likedeeler« um 1400 nach ihrer Vertreibung aus der Ostsee zum neuen Stützpunkt aus. Damals konnten kleinere Schiffe noch nach Marienhafe fahren.

Nach der Flucht aus der Ostsee wird Friesland die neue Heimat der verbliebenen Likedeeler. Ken tom Brok, der mächtigste Häuptling der Friesen, gewährt ihnen Unterschlupf. Er verspricht sich von den Seeräubern eine Stärkung seiner Macht. Er überlässt ihnen den Ort Marienhafe im Brokmerland als Stützpunkt und Schlupfwinkel. Der Ort wird zum Hafen ausgebaut.
Schon bald haben die geschlagenen Likedeeler wieder Oberwasser. In einem überlieferten Fall erbeuten sie 14 Schiffe, die Öl, Wein, Reis, und neben vielen anderen Gütern auch Gold geladen haben. Werden sie doch einmal bedrängt, finden sie in Holland, aber immer in Marienhafe Unterschlupf.
Der Verkauf der erbeuteten Waren ist für sie kein Problem. Auch der Probst Hisko von Bremen soll zu ihren Abnehmern gehören. Bald ist die Nordsee genauso unsicher, wie es noch vor kurzem die Ostsee war.
Schließlich aber wird es den Hanse-Kaufleuten zu bunt. Im Frühjahr 1400 machen die Hamburger,

Szene aus einem Störtebeker-Festspiel auf der Freilandbühne in Ralswiek auf Rügen. Störtebeker (ganz links) wird sein Kind präsentiert.

unterstützt von Bremen und Lübeck, Ernst. Sie rüsten eine Flotte zur Jagd auf die Piraten aus. Es folgt Schlag auf Schlag. An der Osterems stellen sie einen Teil der Piraten. 80 Seeräuber werden getötet. Der Rest flieht. Ein Teil der Geflohenen wird allerdings kurz darauf in Greetsiel erwischt. Am 11. Mai des gleichen Jahres werden 25 Piraten in Emden enthauptet, 11 weitere ein paar Tage später. Beide Aktionen der Hamburger sind aktenkundig. Doch zum großen Unmut der Verfolger sind Klaus Störtebeker und Godeke Michels, die Anführer der Piraten, nicht unter den aufgebrachten Seeräubergruppen. Immerhin weiß man aus den Verhören mittlerweile, dass Godeke Michels aus Sicherheitsgründen getrennt von Störtebeker operiert.

Also wird die Suche erneut aufgenommen. Drei Piratenschiffe können auf der Ems gestellt werden. Die Seeräuber haben nur ihr Leben zu verlieren und wehren sich erbittert. Es hilft nichts. Ihre Verfolger wollen endlich reinen Tisch machen. 80 Piraten werden getötet. 36 geraten in Gefangenschaft und werden später geköpft. Wieder sind die Anführer nicht auf den Schiffen. Wo ist Störtebeker? Hat er außer Ken tom Brok noch andere Helfer, die ihn warnen? Für weitere Maßnahmen ist es jetzt aber zu spät im Jahr. Man muss das kommende Frühjahr abwarten. Beruhigend ist, dass es im Winter auch für die Piraten nichts zu holen gibt.

Im Frühjahr 1401 ist es dann Godeke Michel, der als erster von sich reden macht. Im Öresund, zwischen Dänemark und Schweden treibt er sein blutiges Unwesen.

Es dauerte nicht lange, da meldet ein Fischer den Hamburgern, dass Störtebeker vor der Elbmündung gesehen worden sei. In aller Eile rüstet man in Hamburg mehrere Schiffe aus. Unter der Führung von Hermann Lange und Nikolaus Schocke läuft die Flottille aus und trifft tatsächlich

Der heroische Störtebeker der Renaissance: In Wahrheit zeigt dieser Kupferstich von Daniel Hopfer jedoch nicht den Piraten Klaus Störtebeker, sondern Kunz von der Rosen, den Hofnarren Kaiser Maximilians I.

vor Helgoland auf die Piratenschiffe. Die *Bunte Kuh*, das Flaggschiff der Hamburger, ist als erstes Schiff am Feind. Es kommt zu einem erbitterten Kampf Mann gegen Mann. Die Hanseaten aber sind in der Überzahl. Aller verzweifelter Widerstand hilft nichts; die Piraten werden getötet oder gefangen genommen. Darunter auch endlich der lang gesuchte Klaus Störtebeker.

Nach nicht ganz drei Jahren ist das Gros der Piraten vernichtet. Aber erst ein Jahr später geht den Jägern auch Godeke Michels in die Falle.

Im Jahre 1394 taucht zum ersten Mal der Name auf, der zur Legende geworden ist: Klaus Störtebeker. Ein Name, zu dem uns heute viele Geschichten einfallen. Ein Mann, dessen Leben und Sterben vielen von uns seit Kindertagen vertraut zu sein scheint. Ein Pirat, der nicht wegen seiner Rücksichtslosigkeit und Grausamkeit bekannt wurde, sondern zum Inbegriff geworden ist für Tapferkeit, Freiheitsstreben, Gerechtigkeit, ja Mildtätigkeit. Unermessliche Goldschätze soll er angehäuft, mit seinen Riesenkräften sich unter allen Piraten ausgezeichnet haben, und Mittellosen gegenüber freigiebig gewesen sein.

Tat sich hier Ende des 14. Jahrhunderts etwa ein Seeräuber als mildtätiger Seeheld hervor? Wohl kaum. Eher liegt hier ein Hinweis dafür vor, dass Störtebeker eine historische Gestalt war, die volkstümlich werden konnte, weil sie genügend Raum für Umdeutungen, Ausschmückungen und Verklärung ließ. Denn was wir über das Leben von Klaus Störtebeker zu wissen glauben, ist alles nur Legende – genauso wie seine eingangs erzählte, berühmt gewordene »letzte Bitte« vor seiner Hinrichtung.

Störtebekers Biographie wurde erst nach seinem Tode erfunden, und sie hat viele Väter. Jeder Chronist, Erzähler und Romancier erfand sich seinen eigenen Störtebeker, denn die Menge liebt Helden. Und die Geschichten, die wir über ihn kennen, zeigen, was die Menschen zur jeweiligen Zeit hören wollten.

Historisch verbürgt ist nur, dass es einen deutschen Piraten diesen Namens gegeben hat, der seit 1394 zusammen mit Godeke Michels und Klaus Scheld und seit 1395 mit Godeke Michels eine Gruppe von Seeräubern befehligt hat, die vor allem in der Nordsee unter dem Namen »Likedeeler« operierte. Des Weiteren, dass er mit 72 seiner Kameraden im Jahre 1401 in Hamburg auf dem Großen Grasbrook hingerichtet wurde. Godeke Michels ereilte das gleiche Schicksal ein Jahr später. Alles darüber hinaus ist Fiktion.

Das zeigt sich schon beim Streit um den Vornamen Störtebekers. Hieß er in Wahrheit »Johann«, wie einige Forscher behaupten, oder stimmt der Name »Klaus«, unter dem er berühmt wurde? Brisanter ist für die Forschung die Frage,

Der Störtebeker der Legende – mehr Freiheitskämpfer als Pirat. Denkmal in Marienhafe.

Gefesselt und verurteilt – das Denkmal in Hamburg ist Ausdruck des wesentlich nüchterneren Störtebeker-Bildes unserer Tage.

ob »Störtebeker« vielleicht gar nicht des Piraten wirklicher Nach-, sondern nur sein Deckname war. Vielleicht wählte er ihn, um seine Angehörigen zu schützen, oder einfach nur um seine Identität zu verbergen. »Störtebeker« heißt »Stürzbecher« und ist der Ausdruck für ein auch heute noch bekanntes, mehrere Liter fassendes Trinkhorn. Sollte es sich bei dem Namen »Störtebeker« tatsächlich um ein Pseudonym handeln, wie vielfach behauptet wird, dann ist verständlich, warum es auch der Wissenschaft bisher nicht überzeugend gelungen ist, die Herkunft des Piraten, die Verhältnisse aus denen er kam und seine Jugend aufzudecken. Denn nach welchem Geburtsnamen müsste man dann in den Taufregistern suchen?

Bei Klaus Störtebeker sind Spekulationen Tür und Tor geöffnet. Das beweist auch die Frage nach seinem Geburtsort. Nicht weniger als acht Orte nehmen ihn für sich in Anspruch, darunter auch Barth und Wismar. Die Stadt Barth, an den Boddengewässern nordwestlich von Stralsund gelegen, begründet ihren Anspruch mit der Behauptung, Störtebekers Geburtsname sei Claus Alkun gewesen. Er stamme aus einem Rittergeschlecht und in den Archiven der Stadt sei auch die Geburt eines Claus Alkun vermerkt. Von seinem Bruder soll er um das Erbteil betrogen worden sein und daher habe er sich der Seeräuberei verschrieben. In Wismar weist man hingegen darauf hin, dass zur fraglichen Zeit eine Familie mit dem Namen Störtebeker in der Stadt gelebt habe. Wirklich beweisen kann keine der Ortschaften »ihren« Störtebeker.

Wer also war Klaus Störtebeker? Der Spross einer Adelsfamilie, der aus Übermut Pirat wurde? Oder eher ein Schlagetot, dem die Kaperbriefe gegen die Dänenkönigin Gelegenheit gaben, reich zu werden? Die Figur Klaus Störtebeker bietet Erzählern unendlich viele Möglichkeiten, gute Geschichten zu erfinden – gerade weil sie historisch so vage bleibt. Jede Frage nach dem historischen Störtebeker aber ist unbeantwortbar, so lange keine neuen Quellen auftauchen.

Was bleibt, ist der Störtebeker der Sage, so wie wir ihn vom Denkmal in Marienhafe kennen, wo er einst sein letztes Versteck hatte. Ein Seeräuber, wie man sich ihn landläufig vorstellt, steht da nicht auf dem Sockel. Stattdessen sehen wir einen kräftigen Mann im besten Alter mit geschulterter Streitaxt. Sein bärtiges Gesicht hat sympathische Züge und erinnert eher an einen Freiheitskämpfer wie Wilhelm Tell, als an einen Piraten.

Vielleicht ist es ja auch gar nicht schlecht, dass der historische Störtebeker im Dunkel der Geschichte verloren gegangen ist.

Glossar

Ablegen Die Leinenverbindung mit dem Land (Liegeplatz, Brücke, Pier) lösen, und den Liegeplatz verlassen. Anschließend das Schiff verholen, also an einen anderen Platz im Hafen bringen, oder in See gehen.

Ablenkung Auch *Deviation*. Die Ablenkung der Nadel eines Magnetkompasses durch Eisenteile oder Magnete im oder am Schiff. Die Ablenkung ist auf jedem Kurs verschieden. Sie ist aus der zu erstellenden Deviationstabelle zu entnehmen.

Abwettern Einen Sturm durch geeignete Maßnahmen (z. B. Reffen, Beidrehen oder Lenzen vor Topp und Takel) möglichst unbeschädigt zu überstehen versuchen.

Achterlich Dieser Begriff wird vorwiegend in Bezug auf den Wind gebraucht. Ein Schiff segelt z. B. mit achterlichem Wind, wenn der Wind (schräg) von hinten kommt.

Achteraus Was hinter dem Schiff in seiner Kiellinie ist, liegt recht achteraus. Was links hinter ihm ist, liegt Backbord achteraus. Was rechts hinter ihm ist, liegt Steuerbord achteraus.

Achtern Alles, was hinter dem Schiff liegt.

AMVER Automated *M*utual-*A*ssistenze *V*essel-*R*escue. Ein System, das von der Coast Guard New York im Jahre 1958 eingeführt wurde. Den letzten Anstoß dazu hatte der Untergang der Viermastbark *Pamir* gegeben. Sie sank am 21. September 1957. Dabei fanden 80 meist jugendliche Seeleute den Tod. Nur sechs überlebten. Später stellte sich heraus, dass Handelsschiffe in der Nähe waren und schon sehr früh die Suche nach Überlebenden hätten aufnehmen können, von dem Seenotfall jedoch nicht informiert worden waren. Diese Lücke schließt AMVER. Alle Schiffe auf dem Atlantik und später auch auf dem Pazifik und anderen Seegebieten werden aufgefordert, über Funk ihre Position, ihren Kurs, ihre Geschwindigkeit und ihren Bestimmungsort der US-Coast Guard (USCG) zu melden. Diese erstellt im Seenotfall ein »Surface-picture« (wörtlich: Flächenbild). Das ist eine bildliche Darstellung des betreffenden Seeraumes und der dort befindlichen Schiffe. So kann sofort festgestellt werden, welche Schiffe in der Nähe des Havaristen sind und rasche Hilfe leisten können. In Abstimmung mit der USCG kann sich das zuständige Küstenamt mit den Kapitänen der Schiffe in Verbindung setzen und die Koordination der Hilfeleistung übernehmen. Deutsche Reedereien haben rasch den Nutzen von AMVER erkannt und sich an dem System beteiligt. Die Funktion dieser Einrichtung hängt jedoch von der Beteiligung der Schiffe, also von ihrer Zahl ab. Das ist ggf. ein Schwachpunkt.

Astronomische Navigation Ist auf längeren Strecken ohne Landsicht erforderlich. Sie beruht auf Messungen (Höhenmessungen) der Gestirne und bei Tag der Sonne. Das geschieht mit Hilfe eines Sextanten. Dabei ist der genaue Zeitpunkt durch einen Chronometer festzuhalten. Mit Hilfe der »Nautischen Tafeln« können die Messungen ausgewertet werden. Die Winkelmessung erfolgt mit einem Sextanten. In vielen Gebieten der Welt kann die Astronomische Navigation durch GPS ersetzt werden. Beide Verfahren sollten auf seegehenden Schiffen beherrscht werden, denn GPS ist abhängig von der Bordelektrik und die Astronomische Navigation vom Wetter. Bedeckter Himmel oder Nebel lassen Messungen mit dem Sextanten nicht zu.

Aufbrassen Auffieren (lösen) der Brassen in Lee und Holen der Brassen in Luv (z.B., um Rahen querschiffs zu trimmen bei achterlichem Wind). Mit Brassen bedient man die Rahsegel. Bei Schratsegel machen das die Schoten.

Auf einem Bug segeln Wenn ein Schiff (längere Zeit) die Stellung zum Wind (meist am Wind) nicht grundsätzlich ändert, die Krängung also stets nach der gleichen Seite zeigt (etwa wenn die Steuerbordseite des Schiffes stets die Leeseite ist).

Aufklaren Das Wort hat zwei Bedeutungen:

1. Ein Schiff »aufräumen«, d. h. Fallen und Schoten in Ordnung bringen. Das Schiff »seeklar« machen.

2. Es klart auf, wenn die Bewölkung am Himmel abnimmt.

Aufkreuzen Gegen den Wind durch Kreuzkurse (also hart am Wind) Höhe gewinnen. Einem gesteckten, in Luv liegenden Ziel näher kommen, bzw. es erreichen.

Aufrichtendes Moment Die Kraft, die bei einer Krängung das Schiff in die normale Schwimmlage zurückbringt.

Aufslippen Ein Schiff oder Boot über einen Slip (Gleit- oder Rollenbahn) aus dem Wasser ziehen. Gegenteil: Abslippen, also zu Wasser lassen.

Ausschießen Ist gleichbedeutend mit Umspringen. Nach dem Durchzug einer Kaltfront schießt der Wind z. B. nach rechts aus. Diese Winddrehung nach rechts erfolgt meist plötzlich und deutet meist auf eine Wetterbesserung hin.

Backbord Ist die in Fahrtrichtung gesehen linke Seite des Schiffes.

Backschlagen Ein oder mehrere Segel können durch eine plötzliche Winddrehung oder eine Unaufmerksamkeit des Rudergängers unbeabsichtigt »umschlagen«, d. h. die bisherige Leeseite wird zur Luvseite; der Wind kommt dann also von der »verkehrten« Seite. Eine Situation, die besonders für größere Rahsegler bei Sturm oder Starkwind äußerst gefährlich ist. Manchem Rahsegler ist das Backschlagen zum Verhängnis geworden. Das Backschlagen ist nicht zu verwechseln mit dem Beidrehen, wo absichtlich nur ein (bei Yachten) oder wenige Segel (bei großen Yachten und Rahsegler) »falsch« gestellt werden, um das Schiff abzustoppen.

Bark Ein dreimastiger Rahsegler, dessen hinterster Mast (Besanmast) ein Schratsegel trägt. Hat ein so getakeltes Schiff vier oder fünf Masten, dann spricht man von einer Viermast- oder Fünfmastbark.

Beidrehen Das Schiff unter kleinen Segeln so legen, dass der Wind schräg von vorne einfällt. Das Schiff treibt dann nach Lee ab und macht keine, oder nur geringe Fahrt voraus. Man dreht bei etwa zur Übernahme eines Lotsen, aber auch zum Abwettern eines schweren Sturmes. Bei Rahseglern nennt man das Manöver auch »Backbrassen«. Bei Yachten wird nur die Fock beigeholt, oder beim Wenden stehen gelassen.

Belegen Eine Leine an einer Klampe oder eine Trosse an einem Poller festmachen.

Besteck Durch Koppeln oder Peilen ermittelter Schiffsort. Beim Koppeln (ohne Landsicht) ist der Schiffsort (gegisster Schiffsort) unsicher, weil eventueller Strom sowie die Abtrifft, das seitliche Versetztwerden eines Seglers, geschätzt werden muss.

Brigantine (auch Schonerbrigg).

Bilge Unterste Stelle im Schiffsinneren.

Brigantine (Schonerbrigg, Hermaphroditbrigg) Meist zweimastiger Segler. Der vordere Mast (Fockmast) trägt Rahsegel, der hintere Mast (Großmast) ein Schratsegel. Schratsegel sind leichter zu bedienen, als Rahsegel. Die Brigantine benötigt daher weniger Besatzung, als eine Brigg.

Brigg Ein zweimastiges Schiff bei dem beide Masten voll getakelt sind, also Rahsegel tragen. Briggs waren auf den Randmeeren Nord- und Ostsee besonders beliebt, waren aber auch weltweit einsetzbar. Ihr Nachteil war, dass sie eine größere Besatzung benötigten, als die Brigantinen. Raumschots hatten sie Vorteile vor der Brigantine.

Brigg

BRT Bruttoregistertonne. Maßeinheit für die Vermessung eines Seeschiffes. Heute ersetzt durch BRZ (= Bruttoraumzahl).

Bug Das vordere »Ende« eines Bootes oder Schiffes.

Chronometer Sehr genau gehende Uhr (heute Quarzuhr). Die genaue Zeit ist in der Astronomischen Navigation zur Berechnung des Längengrades und damit für den Standort eines Schiffes nötig. Den ersten brauchbaren Chronometer konstruierte der englische Uhrmacher John Harrison im Jahr 1735. Damit konnte erstmals die langwierige Berechnung des Längengrades mit Hilfe der Monddistanzen abgelöst werden. An Bord eines seegehenden Schiffes ist das Chronometer zwar immer noch nötig, aber nur, wenn das GPS ausfällt und die Navigation auf konventionelle Art vorgenommen werden muss.

DEAT Mit der Genehmigung zum Betreiben einer Seefunkstelle ist die Zuteilung eines Unterscheidungs- oder Rufzeichens verbunden. Das Rufzeichen wird nur einmal erteilt und jeder Funker, der in einem Funkgespräch das Rufzeichen hört, weiß um welches Schiff es sich handelt. Das Rufzeichen der München z. B. war »DEAT«, in Worten ausgesprochen, damit kein Hörfehler auftreten kann: *D*elta, *E*cho, *A*lfa, *T*ango. Das Rufzeichen ist international gültig und anerkannt.

Entern Das Wort hat zwei Bedeutungen:

1. Man entert auf in den Mast, um etwas zu klarieren (in Ordnung zu bringen) oder zu reparieren.
2. Man entert ein Schiff (meist in feindlicher Absicht), indem man es mit Enterhaken festhält, übersteigt und in seinen Besitz bringt.

EPIRB *E*mergency *P*osition *I*ndicating *R*adio *B*eacon, Seenot-Funkboje. Sie wird an Deck eines Schiffes mitgeführt. Im Wasser beginnt sie automatisch (meist auf der Grenzwelle 2182) Signale auszusenden. Sie kann eingepeilt werden. Somit können der Ort und der Zeitpunkt des Eintritts des Seenotfalles ermittelt werden. Da die Boje der Strömung und auch der Windtrift ausgesetzt ist, muss beides im Seenotfall berücksichtigt werden.

Fallbö Gefährlicher Windstoß, der von einem Steilufer auf die See herunterweht. Eine Fallbö ist stärker, als der Bodenwind. Ähnlich wie eine Fallbö können sich auch Turbulenzen in der Atmosphäre auswirken.

Fender Elastisches Material in verschiedenen Formen, das an der Bordwand befestigt wird, um das Schiff vor Beschädigung an der Pier oder beim Längseitsgehen an anderen Schiffen zu schützen und ein eventuelles versehentliches Anstoßen zu dämpfen. In der Berufsschifffahrt werden dazu oft ausgediente Autoreifen benutzt.

Flaute Windstille oder schwacher Windzug. Windstärke 0 bis 1 nach der Beaufortskala.

Fockmarssegel Das zweite Voruntermars- und dritte Vorobermarssegel am Fockmast (vorderster Mast) eines Großseglers. Brigantinen führen am Fockmast meist weniger Segel, als größere Rahsegler.

Funknavigation Sie ergänzte die Astronomische und die Terrestrische Navigation. Es gibt bzw. gab verschiedene Verfahren: das Consolfunk-, Richtfunk- und Peilfunkverfahren. Sie alle beruhten auf dem Anpeilen eines (Richtfunk) oder verschiedener Sender. Der Peilstrahl nach Richtung wird in die Seekarte eingetragen. Der Schnittpunkt (Idealfall) ergab den Standort. Meistens (etwa in der Kieler Bucht) waren drei Sender zu einer Gruppe zusammengefasst. Die drei Peilungen ergaben dann ein Dreieck. Je kleiner das Dreieck war, desto sicherer der Schiffsort. Jeder Sender hatte seine eigene Kennung. Eine deutliche Verbesserung war die Hyperbel-Funkortung Decca, wobei die beste Genauigkeit bei etwa 50 Meter lag, nachts aber ungenauer war. Auch das Verfahren »Loran C« arbeitete nach dem Hyperbelprinzip. Im Gegensatz zu Decca, das vor allem in der Ostsee Anwendung fand, überdeckte Loran C den Nordatlantik und das Mittelmeer. Heute ist auch diese Funknavigation weitgehend durch GPS überholt.

Geest Sandiges, wenig fruchtbares Gebiet zwischen Marsch und Festland. Liegt höher als die Marsch und ist oft mit Kiefern bewachsen.

Gefährlicher Quadrant In der Zugrichtung eines Hurrikans gesehen ist der rechte vordere Quadrant der gefährlichere, weil die orkanartigen Winde Schiffe, die sich dort befinden, in die Zugbahn und das Zentrum des Hurrikans drücken. In den übrigen Quadranten ist der Wind günstiger für eine Flucht weg vom Zentrum. Wind und Seegang sind etwas geringer, als im gefährlichen Quadranten. Bis zu einer Entfernung von etwa 65 bis 70 sm (105–130 km) herrschen orkanartige Winde, die mit der weiteren Entfernung abnehmen.

Germanischer Lloyd Eine 1867 gegründete Gesellschaft, die Schiffe und Yachten klassifiziert. Der GL übernimmt auch die Bauaufsicht und gibt Vorschriften für sichere Ausrüstung heraus.

GPS *G*lobal *P*ositioning *S*ystem. Im Jahre 1991 von den Amerikanern eingeführt. GPS stützt sich auf die Signale von derzeit 18 Satelliten und verarbeitet sie zum jeweiligen Standort, sowohl auf See, als auch an Land. Die Anzeige wird alle 1,2 sec. aktualisiert und ist auf etwa

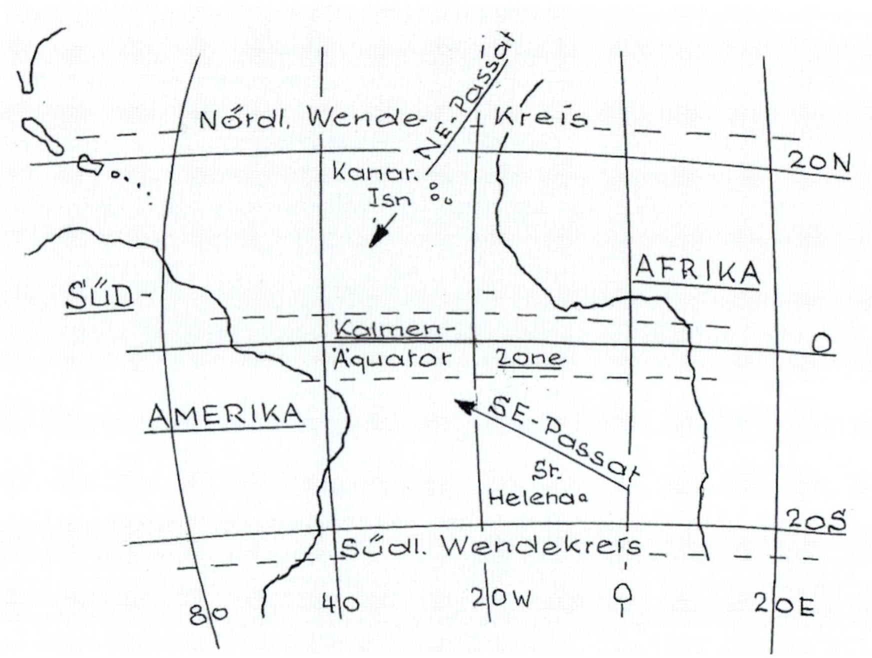

Kalmen sind Gebiete mit niedrigem Luftdruck in der Nähe des Äquators, in denen schwache, unbeständige Winde mit Windstillen auftreten.

15 Meter genau. Die Anzeige wird in Koordinaten auf dem Bildschirm angezeigt. Neu hinzu gekommen ist das verbesserte DGPS, das Differential GPS, das noch präziser ist. Die neueste Errungenschaft ist ein komplettes Navigationssystem, das man wie eine Armbanduhr am Handgelenk tragen kann.

Großkreis Die kürzeste Verbindung zum gewünschten Ziel. In den Seekarten eine Gerade, auf dem Globus eine Kurve.

Heck Der »hinterste« Teil eines Schiffes.

Hein Mück Volksnahe Bezeichnung eines Matrosen.

Hurrikan In Europa auch tropischer Wirbelsturm genannt. Diese Bezeichnung ist aussagefähiger, weil man gleich weiß, worum es sich handelt. Voraussetzung für die Bildung eines Hurrikans ist eine Wassertemperatur von über 26 Grad. Die ist nur in Äquatornähe gegeben. Warmluft steigt auf, kühlt ab und kommt als sintflutartiger Regen herunter. Die Luftbewegung im Wirbelsturm ist im Prinzip die eines normalen Tiefs, sie bewegt sich kreisförmig in das Zentrum hinein. Auf der nördlichen Halbkugel entgegen dem Uhrzeigersinn. Die Drehbewegung eines Wirbelsturms steigert sich zu einer Geschwindigkeit (250 km/h) mit gewaltiger Zerstörungskraft. In der Karibik beginnt die Hurrikansaison Ende Mai und dauert bis etwa Ende November. Die übliche Zugbahn verläuft vom Entstehungsgebiet in einer Parabel zunächst nach NW, um dann über Nord nach NE einzuschwenken. Ausläufer in Sturmstärke beeinflussen auch Europa. Über Land verliert ein Hurrikan rasch seine Intensität.

Jan Maat Volksnahe Bezeichnung eines Matrosen.

Kalfateisen Meißelähnliches, aber stumpfes Gerät zum Abdichten von Decks- oder Außenhautnähten mit geteertem Werg. Hat heute keine Bedeutung mehr in der Berufsschifffahrt.

Kalfatern Das Abdichten von Decks- und Außenhautnähten mit Teer-getränktem Werg.

Kalmengürtel Breites Gebiet um den Äquator mit Windstille oder leichten, gelegentlich auch umlaufenden Winden. Identisch mit der Bezeichnung »Mallungen« oder »Doldrums«. Verschiedentlich hört man auch den Ausdruck »Rossbreiten« am nördlichen bzw. südlichen Rand des Kalmengürtels, aber dazugehörig. In den Kalmen ist wolkiges und regnerisches Wetter sehr häufig.

Kaventsmann Ein nur in der Seemannssprache üblicher Ausdruck für eine besonders hohe See (Welle). Ein anderes allgemein verständliches Wort dafür ist: Monstersee.

Kentern Das Wort hat zwei Bedeutungen:

1. Ein Schiff kentert, wenn es sich auf Grund von Wind, brechender See oder Havarie um 90 Gad auf die Seite legt. Es kentert durch, wenn die Drehung 180 Grad beträgt, der Mast also senkrecht nach unten zeigt.
2. Ein Strom (Tidenstrom) kentert, wenn er seine Fließrichtung umkehrt. Wenn beim Tidenstrom also der Flutstrom zum Ebbstrom wird und ungekehrt.

Klampe Verschieden geformter, fest verankerter Beschlag zum Belegen (Festmachen) von Tauwerk. Zum Belegen von starkem Tauwerk (z. B. Abschleppleinen) und Stahltrossen benutzt man Poller.

Klassifikation Die wichtigsten europäischen Schiffbauländer, Dänemark, Großbritannien, Frankreich, Schweden und Deutschland, klassifizieren die Schiffe. Die Anforderungen der genannten Länder sind weitgehend identisch und werden gegenseitig anerkannt. In Deutschland ist es der Germanische Lloyd (GL), der die Klassifikation vornimmt. Wegen des Umfangs der Vorschriften soll hier nur ein kurzer Überblick über die wichtigsten Daten gegeben werden:
Schiffskörper: »100 A 5« ist die höchste Klassifizierung. Der Schiffskörper entspricht in allen Teilen den Bauvorschriften des GL. Die Klassifizierung gilt für die Dauer von fünf Jahren. »90 A 3« heißt, dass der Schiffskörper nicht mehr in allen Teilen den Bauvorschriften des GL entspricht. Die Aufrechterhaltung der Klasse ist aber bei verkürzten Besichtigungsabständen vertretbar. Die Ziffer 3 steht für »3 Jahre«.
Seeschiffe: Sollten die Bedingungen der Bauvorschriften nur für einen beschränkten Fahrbereich genügen, wird eingeteilt in »M« (= mittlere Fahrt; vereinfacht gesagt bis 200 Seemeilen vor der Küste), »K« (= Küste; bis 50 Seemeilen Abstand von der Küste) und »W« (= Wattfahrt). Ohne einen Zusatz ist keine Beschränkung auferlegt.

Klüver Das Stagsegel, das am Vorstag, oder am Klüverstag gefahren wird. Der Segelhals ist am vordersten Ende des Schiffes oder des Klüverbaumes befestigt.

Knoten Maßeinheit für die Geschwindigkeit eines Schiffes. Bei 1 kn Geschwindigkeit legt ein Schiff 1,852 km oder 1 Seemeile pro Stunde zurück. Den Knoten in einem Seil aber bezeichnet der Seemann meist als Stek (z. B. Schotstek, Stopperstek).

Koje Der Schlafplatz an Bord eines Schiffes.

Kombüse Auf größeren gewerblichen Schiffen die Küche an Bord mit einem eigenen Raum. Auf kleineren Schiffen und auf Yachten heißt der Ort »Pantry« und ist aus Platzgründen fast ausschließlich innerhalb der Kajüte untergebracht.

Kompass Selbst wenn sie ihre Bedeutung verloren haben, Magnet- und Kreiselkompasse sind in der Schifffahrt immer noch in Gebrauch, wenn auch nur als Reserve. Gegenüber den heutigen, zweifellos genaueren Navigationsmitteln hat der Magnetkompass den Vorteil, dass er unabhängig von der Stromversorgung ist. Sein Nachteil ist die Abhängigkeit vom Magnetismus. Er orientiert sich am magnetischen Nordpol, aber der wandert. Man korrigiert die Anzeige des Kompasses durch die »Missweisung«, die den jeweiligen Seekarten entnommen werden kann. Es gibt aber Gegenden, die selbst stark magnetisch sind und daher die Kompassnadel zusätzlich ablenken. Der Hinweis in den Seekarten: »Gebiet unsicherer Missweisung« mahnt zur Vorsicht. Die Gebiete sind meist von geringer Ausdehnung. Noch eine Gefahr droht der Genauigkeit des Magnetkompasses: Der Magnetismus im Schiff selbst. Die Fehlweisung wird durch eine »Deviationstabelle« eliminiert, die für jeden Kurs die Ablenkung enthält. Missweisung und Deviation müssen daher bei der Navigation sorgfältig berücksichtigt werden.

Koordinaten Die geographische Länge und Breite eines Ortes auf See und an Land.

Koppeln Bestimmung des Schiffsortes nach der mit dem Log gemessenen zurückgelegten Strecke und dem gesteuerten Kurs. Die windbedingte Abtrift und der ggf. vorhandene Strom müssen geschätzt werden, weshalb der Koppelort, auch gegißter Ort genannt, unsicher ist. Der Koppelort wird mit Uhrzeit in die Seekarte eingetragen.

Krängung Meist kurzfristige Neigung eines Schiffes oder Bootes nach der Seite vorwiegend durch Winddruck. Dauert die Krängung längere Zeit, spricht man von Schlagseite. Diese kann bei Großseglern auch durch Verrutschen (Übergehen) der Ladung nach Lee entstehen. Winddruck und übergegangene Ladung können für das Schiff und die Besatzung gefährlich werden.

Kutter Vorwiegend als Fischkutter zu finden. Moderne Kutter haben einen starken Motor und nur ein Stützsegel, um das Schlingern im Seegang zu dämpfen. Frühere Kutter waren gaffelgetakelt und hatten meist zwei Vorsegel. Es waren sehr seetüchtige, aber langsame Segler.

Längsseits Längsseits liegen Schiffe, wenn sie Bord an Bord fahren oder liegen. Ein Schiff kommt längsseits, z. B. ein Lotsenboot.

Lee Die dem Wind abgewandte Seite eines Schiffes.

Legerwall Ein Schiff liegt auf Legerwall, wenn es sich in Küstennähe befindet und der Wind auf diese Küste zu weht. Besonders für Segelschiffe ohne starken Motor eine Gefahr, wenn sie sich bei Starkwind oder Sturm nicht freisegeln können, was für die früheren Großsegler oft zutraf.

Leichter Kastenförmiges, offenes Wasserfahrzeug ohne eigenen Antrieb. Wird vorwiegend für Warentransporte von und zu Seeschiffen eingesetzt. Findet auch im LASH-Verkehr Verwendung.

Lenzen Man lenzt ein Boot, wenn man eingedrungenes Wasser mit einem »Ösfass«, dessen Form eigens dafür geschaffen ist, ausschöpft, oder mit einer Lenzpumpe leer (lenz) pumpt. Zunehmend sind Lenzpumpen elektrisch betrieben und schalten sich ein, wenn ein bestimmter Wasserstand in der Bilge (unterste Stelle im Schiffsinneren) überschritten wird.

Lenzen vor Topp und Takel Maßnahme, um einem Sturm die größte Gefährlichkeit zu nehmen. Man läuft ohne Segel vor dem Wind ab. Manche Sportsegler schleppen Leinen, oft in einer Bucht, achteraus. Sie bremsen die Fahrt des Schiffes und helfen das Heck gegen die See zu halten und vermindern so die Gefahr des Querschlagens. Die Empfehlungen für das Verhalten im Sturm sind jedoch nicht einheitlich.

Lloyd Es muss unterschieden werden zwischen »Lloyd's List«, einer Institution, die sich mit Schiffsangelegenheiten befasst, und »Lloyd's Register«, das für die Klassifizierung von Schiffen zuständig ist. Das deutsche »Gegenstück« ist der Germanische Lloyd. Die Geschichte von *Lloyd's List* begann im Jahre 1688 mit einem Kaffeehaus, das ein gewisser Edward Lloyd in London eröffnete. Es wurde zum Treffpunkt der Seeleute, wo Neuigkeiten ausgetauscht wurden. Daraus entwikkelte sich ein beachtlicher Versicherungskonzern bei dem viele Meldungen über Schiffshavarien und -untergänge einliefen. Auch Meldungen von verschollenen Schiffen gingen an Lloyd's. Mit dem Läuten der berühmten Glocke wurden diese Meldungen angekündigt. *Lloyd's Register* wurde erst im Jahre 1760 ebenfalls in London gegründet.

Logbuch Das Schiffstagebuch in das alle wichtigen Daten einer Reise eingetragen werden: wie Wetter, Windstärke, Kurs, Geschwindigkeit, Ablegen, Anlegen und besondere Vorkommnisse. Auch der Funker führt ein sog. Funktagebuch. Beide Bücher dienen bei Seeamtsverhandlungen als Beweismittel und müssen daher sorgfältig und korrekt geführt werden.

Loxodrome Die Loxodrome ist in der Seekarte eine gerade Linie, die alle Meridiane unter dem gleichen Winkel schneidet. In den gemäßigten Breiten, also nicht in Polarnähe, ist sie die übliche Darstellung des Kurses in der Schifffahrt. Sinngemäß ist auch die Bezeichnung »Loxodromer Kurs« zu verstehen.

Luke Jede Decksöffnung auf einem Schiff. Auf Frachtschiffen z. B. die Ladeluke. Kleinere Decksöffnungen etwa auf einer Yacht bezeichnet man als Luk (das Vorluk oder das Schiebeluk z. B. über dem Niedergang).

Luv »In Luv« ist da, wo der Wind herkommt, bei einem Schiff also die dem Wind zugewandte Seite.

Marsch Fruchtbares Schwemmland zwischen Watt und Geest. Aus abgelagertem Schlick aufgebaut, durch Priele entwässert und durch Deiche geschützt.

Mayday Löste das bis dahin übliche Seenotzeichen SOS, das der Funker eines in Seenot befindlichen Schiffes mit Tasten nach dem Morsealphabet durchgab, ab. »Mayday« dreimal gesprochen ist das internationale Kennwort für einen Seenotfall. Die Meldung eines Seenotfalles muss sich nach festen Regeln abspielen. Beispiel: Zuerst wird das Alarmzeichen, das die Meldung eines Seenotfalles ankündigt, gesprochen. Dann folgt: »Mayday, Mayday, Mayday. Hier ist: ...«. Es

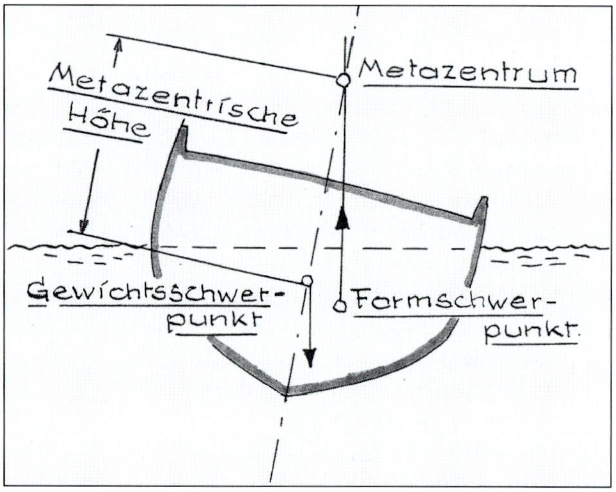

Das Metazentrum und die metazentrische Höhe schematisch dargestellt.

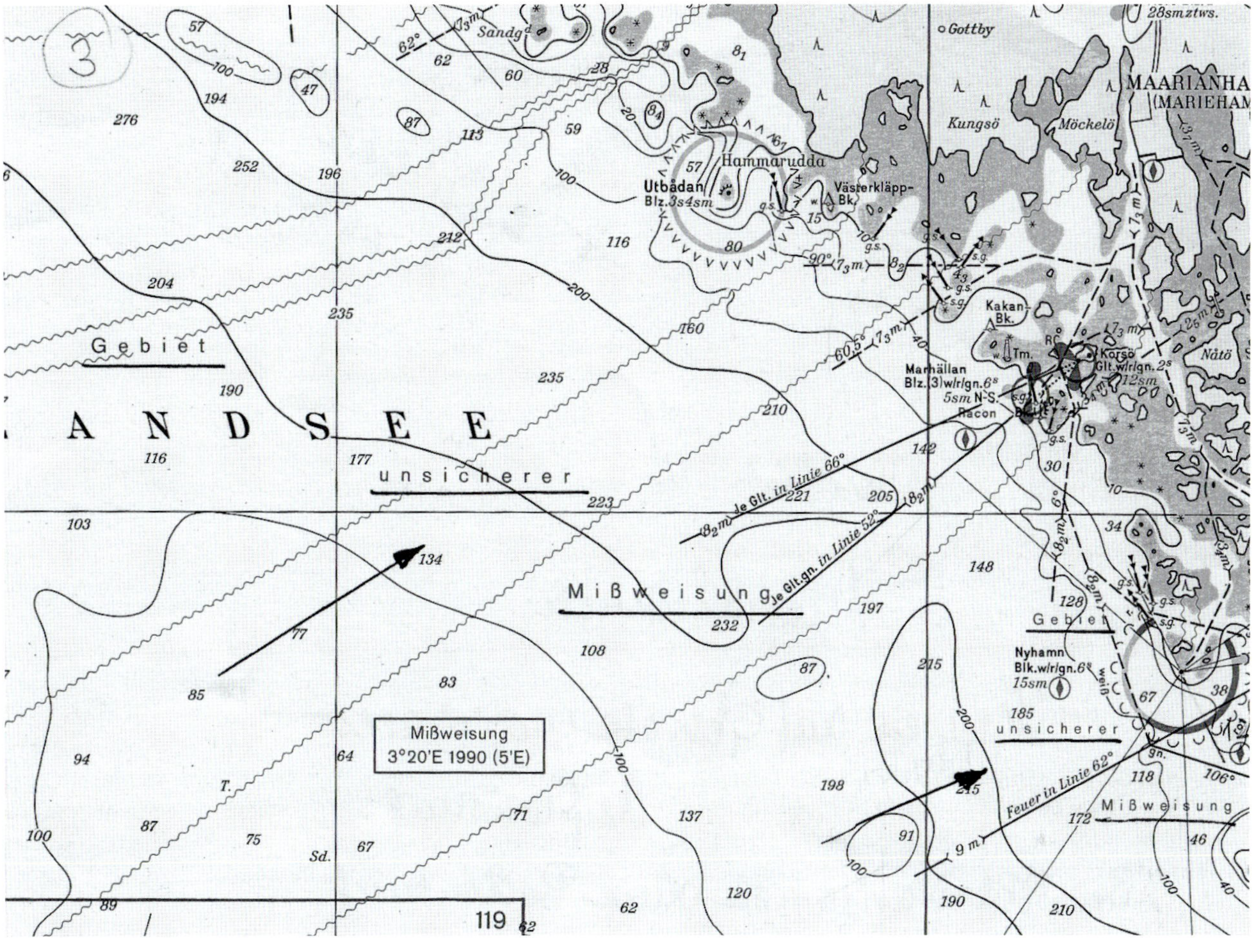

Gebiete mit unsicherer Missweisung sind in Seekarten eingezeichnet. Mit GPS an Bord tangiert dieses alte Navigationsproblem den Schiffsführer heute aber nicht mehr.

folgt dreimal der Name des Schiffes, anschließend dreimal das Rufzeichen; dann noch einmal der Name des Schiffes und wieder das Rufzeichen. Dann folgt die Position des Schiffes, dann die Angabe des Grundes der Seenot. Abschließend folgen noch einmal der Name des Schiffes und das Rufzeichen sowie das Wort »Over« (= Schluss der Durchsage).

Beispiel für eine Seenotfall-Meldung:

1. Alarmzeichen 30–60 Sekunden lang
2. Mayday, Mayday, Mayday
3. Hier ist Fischkutter Ixypsilon, Ixypsilon, Ixypsilon
4. Delta, Echo, Papa, Tango
5. Mayday, Ixypsilon, Delta (Deutschland), Echo, Papa, Tango, haben Netz in der Schraube und treiben auf Küste zu. Position: 6 sm nördlich Wangeroge. Benötigen dringend Schlepperhilfe.
6. Fischkutter Ixypsilon –
7. Over.

Metazentrum Der gedachte Schnittpunkt der Mittschiffsebene mit der Wirkungsrichtung des Auftriebs. Das Metazentrum ist ein Kriterium der Stabilität eines Schiffes. Liegt das Metazentrum unter dem Gewichtsschwerpunkt des Schiffes, kentert das Schiff.

Metazentrische Höhe Der Abstand des Metazentrums über dem Gewichtsschwerpunkt eines Schiffes. Die metazentrische Höhe ist ein Kriterium für die Anfangsstabilität eines Schiffes. Je größer die megazentrische Höhe ist, desto größer ist die Stabilität eines Schiffes. Das Metazentrum ist am Schnittpunkt der senkrecht nach oben wirkenden Auftriebskraft mit der Mittellinie des Schiffes.

Missweisung Da der magnetische Nordpol und der geographische Nordpol nicht zusammenfallen, wird die Kompassnadel, deren Anzeige maßgebend für die Kursberechnung eines Schiffes ist, abgelenkt. Sie zeigt, sofern der Kompass an einer eisenfreien Stelle aufgestellt ist, nicht nach geographisch Nord, sondern zum magnetischen Norden. Die Größe der Ablenkung wird als »Missweisung«, selten auch als »Deklination« bezeichnet. Sie wird in Winkelgraden angegeben. Dabei muss, das ist oft eine Fehlerquelle, zwischen »-« d.h. »West«, und »+« d.h. »Ost« unterschieden werden. Die Missweisung muss nicht ermittelt werden, sie ist an jedem Ort verschieden hoch und wird auf den Seekarten angegeben. Da der magnetische Nordpol wandert, ist auch die jährliche Änderung angegeben. Bei der modernen Navigation entfällt die Kursberechnung und damit die Auswertung der Missweisung.

Moses Auch dieses Wort hat in der Seefahrt zwei Bedeutungen:

1. Es bezeichnet ein kleines Beiboot.
2. Das jüngste Besatzungs- oder Crewmitglied.

Niedergang Eine Treppe vom Deck eines Schiffes nach unten. Bei kleinen Schiffen schmal, steil und jeweils nur von einer Person benutzbar. Bei größeren Schiffen der Zahl der Personen angepasst. Die Bezeichnung »Niedergang« ist dort nicht mehr gebräuchlich.

Nock Das freie Ende einer Spiere oder einer Rah. Allgemein jedoch nur annähernd waagerechte Teile eines Schiffes unabhängig von ihrer Funktion.

Norddeich Radio Die Küstenfunkstellen Norddeich Radio und Kiel Radio waren lange Zeit für die Information der Schifffahrt zuständig. Norddeich für die Nordsee und den Atlantik, Kiel für die Ostsee. Beide Küstenfunkstellen gaben zweimal pro Tag detaillierte Wetterberichte durch. Manchmal spöttisch als »Kiels Märchenstunde« bezeichnet, aber zu der damaligen Zeit waren auch die Möglichkeiten der Wettererfassung noch schwierig. Weiter vermittelten die Küstenfunkstellen Ferngespräche, die direkt vom Schiff aus nicht geführt werden konnten. In Seenotfällen waren sie eine wichtige Relaystation und leiteten den Einsatz der Rettung. Sie übermittelten Telegramme, die heute bedeutungslos

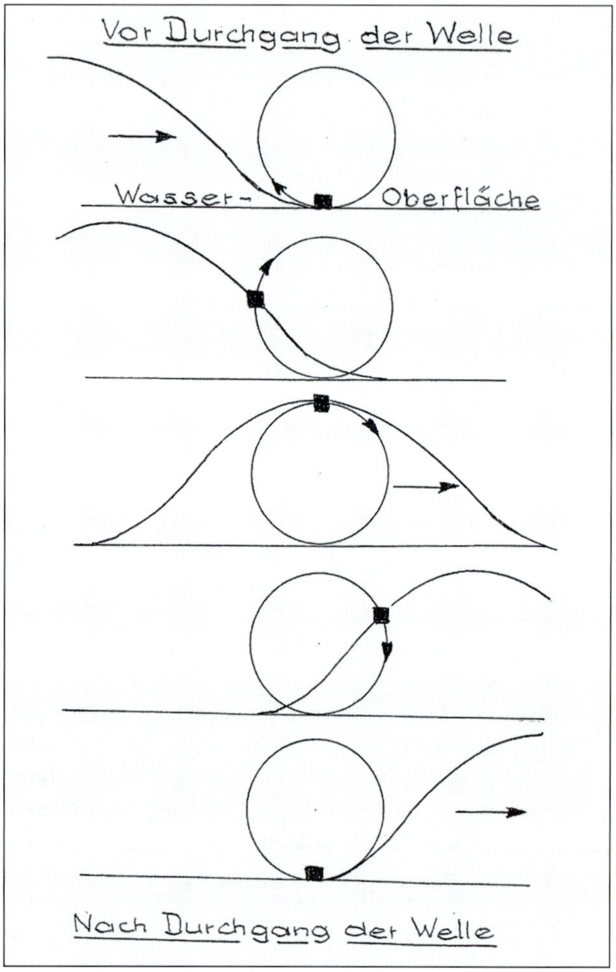

Wasserteilchen in der Welle bewegen sich nicht vorwärts, sondern im Kreis.

sind, weil es wesentlich schnellere und bessere Übermittlungen gibt. Kiel Radio stellte seinen Betrieb am 31.12.1993 ein, Norddeich Radio am 31.12 1998.

Orbitalbewegung Kreisbewegung. Wasserteilchen in der Welle bewegen sich nicht vorwärts, wie man optisch empfinden könnte, sondern im Kreis. Nicht das Wasser bewegt sich vorwärts, sondern nur die Welle. Das ist jederzeit auch an einem Teich zu studieren. Auf dem Wasser schwimmt ein kleines Holzstück oder der Kork einer Flasche. Wirft man nun einen Stein in das Wasser, so breiten sich die Wellen ringförmig aus. Erreicht die Welle den Kork, wird dieser beim Durchgang nur angehoben und dann wieder abgesenkt, aber nicht vorwärts bewegt. Nur die Welle läuft weiter. Eine Ausnahme bildet die brechende See.

Peilen Mit Peilscheibe, Peilkompass, Fernglas mit Peilaufsatz oder Funkpeiler die Richtung zu einem bekannten, in der Seekarte verzeichneten Objekt feststellen (siehe *Terrestrische Navigation*). Entfällt bei GPS-Navigation, weil der genaue Standort auf dem Bildschirm nach Koordinaten ersichtlich ist. In flachem Wasser war früher noch ein Peilstab in Gebrauch. Der ist ganz entfallen und durch ein Echolot ersetzt, das kontinuierlich anzeigt.

Pinne Besser: »Ruderpinne«. Mit ihr steuert der Rudergänger das Schiff. Die Pinne ist direkt mit dem Ruderblatt verbunden, so dass ein guter Rudergänger aus dem Druck auf die Pinne Schlüsse auf zu viel oder zu wenig Segel ziehen kann. Größere Schiffe haben ein Ruderrad, das über Kette oder Seilzug mit dem Ruder verbunden ist. Frachtschiffe haben eine meist hydraulische Ruderanlage mit einer Anzeige der jeweiligen Ruderlage.

Planetoiden, Asteroiden Hiermit wird eine Gruppe von etwa 1000 Himmelskörpern bezeichnet, die auch mit der Erdbahn kollidieren könnten. Der Durchmesser der Planetoiden wird grob zwischen 1 Kilometer und 1000 Kilometer angegeben. Der Durchmesser des hellsten Planetoiden »Ceres« soll 1023 Kilometer, nach älteren Angaben »nur« 768 km betragen.

Poller Kräftige, fest verankerte Vorrichtung zum Festmachen von starkem Tauwerk (Schlepptau) auf einem Schiff; oder an Land zum Belegen der Festmacher größerer Schiffe.

Poop Auch »Hütte« genannt. Der Aufbau auf dem Achterdeck. Meist Wohnraum für Offiziere. Das Flachdach der Poop, das sog. Poopdeck, war bei den späteren Windjammern der Platz des Rudergängers, wo er im Gegensatz zu dem gefährdeten Achterdeck weitgehend vor achterlichen Monsterseen geschützt war.

Prahm Kastenförmiges, rechteckiges Arbeitsfahrzeug zur Lastenbeförderung. Auch als Arbeitsplattform im Einsatz. Er wird geschleppt und ist nur für kurze Strecken geeignet.

Priel Wasserrinnen im Watt und Entwässerungsgräben in der Marsch.

Pullen Seemännischer Ausdruck für »rudern«. Der Binnenländer rudert mit Rudern, der Seemann pullt mit Riemen.

Querschlagen Quergeschlagen ist ein Schiff, wenn es quer zur Welle liegt. Die Gefahr des Querschlagens besteht für Groß- und Sportsegler bei »Vorwindkursen«. Das heißt, bei Kursen, bei denen der Wind und die See von achtern also von hinten kommen. In dieser Situation wird dem Rudergänger viel abverlangt. Die geringste Unaufmerksamkeit kann zum Querschlagen des Schiffes und zur Katastrophe führen. Beim Anrollen einer größeren See wird das Heck des Schiffes stark angehoben und beschleunigt, während der Bug im Wellental, oder nahe davor, gebremst wird. Liegt das Schiff dann nicht genau in der Wind- und Wellenrichtung, entsteht ein Drehmoment, das meist stärker ist, als die Ruderwirkung. Das Schiff schlägt quer. Der berühmten *Cutty Sark* passierte dies vor Kap Hoorn. Sie hatte Glück, denn es flogen »nur« ein paar Segel aus den Lieken und das Schiff richtete sich wieder auf.

Querschott Eine wasserdichte, möglichst bis zum Deck reichende kräftige Wand quer zur Fahrtrichtung des Schiffes. Je mehr Schotten, desto sicherer ist das Schiff gegen Sinken geschützt. Bei Fahrgastschiffen leichter unterzubringen, als bei Frachtschiffen, die große Ladeluken benötigen.

Rahnock Das äußerste Ende einer Rah. Eine Rah ist eine Spiere quer zu Fahrtrichtung an der ein Segel befestigt (angeschlagen) ist.

Rank Rank ist ein Schiff, das schon bei geringem Winddruck stark krängt, sich auf die Seite legt. Es besitzt nur eine geringe Anfangsstabilität. Damit ist auch sein Rollwinkel größer als normal.

Rasmus Eine überkommende, brechende See. Der Begriff wird nicht sehr eng gesehen und so wird mit Rasmus oft auch fälschlicherweise der Wind bezeichnet.

Relay Der Funker eines Schiffes auf See empfängt schwach eine Seenotmeldung, die vermutlich nur in einem begrenzten Gebiet gehört werden kann. Er ist jetzt verpflichtet seinem Kapitän unverzüglich Meldung zu erstatten. Dieser entscheidet dann, ob eine Hilfeleistung seinerseits möglich ist. Diese Entscheidung ist dem Havaristen sofort mitzuteilen. Unabhängig davon muss die empfangene Seenotmeldung »An alle« (Schiffe) unverzüglich weitergeleitet werden. Man funktioniert jetzt als »Relay-Station« und beginnt seine Durchsage daher mit drei Mal: »Mayday Relay,...«

Reling Auf Yachten ein rund um das Schiff geführter Draht, der durch fest verankerte Stützen geführt wird und das Überbordfallen eines Crewmitgliedes verhindern soll. Bei größeren Schiffen spricht man von Schanzkleid. Es ist stabil aus Holz oder Metall gefertigt und mit Lenzklappen zum Abfluss übergekommenden Wassers versehen.

Rettungsring Für die Berufsschifffahrt völlig veraltetes Rettungsmittel, das nur noch für den Einsatz auf Binnengewässern brauchbar ist. Nach dem Zweiten Weltkrieg und geschockt durch die Erfahrung beim Untergang der *Pamir* drängte die DGzRS auf rasche Verbesserung. Heute werden ausschließlich Rettungswesten, gestaffelt nach Einsatzgebieten, wie »Küstennah«, »Nord-Ostsee« und »Freie Weltmeere« verwendet. Wichtigstes Kriterium ist, dass der Kopf sowie Mund und Nase bei Bewusstlosigkeit des Trägers über Wasser gehalten werden. Die Männer der DGzRS müssen darüber hinaus auch in Grenzbereichen der Seefahrt noch sichere Überlebenschancen haben. Dafür wurden komplette Anzüge entwickelt, die mit Sprechgeräten und Einpeilmöglichkeiten auch diesen Anforderungen gerecht werden.

Rigg Die gesamte Takelage: Mast, Spieren, stehendes und laufendes Gut. Stehendes Gut sind z. B. die Wanten, die den Mast stützen. Laufendes Gut, dazu gehören die Brassen und Schoten zur Bedienung der Segel.

Roaring Forties (Brüllende Vierziger) Damit bezeichnet man das Gebiet zwischen dem 40. und 50. Breitengrad Süd. Gefürchtet ist in diesem Gebiet der beständige, oft orkanartige Westwind, der wegen der langen Wirkstrecke häufig extrem hohen Seegang bewirkt.

Rote Leuchtrakete Sie wird ausschließlich in Seenotfällen verschossen. Es gibt zwei Arten: Die normale und die Fallschirmrakete. Die Steighöhe beträgt ca. 300 Meter. Vorteil: Die Pistole funktioniert unabhängig vom Bordnetz und kann daher nur bedingt von Funk oder Handy ersetzt werden, andererseits ist ihre Sichtung stark Wetter-abhängig.

Ruder Die gesamte Anlage zum Steuern eines Schiffes. Bei größeren Schiffen spricht man von Ruderanlage.

Schanghaien Mit Gewalt oder List jemanden gegen seinen Willen zum Dienst auf einem Schiff zwingen. Das geschah z. B. in England durch staatliche Trupps, die durch Kneipen und Gassen zogen und »wehrfähige« Männer von der Straße weg für die Royal Navy requirierten. Hatten Handelsschiffe Bedarf an Seeleuten, gingen eigens angeheuerte »Schlepper« in die Kneipen und versuchten die benötigten Männer betrunken zu machen und sie auf die Schiffe zu verschleppen.

Schlagseite Hat ein Schiff, das längere Zeit Schräglage hat, z. B. durch übergegangene Ladung oder begrenzten Wassereinbruch.

Schlingern Wenn ein Schiff periodisch wie ein Pendel von einer zur anderen Seite, also von Steuerbord nach Backbord und zurück pendelt. Die Zeit, die es dazu benötigt nennt man Rollperiode, die Größe des Ausschlages Rollwinkel.

Schlingerschott Eine längsschiffs angebrachte Zwischenwand im Laderaum eines Frachtschiffes. Sie soll ein Verrutschen (Übergehen) der Ladung verhindern. Wichtig bei Schüttladungen, z. B. Getreide, das nicht in Säcken abgefüllt ist. Die Sicherheit der früheren Frachtsegler wurde durch Schlingerschotts erheblich verbessert.

Schoner (auch Schuner) Jedes mehrmastige jedoch meist zweimastige Segelfahrzeug bei dem der größere Mast (Großmast) hinten (achtern) steht. Die Masten führen nur Schratsegel also keine Rahen. Man verwendet bei den Segeln sowohl Gaffel- als auch Hochtakelung. Vorteil: Keine Arbeit im Rigg bei der Bedienung der Segel (Reffen oder Setzen der Segel). Schonertakelung verwendet man sowohl bei Frachtschiffen, als auch bei Yachten.

Schot Leine zur Bedienung der Segel (Vorschot, Großschot). Bei Rahseglern ist es die Brasse.

Schratsegel Alle Segel, die längsschiffs gesetzt werden, im Gegensatz zu Rahsegeln, die quer zur Fahrtrichtung stehen. Ein Schratsegel ist z. B. das hinterste Segel einer Bark, das am Besanmast gefahren wird.

See Seemännischer Ausdruck für Welle. Eine See »steigt ein« bedeutet, dass eine Welle an Deck eines Schiffes kommt.

Seeamt Seeämter werden durch die jeweiligen Länder eingesetzt. Das Seeamt setzt sich aus dem Vorsitzenden und vier Beisitzern zusammen. Dazu werden stets erfahrene Seeleute berufen. Der Vorsitzende muss zum Richteramt oder zum höheren Verwaltungsdienst befähigt sein. Das Seeamt muss tätig werden:

1. Beim Totalverlust eines Schiffes, oder wenn ein Schiff von der Besatzung aufgegeben wurde.
2. Wenn eine, oder mehrere Personen auf einem Schiff zu Tode gekommen sind.
3. Wenn ein Schiff als verschollen gemeldet wurde.

Das Seeamt hat die Aufgabe, die Ursachen und die Umstände eines Unfalls zu klären. Dabei sind gegebenenfalls menschliches Versagen, eventuelle

Mängel am Fahrzeug, der Ladung oder der Ausrüstung zu untersuchen. Je nach Ergebnis der Ermittlungen sind auch Mängel an der Betonnung oder Seezeichen in die Untersuchung einzubeziehen. Veraltete Seekarten, zu beanstandende Eignung der Besatzung, Nichtbeachtung der Seestraßen- oder Seeschifffahrtsstraßenordnung und nicht zuletzt die bauliche Eignung des Schiffes für das befahrene Seegebiet sind ebenfalls wichtige Kriterien für das Seeamt. Das Seeamt kann schuldig sprechen und mit seinem »Spruch« Patente entziehen. Es kann aber kein Urteil fällen. Das bleibt den regulären Gerichten überlassen, die sich aber bei ihren Urteilen meist an den Feststellungen des oder der Seeämter orientieren. Gegen den Spruch eines Seeamtes kann Einspruch erhoben werden. Wenn dem Einspruch statt gegeben wird, wird der Fall vom Oberseeamt neu verhandelt. Der Spruch des Oberseeamtes ist endgültig. Es untersteht der jeweiligen Regierung. Bei Unfällen auf Seegewässern entfällt nach gültiger Rechtsauffassung eine seeamtliche Untersuchung, es sei denn, ein Seeschiff ist an dem Unfall beteiligt (z. B. bei einer Kollision zwischen einem Binnenschiff, wie Jolle oder kleines Motorboot, mit einem seegehenden Frachter).

Sextant Winkelmessgerät zur Schiffsortbestimmung sowohl in der terrestrischen als auch in der astronomischen Navigation. In der astronomischen Navigation für die Höhenmessung (Winkel) eines Gestirns bei Nacht oder der Sonne bei Tag. In der terrestrischen Navigation für die Höhenmessung von Objekten an Land, woraus der Abstand des Schiffes von diesem Objekt ermittelt werden kann. Auch der Horizontalwinkel zwischen zwei Punkten ergibt einen Schiffsstandort.

SOS Eine veraltete Seenotmeldung. Sie wurde vom Funker mit dem Morsezeichen: • • • – – – • • •, durchgegeben. SOS entstand aus dem englischen »save our souls« (= Rettet unsere Seelen). Statt SOS wird heute das dreimal gesprochene Wort »Mayday« verwendet.

Spökenkieker Hansdampf in allen Gassen, der seine Nase überall hineinsteckt und über alles Bescheid weiß.

Stabilität Die Fähigkeit eines Schiffes sich nach einer Krängung (seitliche Neigung) wieder in die Schwimmlage (Mast senkrecht) aufzurichten. Die verschiedenen Phasen werden in der Stabilitätskurve festgehalten.

Stagsegel Werden an einem Stag gefahren, z. B. am Vorstag oder Klüverstag. Stag allgemein ist Drahttauwerk, das den Mast zum Bug und zum Heck abstützt, während Wanten den Mast nach der Seite abstützen.

Stampfen Bewegung eines Schiffes, wenn der Seegang von vorne kommt. Im Wechsel taucht der Bug und dann das Heck in die See ein. Das Gegenteil von stampfen ist rollen. Motorschiffe machen im Seegang beide Bewegungen. Segelschiffe nur bei Flaute und Dünung.

Steuerbord Die in Fahrtrichtung gesehen rechte Seite eines Schiffes.

Terrestrische Navigation Sie setzt Sicht auf die Küste und ihre markanten Punkte voraus. Diese müssen auch auf der Seekarte sichtbar sein (z. B. Kirchtürme, Funkmasten oder Leuchttürme). Durch Peilungen, Winkelmessungen, Lotungen und Abstandsmessungen kann der genaue Schiffsort bestimmt werden. Auch fest verankerte, schwimmende, oder mit dem Boden fest verbundene Seezeichen, Leuchtfeuer oder Tonnen (Fahrwasser- oder Untiefentonnen), die in der Seekarte eingezeichnet sind, können zur Ortsbestimmung und damit zur Navigation herangezogen werden. Auf kürzeren Strecken ohne Landsicht wird der Standort durch Koppelung festgelegt, bis der exakte Standort bei Landsicht wieder ermittelbar ist. Steht nur ein bekannter Punkt an Land zur Verfügung, kann der Standort eines Schiffes durch die sog. Vierstrich- oder Doppelpeilung bestimmt werden. Beide Methoden sind jedoch aufwändiger als die Kreuzpeilung.

Topp Allgemein die Spitze eines Mastes oder einer Stange. Auch in Verbindung mit anderen Gegenständen immer der oberste Punkt. Beispiele: Topplicht, Vortopp oder »über die Toppen flaggen« bei festlichen Anlässen.

Topplastig Zustand bei dem ein Schiff zu viel Gewicht im Topp, also oben hat, z. B. zu hohe Aufbauten. Topplastigkeit vermindert die Stabilität eines Schiffes im Seegang, besonders beim Rollen.

Trampschiff Ein Frachtschiff, das sich seine Fracht in verschiedenen Häfen sucht. Es hat daher keine fest eingeplante Route.

Trimm Betrifft vorwiegend Segelschiffe. Sie sind im Trimm, wenn die Schwimmlage und die Segelstellung optimal sind. Ein Frachter ist im Trimm, wenn er weder bug- noch hecklastig ist und die Ladung optimal verteilt ist. Dafür Sorge zu tragen ist eine wichtige Aufgabe des Ersten Offiziers.

Überfällig Überfällig ist ein Schiff, wenn es nach der auch unter widrigen Umständen üblichen Zeit, die es nach dem Auslaufen bis zum Erreichen des festgesetzten Zieles normalerweise benötigt, den Bestimmungsort

Gestrandet: Ein Wrack, das der Zerstörung durch die See anheim gefallen ist. In ein paar Tagen, vielleicht in ein paar Wochen läuft die See an den Strand, als sei nichts vorgefallen.

nicht erreicht hat, keine Nachricht von ihm vorliegt und es in der fraglichen Zeit auch nicht gesichtet wurde.

Überholen Hat drei Bedeutungen:

1. Ein langsames Schiff überholen.
2. Das ganze Schiff oder Teile davon ausbessern oder ersetzen.
3. Gleiche Bedeutung wie *rollen*. Überholt ein Schiff stark und richtet es sich danach nur langsam und mühsam wieder auf, besteht die Gefahr, dass es kentert.

Umspringen Eine plötzliche Winddrehung.

Utland (auch Uthlande). Das Land außerhalb des Deiches. Es ist bewohnbar und von Watt umgeben (Inseln und Halligen).

Verschollen Etwa sechs Monate nach der Überfälligkeitserklärung wird das Schiff als »verschollen« erklärt, wenn der Ort seines Unterganges, sowie die näheren Umstände, die dazu geführt haben, nicht zu ermitteln sind. Das Schiff wird im Sinne der Versicherung als Totalverlust behandelt. Weil kein Besatzungsmitglied den Untergang überlebt hat, kann die Crew juristisch für tot erklärt werden. Nach deutschem Recht § 862 im Handelsgesetzbuch muss ein volles Jahr nach dem Auslaufen eines Schiffes gewartet werden, ehe es als verschollen erklärt werden darf.

Watt Der breite Sand- und Schlicksaum vor dem Deich. Bei Ebbe ganz oder teilweise trocken. Bei Flut vom Wattenmeer überspült. Weitverzweigte Priele durchziehen das Watt als Zu- und Abflussrinnen.

Wellen Wellen beginnen bereits mit dem Einsetzen einer leichten Brise, die kleinste Wasserteilchen »mitnimmt«. Die Wasseroberfläche kräuselt sich. Mit zunehmendem Wind entstehen kleine Wellen. Man kann diesen Vorgang demonstrieren, indem man einen Stein ins Wasser wirft, oder ein Seil an einem Ende rasch senkrecht auf und ab bewegt. Mit zunehmendem Wind entsteht ein sich fortbewegender Seegang. Die »Schwingung« setzt sich fort, während sich die Wasserteilchen im Kreis bewegen. Die Wellenhöhe wächst mit der Windstärke und der freien Laufstrecke (Fetch) über das Wasser. Die entstandenen Wellen sind nicht gleich hoch. Durch Überlagerung können einzelne Wellen erheblich höher auflaufen, als das bei den gegebenen Umständen zu erwarten wäre. Diese »Monsterseen« nennt der Seemann auch »Kaventsmänner«. Überlagerungen entstehen meist, wenn der Wind eine hohe See aufgeworfen hat und plötzlich »ausschießt«, d. h. »umspringt« (z. B. nach Durchgang einer Kaltfront). In kürzester Zeit treffen zwei Wellensysteme im rechten Winkel oder schräg aufeinander und überlagern sich. Es entsteht eine gefährliche, unberechenbare, steile und besonders hohe See, die auch großen Schiffen gefährlich werden kann. Welche ungeheuere Energie und Wucht in diesen Wellen steckt, mögen folgende Beispiele belegen, die sich bei Aufprall auf die Küste ereignet haben: Bei Cherbourg warf eine Monstersee einen sieben Tonnen schweren Betonklotz über eine sechs Meter hohe Mauer. Und im Jahre 1872 wurde an der irischen Küste ein als Wellenbrecher fest verankerter Felsbrocken von etwa 15 Tonnen Gewicht aus dem Fundament gerissen, hochgehoben und weggeschleudert.

Die Wellenhöhe hat ihr Maximum bei etwa 17 Meter, eine freie Wirkstrecke und eine ungestörte Wellenentwicklung vorausgesetzt. Durch Überlagerung soll die Wellenhöhe 30 Meter und darüber erreichen können, was als Extremfall betrachtet werden kann. Die Angaben über die Wellenlänge reichen bis etwa 300 Meter und die Marschgeschwindigkeit der Wellen liegt um 30 Knoten maximal. In der Nordsee erreichen die Wellen eine Höhe von bis zu 6 Meter, die Wellenlänge liegt bei etwa 100 bis 120 Meter und die Marschgeschwindigkeit bei etwa 10 Kn.

Die Abhängigkeit von Windwirkstrecke (Fetch), Windstärke, Dauer der Einwirkung und der Wassertiefe erklärt die große Bandbreite der Angaben.

Zurren Gegenstände, besonders an Deck so befestigen, dass sie sich bei Sturm und starkem Seegang nicht lösen und über Bord gehen können, und auch die Arbeit an Deck nicht gefährden. Auch im Schiff muss die Ladung ggf. festgezurrt werden. Segel dagegen werden mit Zeisingen beschlagen, auf Jollen und Yachten aufgetucht.

Literaturverzeichnis

Bank, Claudia: Die Halligen. o.J.

Bents, Harm: Störtebeker. Dichtung und Wahrheit. Bibliothek Ostfriesland. Norden 1995

Berlitz, Charles: Das Atlantis-Rätsel. Wien/Hamburg 1976

Berlitz, Charles: Das Bermuda-Dreieck. Fenster zum Kosmos? Wien/Hamburg 1975

Berndt, Helmut: Unterwegs zu deutschen Sagen. Ein phantastisches Reise- und Lesebuch. Düsseldorf/Wien 1985

DGzRS: Jahrbücher (ab 1954)

Feddersen, B.H.: Wie fanden sie ihren Weg? 2001

Frenz, Lothar: Riesenkraken und Tigerwölfe. 2000

Fuson, R.H.: Das Logbuch des Kolumbus. o.J.

Gaddis, Vincent: Geisterschiffe. 1976

Goldmann/Wermusch: Vineta. 1999

Hagemeister, Jörn: Rungholt. 1979

Harris, John: Auf letzter Fahrt. o.J.

Hintermeyer, Hellmut: Die See war ihr Zuhause. Große Kapitäne und Entdecker. Stuttgart 2000

Hintermeyer, Hellmut: Schiffskatastrophen. Von der Spanischen Armada bis zum Untergang der »Pamir«. Stuttgart 1998

Hope, Murry: Atlantis. 1999

Köster-Lösche, Kari: Das Deichopfer. 1999

Kullik/Brauer: Südfall. 1996

Kurlanski, Mark: Kabeljau. 2000

Leip, Hans: Die Geschichte der Piraterie. 3000 Jahre Freibeuterei. Düsseldorf 2002

Luserke, Martin: Das Wrack des Raubschiffes. o.J.

Muck, Otto: Alles über Atlantis. Alte Thesen - neue Forschungen. Düsseldorf/Wien 1976

Newig/Theede: Sturmflut. 2000

Pagel, Karl: Die Hanse. o.J.

Platon: Sämtliche Werke. Berliner Ausgabe, hrsg. v. Erich Loewenthal, 3 Bände. Heidelberg 1982

PM Perspektive: Abenteuer Seefahrt. 1996

Prachan, Jean: Ufos im Bermuda-Dreieck. Die Atlantis-Geheimbasis. Wien 1979

Roder, Hartmut: Piraten. 2000

Simonsen, Gerhard: Verschollen im Nordatlantik. Der rätselhafte Untergang des deutschen LASH-Carriers »München«. Hamburg 2000

Streicher, Sonnfried: Fabelwesen des Meeres. Rostock 1996

Temming, Rolf L.: Seemannssagen und Schiffermärchen. 1995

Time Life: Planet Erde. 1998

TV Bayern 3: Planet Ozean, Unbekannte Meere. 2000

Villiers, Alan: Verschollen auf See. 1965

Wergin, Joachim: Halligleben. 1997

Wiese, Eigel: Männer und Schiffe vor Kap Horn. 1997

Wiese, Eigel: Meeresungeheuer, Geisterschiffe und Klabautermann. 1995

Zimmerling, Dieter: Störtebeker & Co. Die Blütezeit der Seeräuber in Nord- und Ostsee. Frankfurt/Berlin 1994

Danksagung

Für ihre freundliche Mithilfe bedanke ich mich bei Herrn Dr. Anders und bei Herrn Lubkowitz von der Deutschen Gesellschaft zur Rettung Schiffbrüchiger (DGzRS), Bremen, beim Archiv des Deutschen Schiffahrtsmuseums in Bremerhaven, bei dem Wissenschaftlichen Institut für Schifffahrts- und Marinegeschichte in Hamburg sowie bei den Herrn Kurt Flechsenhar vom Deutschen Wetterdienst, Hamburg, bei Herrn Jürgen Schröder, Kapitän i.R., Hamburg, und bei Wolfgang Scheel vom Lloyds Register, Hamburg, bei Herrn Norbert Suxdorf, Hamburg und bei Herrn Hans-Ludwig Mahn, Bremerhaven.

Zum Autor

Hellmut Hintermeyer, Jahrgang 1918, wuchs in München auf, was ihn nicht daran hinderte, eine große Leidenschaft für die See zu entwickeln. Nach Abschluss eines Maschinenbau-Studiums widmete er sich intensiv seiner Seglerausbildung. Seitdem hat er über 23.000 Seemeilen auf Nord- und Ostsee absolviert; davon etwa 20.000 als Skipper. Er ist Autor zahlreicher maritimer Fachartikel und gilt seit vielen Jahren als vorzüglicher Kenner der Seefahrtgeschichte. Er ist Autor der beiden Bücher »Die See war ihr Zuhause. Große Kapitäne und Entdecker« und »Schiffskatastrophen. Von der Spanischen Armada bis zum Untergang der *Pamir*«, die beide ebenfalls im Pietsch Verlag erschienen sind.